高等职业教育"双高"建设成果教材

高等职业教育新形态一体化教材

U0732504

国学经典与职场

（第二版）

主　编　　纪可妹　陈　模　骈俊生

副主编　　丁　燕　王　亮

中国教育出版传媒集团

高等教育出版社·北京

内容提要

本书是高等职业教育新形态一体化教材,是一本专门面向高职学生的职业素养课程教材。针对高等职业教育着力培养高素质技术技能人才的目标,教材融传统文化鉴赏与口语及写作技能训练为一体。教材分上下编:上编"国学鉴赏",收录上自《诗经》下至现当代文学作品选篇;下编"职场训练",包含表达训练、应用写作两大板块。教材引导学生能够在欣赏大量优秀的文学作品基础上,明身、明心、明性、明德、明道,感悟中华传统文化的独特魅力,感知国学的博大精深,领悟致广大而尽精微的万物妙道,成为德技并修的高素质人才。同时本教材对学生学好其他学科,提升沟通及应用写作能力,掌握专业知识,养成独立思考和高效工作能力,具有十分重要的作用。本书配套开发有PPT、微课等数字化教学资源,具体获取方式请见书后"郑重声明页"的资源服务提示。

本教材既可作为高等职业院校教材,也可作为社会各类人员学习的参考书目。

图书在版编目(CIP)数据

国学经典与职场 / 纪可妹,陈模,骈俊生主编. -- 2版. -- 北京 : 高等教育出版社,2023.8(2024.4重印)
ISBN 978-7-04-060348-4

Ⅰ. ①国… Ⅱ. ①纪… ②陈… ③骈… Ⅲ. ①国学-高等职业教育-教材 Ⅳ. ①Z126

中国国家版本馆CIP数据核字(2023)第065005号

GUOXUE JINGDIAN YU ZHICHANG

策划编辑	李沁濛	责任编辑	王蓓爽	李沁濛	封面设计	王凌波	李沛蓉	版式设计	徐艳妮
责任绘图	裴一丹	责任校对	刘娟娟		责任印制	高 峰			

出版发行	高等教育出版社	网 址	http://www.hep.edu.cn
社 址	北京市西城区德外大街4号		http://www.hep.com.cn
邮政编码	100120	网上订购	http://www.hepmall.com.cn
印 刷	北京顶佳世纪印刷有限公司		http://www.hepmall.com
开 本	787mm×1092mm 1/16		http://www.hepmall.cn
印 张	18.5	版 次	2016年8月第1版
字 数	440千字		2023年8月第2版
购书热线	010-58581118	印 次	2024年4月第2次印刷
咨询电话	400-810-0598	定 价	42.80元

第二版前言

党的二十大报告指出："教育是国之大计、党之大计。培养什么人、怎样培养人、为谁培养人是教育的根本问题。育人的根本在于立德。全面贯彻党的教育方针，落实立德树人根本任务，培养德智体美劳全面发展的社会主义建设者和接班人。"这是以习近平同志为核心的党中央对新时代教育事业的总体战略部署。

依据党的二十大精神，本教材编写组对《国学经典与职场》进行了修订。作为人文素质类课程"国学经典与职场"的配套教材，本书兼具综合性和基础性，具有丰富的人文底蕴和文化内涵，利于横向联系各学科，引导高职学生在中学人文教学的基础上，通过欣赏大量的优秀文学作品，明身、明心、明性、明德、明道，体会源远流长、博大精深的中华优秀传统文化。同时紧扣高等职业教育培养高素质技术技能人才的目标，着力提升学生的口语表达能力与应用写作水平。

本次修订尤其注重以下三点：第一，打造"融媒体"式信息一体化教材，完善数字化教学资源建设。第二，教材编排基于"OBE教育理念"（以成果为导向），融国学传统文化鉴赏与高职口语与写作技能训练为一体。第三，教材在单元设计中全面融入课程思政元素。

本书在编写过程中选用了一些作家作品，参考、借鉴了一些前辈、同行的研究成果，也引用了有关部门及网上的文件和资料，在此谨表谢忱。

本书由南京信息职业技术学院纪可妹、陈模、骈俊生担任主编，并负责本书的单元设计和统稿工作。全书具体编写分工如下：田甜编写第一单元、第二单元、第三单元、第七单元，王宁玲编写第一单元、第八单元，王亮编写第四单元、第六单元、第八单元，丁燕编写第五单元、第六单元、第八单元，李露瑶编写第七单元。

本书在编写过程中，得到高等教育出版社的大力支持，在此表示真诚的感谢！由于编写时间仓促，同时高职国学教材仍处于探索阶段，书中难免有疏漏之处，恳请读者批评指正。

编　者
2023年3月

第一版前言

　　"国学经典与职场"是人文素质类课程改革中的一门新课。作为具有综合性、基础性，横向联系各学科能力较强的一门课程，它具有丰富的人文底蕴和文化内涵。在中学人文教学的基础上，进而欣赏大量的优秀文学作品，明身、明心、明性、明德、明道。表现为感悟中国千年文化的浓郁气息，体悟国学之博大精深，感知致广大而尽精微的万物妙道。同时作为高职的国学教材，要兼顾高等职业教育培养高素质、技能型专门人才的目标。为此，在教学改革的前提下，我们编写了这本适合高职高专学生接受能力的《国学经典与职场》。

　　本教材在编写过程中选用了一些作家作品，参考、借鉴了一些前辈、同行的研究成果，也引用了有关部门及网上的文件和资料，在此谨表谢忱。

　　本书由南京信息职业技术学院纪可妹、骈俊生担任主编，并负责本书的单元设计和统稿工作。全书具体编写分工如下：刘春丽编写第一单元、第三单元、第四单元、第九单元，孙晓霞编写第二单元、第八单元，王亮编写第五单元、第七单元、第九单元，丁燕编写第六单元、第七单元、国学概说。

　　本书在编写过程中，得到高等教育出版社的大力支持，在此表示真诚的感谢！由于编写时间仓促，也由于高职国学教材处于探索阶段，书中难免有疏漏之处，恳请读者批评指正。

编　者

2016年5月

目　录

上编　国学鉴赏

国学鉴赏

上编

诗 经

导 语

　　《诗经》是中国第一部诗歌总集，书中收集了从西周初年到春秋中叶（前11世纪—前6世纪）大约五百年间的诗歌作品，经删定后，实有诗歌305首，故又称"诗三百"。《诗经》分为《风》《雅》《颂》三部分。《风》又称"国风"，指各诸侯国的土风歌谣，产生地域以黄河流域为中心，南到长江北岸，分布在陕西、甘肃、山西、山东、河北、河南、安徽、湖北等地；《雅》又分为《大雅》《小雅》，产生于京畿地区，大部分是贵族文人的作品；《颂》是专门用于庙堂祭祀的音乐。

　　《诗经》就整体而言，是周王朝由盛而衰约五百年间中国社会生活面貌的形象反映，其中有先祖创业的颂歌，祭祀神鬼的乐章，也有贵族之间的宴饮交往，劳逸不均的怨愤，更有反映劳动、打猎以及大量恋爱、婚姻、社会习俗方面的动人篇章，还有不少篇章反映了当时的战争行役等。

　　《诗经》艺术特征的重要标志为赋、比、兴的运用。概括起来说，"赋"就是铺陈直叙，即诗人把思想感情及有关的事物平铺直叙地表达出来。"比"就是打比方，以彼物比此物。"兴"即客观事物触发了诗人的情感，引起诗人歌唱，所以"兴"大多在诗歌的发端。另外，由于《诗经》和乐而歌，因此具有声律性强、感情质朴率真的特点，这一点在"国风"中表现尤为明显。

　　《诗经》在春秋时期不仅是一部文学作品集，它还被广泛运用于政治、外交、婚礼、教育等各个场合，同时还是当时贵族学习的基本教材之一。本章主要选择了《诗经·国风》中的优秀篇章，同学们可以通过对《伯兮》《无衣》等精读篇目的研习和对泛读篇目的诵读，感受《诗经》的艺术魅力，探究中国古典文学的源头，了解中国先秦时期灿烂的诗歌艺术文化。

邶风·击鼓

原文·注释

　　　　击鼓其镗①，踊跃用兵②。土国城漕③，我独南行。

---

① 镗（tāng）：鼓声。其镗，即"镗镗"。
② 踊跃：欢喜兴奋。兵：武器。
③ 土国城漕：土：挖土。城：修城。国：指都城。漕：漕邑，卫国的城市。

从孙子仲①，平陈与宋②。不我以归，忧心有忡③。
爰居爰处？爰丧其马？④于以求之⑤？于林之下⑥。
死生契阔⑦，与子成说⑧。执子之手，与子偕老。
于嗟阔兮，不我活兮。于嗟洵兮，不我信兮。⑨

参考译文

击起战鼓咚咚响，士兵踊跃练武忙。有的修路筑城墙，我独从军到南方。
跟随统领孙子仲，联合盟国陈与宋。不愿让我回卫国，致使我心忧忡忡。
何处可歇何处停？跑了战马何处寻？一路追踪何处找？不料它已入森林。
一同生死不分离，我们早已立誓言。让我握住你的手，到老和你在一起。
只怕你我此分离，没有缘分相会合。只怕你我此分离，无法坚定守信约。

▷ 图1-1　战国水陆攻战纹铜壶攻城战纹饰

作品解读

　　本诗是一首典型的征夫诗，卫国士兵因为战争久久不能回家，对无休止的战争心生怨尤，希望追求命运自主和个人幸福。

　　《毛诗序》云："《击鼓》，怨州吁也。卫州吁用兵暴乱，使公孙文仲将而平陈与宋。国人怨其勇而无礼也。"本诗写作的背景是卫国州吁之乱。州吁，是卫庄公宠爱的小妾所生的儿子，自幼好勇斗狠。他弑杀哥哥卫桓公自立，篡位后更是穷兵黩武。为显示兵力，

---

① 孙子仲：即公孙文仲，字子仲，卫国将领。
② 平：平定两国纠纷。指救陈以调和陈宋关系。陈、宋：诸侯国名。
③ 不我以归：即不以我归的倒装，有家不让回。有：形容词词头，无实意。忡：不安的样子。
④ 爰（yuán）：哪里。丧：丧失，此处言跑失。爰居爰处：哪里可以住。爰丧其马：我的马丢在哪里。
⑤ 于以：在哪里。
⑥ 林：树林。
⑦ 契阔：聚散、离合的意思。契：合。阔：离。
⑧ 成说：离别的誓言，约定。
⑨ 于嗟：叹词。活：借为"佸"，相会。洵：久远。信：守信，守约。

州吁以调和陈、宋关系为名发动战争，将卫国拖入战争的深渊，使士兵和人民遭受了巨大的灾难。

本诗叙事优美，四字为句，每四句为一章。第一章总言卫人救陈，平陈、宋之难，叙卫人之怨，是全诗的线索。诗的重点在于"土国城漕，我独南行"，"土国城漕"虽然也是劳役，犹在国境以内，南行救陈，其艰苦更甚。第二章"从孙子仲，平陈与宋"，承"我独南行"为说。假使南行不久即返，犹之可也。本章末两句却说"不我以归，忧心有忡"，叙事更向前推进，如芭蕉剥心，使人酸鼻。第三章写战马，似乎是题外插曲，但好马是不受羁束、爱驰骋的；而征人是不愿久役、想归家的。这个细节，衬托出了人情。第四、五章在叙事的基础上，表达了士兵的思想，抒发他渴望早日结束战争，回归正常生活的感情。

"怨"是全诗的总体格调。诗人借士兵之口表达出这场战争不过是州吁炫耀武力的一次无谓之举的观点，对将领公孙文仲也颇有微词。作为普通人，士兵们无法把握命运，产生了厌恶战争、思念亲人之情，因此用朴素直白的语言宣泄了对战争的抵触情绪。从正面来看，诗人怨战争降临，怨征役无归期，怨战争中与自己息息相关的点滴幸福的缺失，怨自己无法把握自己的生命。作者在痛苦的战争中，惦念着个人生活的安宁和幸福，这似乎成了痛苦的行伍生活中生存下去的理由。作者对生活细节中的切实幸福的追求，是呼唤对个体生命具体存在的尊重，这种来自心灵深处真实而朴素的歌唱，使诗歌散发出灿烂的人性光辉。后世也出现过不少同题材的诗歌，如唐代岑参、高适等边塞诗人的作品，以及比较有代表性的杜甫的"三吏""三别"等。

卫风·伯兮

🌸 原文·注释

<blockquote>
伯兮朅兮①，邦之桀兮②。伯也执殳③，为王前驱。
自伯之东④，首如飞蓬⑤。岂无膏沐，谁适为容⑥？
其雨其雨⑦，杲杲出日⑧。愿言思伯，甘心首疾。
焉得谖草⑨，言树之背⑩。愿言思伯，使我心痗⑪。
</blockquote>

---

① 伯：兄弟姐妹中年长者称伯，此处指女子对丈夫昵称。朅（qiè）：通"偈"，英武高大。
② 桀：同"杰"，才智出众。
③ 殳（shū）：古兵器，杖类。长丈二，无刃。
④ 之：往。
⑤ 飞蓬：乱飞的蓬草。首如飞蓬：指不梳洗而头发散乱。
⑥ 膏沐：化妆用的油脂。谁适为容：专为谁美容。
⑦ 其雨其雨：前一"雨"为动词，读音为yù，下雨。
⑧ 杲杲（gǎo gǎo）：阳光强烈貌。
⑨ 谖（xuān）草：萱草，又名忘忧草。
⑩ 言树之背：把它种于北堂。树，动词用。背，北堂。
⑪ 痗（mèi）：忧思成病。

哥哥英勇又坚强，保卫国家是栋梁。夫君手拿丈二殳，为王出征打头仗。
自从夫君去征东，披头散发如飞蓬。难道没有洗发膏，只是为谁来美容？
下雨下雨天天望，偏偏又出红太阳。日日夜夜把君想，心甘情愿头发胀。
哪儿能得忘忧草，把它种在后院中，日日夜夜把君想，心中苦闷生病痛。

▷ 图1-2　谖草

▷ 图1-3　蓬

作品解读

　　这首诗描写了一位妻子对出征丈夫的思念和牵挂，语言浅白、情感浓烈，情意动人。

　　《毛诗序》云："《伯兮》，刺时也。言君子行役，为王前驱，过时而不反焉。"儒家的政治理想不赞成国家行役无度，而影响到普通人的家庭生活。但在古代，战争不可避免，战争的发动者赋予军人荣誉，鼓励他们舍家报国。作为军人的妻子，情感和思想往往十分复杂：她会为丈夫的勇敢卫国感到骄傲，同时，也会因为夫妻分离无法排遣思念而感到忧伤，此外，还会牵挂战场上丈夫的安危。《卫风·伯兮》一诗逼真而深刻地写出了思妇细腻而微妙的内心世界，表现她对丈夫深厚而忠贞的感情。

　　诗歌首章，妻子用骄傲夸赞的语气介绍丈夫。"伯"指兄弟间的年长者，妻子用此称谓，十分亲切。在她心中，丈夫身材魁梧、相貌堂堂、能征善战、武艺高强。第二章，丈夫出征后，妻子不事装扮，以"首如飞蓬"的形象，显示思念之苦。"岂无膏沐，谁适为容"表明不事装扮并非不能装扮，而是无心装扮。第三、四两章表示自己想念丈夫，矢志不移。"其雨其雨，杲杲出日"句，满怀希望却一次次落空，明艳的日出衬托神色黯然的妻子，更突显其焦虑难忍。当思念之苦难以排遣，妻子只希望能够得到"忘忧"的谖草，以物疗忧，但当相思之忧无法排解时，自己依然是心甘情愿的。

　　本诗写相思之情，情感真切、大胆热烈，但其情感中也有温柔敦厚、委婉曲折的一面。若仅仅表达妻子为丈夫报效国家而自豪，其真实性将大大削弱；若仅仅表达妻子对丈夫的思念、对战争的反感，则有违于丈夫"为王前驱"的英武形象。因此，在本诗中，妻

子对丈夫的热烈思念，在责任感和荣誉感的背景下变得温柔委婉，虽然表达出思妇深刻的相思之苦，却并没有演变成激烈的怨愤。这一风格的情感表达具有典型性，并为后世思妇诗所沿用，因此有学者将《卫风·伯兮》视为后代思妇诗的开端。

秦风·无衣

原文·注释

岂曰无衣？与子同袍①。王于兴师②，修我戈矛。与子同仇③！
岂曰无衣，与子同泽④。王于兴师，修我矛戟。与子偕作⑤！
岂曰无衣，与子同裳。王于兴师，修我甲兵⑥。与子偕行！

参考译文

谁说没有衣服穿？你我共同披战袍。国王兴兵要作战，修好我们戈和矛，同仇敌忾赴战壕。

谁说没有衣服穿？你我共同穿汗衫。国王兴兵要作战，修好我们矛和戟，并肩携手齐向前。

谁说没有衣服穿？你我共同穿战裙。国王兴兵排战阵，修好我们甲和兵，同心协力杀敌人。

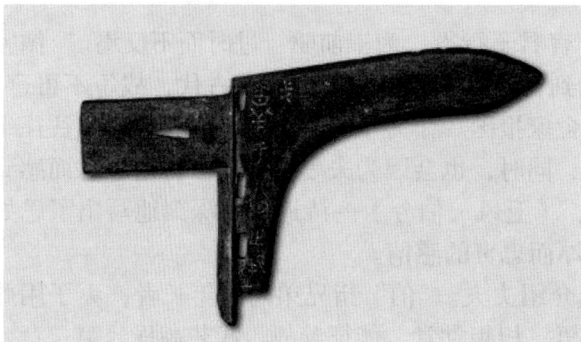

▷ 图1-4　春秋淳于公之御戈

▷ 图1-5　人头形銎青铜戟

---

① 袍：长袍，指装有旧丝绵的长袍。
② 王：此指秦王。一说指周天子。于：语助词。
③ 同仇：共同对敌。
④ 泽：通"襗"，亲肤的内衣。
⑤ 偕作：互相协作。
⑥ 甲兵：铠甲与兵器。

作品解读

本诗是一首描写秦国人民同仇敌忾、保家卫国的战歌，诗歌慷慨激昂，表现出秦人团结互助、共御外侮的高昂士气和乐观精神，风格矫健爽朗。

西周末年，犬戎等部落攻破镐京，杀死周幽王，周王朝被迫东迁洛邑。秦襄公率兵救周有功，周平王封之为诸侯，并赐秦岐以西之地，秦襄公奉平王之命讨伐犬戎。有学者考证，此诗可能在这一背景下创作而成。

全诗共三章，首章以设问句起笔，"岂曰无衣？与子同袍"，一问一答，慷慨有力。接下来，作者并不稍作停留，继续大声高歌："王于兴师，修我戈矛，与子同仇！"铿锵话语如江潮叠涌而至，酣畅淋漓、意气毕现，显示出秦军一呼百应、团结抗敌的英雄气概。后两章采用了《诗经》中常用的重章叠句的形式，仅更换少数字词。整齐一致的句式，使这种激情意气贯注到底、毫无滞碍。"袍""泽""裳"的变化，由外而内、由上而下，层层深入，形象地传达出战士间友爱密切的情感。"同仇""偕作""偕行"的变化，则体现出战士的合作从语言发展到行动，既符合人物情感逻辑，又为诗歌增添了气势和力量。

兵以气胜，这首诗意气风发，豪情满怀，反映了秦地人民尚武好勇的精神。若秦王誓师之时，众将士齐声高诵此诗，犹如共唱一首誓词，必将为整个军队带来巨大的鼓舞。为达到激动人心的艺术效果，诗歌首先在每章开头采用问答式的句法。一句"岂曰无衣"，似自责，似反问，洋溢着不可遏止的愤怒与愤慨，仿佛在人们心灵上点了一把火，于是无数战士同声响应："与子同袍！""与子同泽！""与子同裳！"其次，诗歌语言富有强烈的动作性，"修我戈矛""修我矛戟""修我甲兵"使人想象到战士们在磨刀擦剑、舞戈挥戟的热烈场面。悲壮慷慨的战斗激情凝聚成全诗的主旋律，激情的起伏跌宕自然形成乐曲回环往复的节奏，正所谓："长言之不足，故嗟叹之；嗟叹之不足，故不知手之舞之，足之蹈之也。"

微课

郑风·子衿

原文·注释

青青子衿①，悠悠②我心。纵我不往，子宁不嗣音③？
青青子佩④，悠悠我思。纵我不往，子宁不来？
挑兮达兮⑤，在城阙兮⑥。一日不见，如三月兮。

---

① 子：男子的美称，这里即指"你"。衿：衣领。
② 悠悠：思念久远的样子。
③ 宁：难道。嗣音：传音讯。
④ 佩：本指佩玉，此指系佩玉的绶带。
⑤ 挑（tāo）兮达（tà）兮：独自走来走去的样子。
⑥ 城阙：指城门边的角楼。

青青的是你的衣领，我对你的思念悠远绵长。纵然我不曾去见你，难道你就不来个信？
青青的是你的佩带，悠悠的是我对你的情感。纵然我不曾去见你，难道你不能主动来？
来来往往地张望你啊，独自等在高楼上啊。一天不见你的面啊，好像已有三月长啊！

▷ 图1-6　湖南长沙陈家大山楚墓帛画

▷ 图1-7　东周男子服饰

作品解读

　　本诗是写女子思念意中人的作品，既描写了热恋中女子的内心活动，又描写了她的行动与感受，生动、细腻地展示了少女幽怨缠绵的情怀。

　　钱锺书《管锥篇》提出："《子衿》云：'纵我不往，子宁不嗣音？''子宁不来？'薄责己而厚望于人也，已开后世小说言情心理描绘矣。"本诗是一首真挚、清新的抒情小诗，前两章以女子的口气自述对恋人的思念，"青青子衿""青青子佩"，是以恋人的衣饰借代恋人。对方给她留下深刻印象，使她念念不忘，但如今因受阻不能前去赴约，只好等恋人过来相会，可望穿秋水也不见恋人的影子，浓浓的爱意不由转化为惆怅与幽怨："纵然我没有去找你，你为何就不能捎个音信？纵然我没有去找你，你为何就不能主动前来？"

　　诗歌的三章不是平行关系，而是层层递进。第一章写女子思念情人，期盼情人能够捎来音信；第二章写盼望情人而不得相见，女子的思念更炽烈，她希望情人主动出现在自己面前。当种种心愿都幻灭之后，女子无处排遣相思之情，于是登楼远望，在高楼上独自徘徊张望，并将真挚的思念之情夸张地表达出来："一日不见，如三月兮。"女主人公的内心独白，通过夸张的修辞技巧，呈现出主观时间与客观时间的反差，从而将其强烈的情绪心理形象地表现了出来。这类心理描写手法，在后世文坛已发展得淋漓尽致，而上溯其源，此诗已开先河。

　　用准确生动的词语和白描的手法表达思绪是此诗又一显著特征。在表达对男子的爱慕和思念时，作者采用女主人公的口吻，连用两个"悠悠"表达对男子悠远绵长挥之不去的思念，而思念越深随之也变成对男子的责备，两章内连用两个递进的反问句，"子宁不嗣音""子宁不来"，透露出对男子深深的思念；正因为思念，才想时时得到音信，才想每时每刻厮守在一起。当这些愿望都不能实现的时候，女主人公登楼远望，喊出"一日不见，如三月兮"的内心独白，朴素无华，却感人至深。

微课

思考练习

1.《伯兮》中，女主人公既为丈夫出征感到骄傲，又因丈夫出征而感到痛苦。诗歌是如何处理这两种矛盾情感的，请你用自己的话阐述一下。

2. 如何理解《子衿》中的思想感情，哪些诗歌和《子衿》所表达的感情类似？

3. 试以一首作品为例，分析一下《诗经》中常常采用的重章叠句形式有哪些特点和作用。

扩展阅读

《诗经》9篇

周南·关雎

关关雎鸠，在河之洲。窈窕淑女，君子好逑。
参差荇菜，左右流之。窈窕淑女，寤寐求之。
求之不得，寤寐思服。悠哉悠哉，辗转反侧。
参差荇菜，左右采之。窈窕淑女，琴瑟友之。
参差荇菜，左右芼之。窈窕淑女，钟鼓乐之。

周南·桃夭

桃之夭夭，灼灼其华。之子于归，宜其室家。
桃之夭夭，有蕡其实。之子于归，宜其家室。
桃之夭夭，其叶蓁蓁。之子于归，宜其家人。

邶风·静女

静女其姝，俟我于城隅。爱而不见，搔首踟蹰。
静女其娈，贻我彤管。彤管有炜，说怿女美。
自牧归荑，洵美且异。匪女之为美，美人之贻。

卫风·木瓜

投我以木瓜，报之以琼琚。匪报也，永以为好也！
投我以木桃，报之以琼瑶。匪报也，永以为好也！
投我以木李，报之以琼玖。匪报也，永以为好也！

王风·采葛

彼采葛兮，一日不见，如三月兮！

彼采萧兮，一日不见，如三秋兮！

彼采艾兮！一日不见，如三岁兮！

郑风·风雨

风雨凄凄，鸡鸣喈喈，既见君子。云胡不夷？

风雨潇潇，鸡鸣胶胶。既见君子，云胡不瘳？

风雨如晦，鸡鸣不已。既见君子，云胡不喜？

秦风·蒹葭

蒹葭苍苍，白露为霜。所谓伊人，在水一方。溯洄从之，道阻且长。溯游从之，宛在水中央。

蒹葭萋萋，白露未晞。所谓伊人，在水之湄。溯洄从之，道阻且跻。溯游从之，宛在水中坻。

蒹葭采采，白露未已。所谓伊人，在水之涘。溯洄从之，道阻且右。溯游从之，宛在水中沚。

小雅·鹿鸣

呦呦鹿鸣，食野之苹。我有嘉宾，鼓瑟吹笙。

吹笙鼓簧，承筐是将。人之好我，示我周行。

呦呦鹿鸣，食野之蒿。我有嘉宾，德音孔昭。

视民不恌，君子是则是效。我有旨酒，嘉宾式燕以敖。

呦呦鹿鸣，食野之芩。我有嘉宾，鼓瑟鼓琴。

鼓瑟鼓琴，和乐且湛。我有旨酒，以燕乐嘉宾之心。

大雅·常武

赫赫明明，王命卿士。南仲大祖，大师皇父。

整我六师，以修我戎。既敬既戒，惠此南国。

王谓尹氏，命程伯休父。左右陈行，戒我师旅。

率彼淮浦，省此徐土。不留不处，三事就绪。

赫赫业业，有严天子。王舒保作，匪绍匪游。

徐方绎骚，震惊徐方。如雷如霆，徐方震惊。

王奋厥武，如震如怒。进厥虎臣，阚如虓虎。

铺敦淮濆，仍执丑虏。截彼淮浦，王师之所。

王旅啴啴，如飞如翰，如江如汉，如山之苞，

如川之流。绵绵翼翼，不测不克，濯征徐国。

王犹允塞，徐方既来。徐方既同，天子之功。

四方既平，徐方来庭。徐方不回，王曰还归。

扩展阅读

儒　家

导语

　　儒，最早是"术士"之称，后代指知识分子、教书先生。古代以孔子相关学说作为儒学，而由孔子创始且传承其学说的称为儒家。《史记·儒林列传》记载自孔子去世后，其弟子及再传弟子的归处。"七十子之徒散游诸侯，大者为师傅卿相，小者友教士大夫，或隐而不见""天下并争于战国，儒术既绌焉，然齐鲁之间学者独不废也。于威、宣之际，孟子、荀卿之列，咸遵夫子之业而润色之，以学显于当世。"战国时期，孟子、荀子是齐鲁一带有名的儒家代表人物。而汉武帝独尊儒术，确立了儒家思想的正统地位。

　　关于孔子与六经（《诗》《书》《礼》《易》《乐》《春秋》）的关系，历来说法较多，一般认为，六经是经过孔子整理过的。《史记·孔子世家》记载孔子所在的时代，"周室既衰，礼乐缺有间"，因此孔子追迹夏、商、周三代之礼，序《尚书》，删《诗》以成三百五篇弦而歌之，晚年喜读《周易》作《易》传，编修《春秋》。孔子也曾以《诗》《书》《礼》《乐》等书讲授于弟子，与鲁国国君论礼，他在古代文献的整理、传播和保存上，做出了巨大的贡献。秦之后，《乐》经亡佚。西汉时武帝立"五经博士"，于太学教授五经。东汉时，又加上《论语》《孝经》，形成七经。唐代，将《礼》分为《周礼》《仪礼》《礼记》，《春秋》分为《公羊传》《谷梁传》《左传》，再加《尔雅》，形成十二经。至宋代，《孟子》也被列入经学，就是我们今天看到的"十三经"面貌。

　　南宋朱熹从《礼记》中择取《中庸》《大学》两篇，与《论语》《孟子》合为"四书"，并做《中庸章句》《大学章句》《论语集注》《孟子集注》，即《四书章句集注》。"四书"是儒家思想的重要经典，无论在政治、经济、文化思想史上，还是在伦理道德、教育史上，都给我们留下了许多值得深入思考的内容。

《论语》（十四则）

// 作者介绍 //

　　孔子（约前551—前479），名丘，字仲尼，是我国伟大的思想家、教育家、儒家学派的创始人。

　　孔子幼年丧父，家境贫困，年轻时做过管理牛羊和仓库的小吏。中年时期，授徒设教。50岁以后，在鲁出仕为官，任中都宰、小司徒、大司寇。"堕三都"失败后，便离开鲁国开始周游列国，寻找政治出路。历经十四年，却始终无法施展自己的政治理念。晚年返鲁，继续进行文献整理、讲学。

　　《论语》记载了孔子及其弟子的言论，大约成书于战国前期。全书内容涉及政治、经济、教育、哲学、历史、道德修养等各方面，有很高的历史价值和学术价值，是研究孔子思想最直接的材料。

▷ 图1-8　唐吴道子绘孔子像（墨拓本）

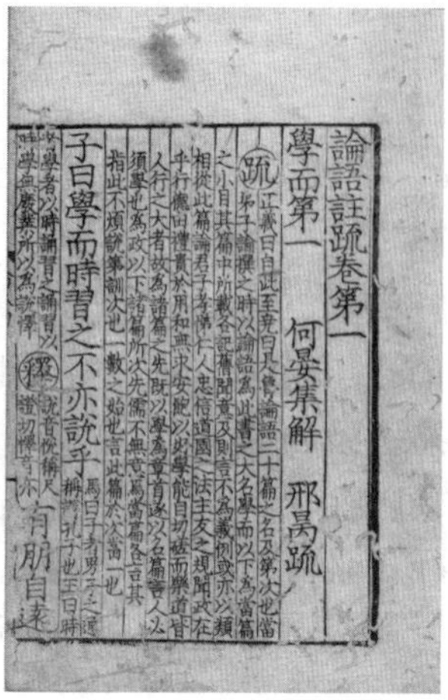

▷ 图1-9　《论语》书影

原文·注释

1. 颜渊问仁。子曰："克己复礼①为仁。一日克己复礼，天下归②仁焉。为仁由己，而由人乎哉？"颜渊曰："请问其目③。"子曰："非礼勿视，非礼勿听，非礼勿言，非礼勿动。"颜渊曰："回虽不敏，请事斯语矣。"（《颜渊》）

2. 子曰："回也，其心三月④不违仁，其余则日月⑤至焉而已矣。"（《雍也》）

3. 子曰："富与贵，是人之所欲也，不以其道得之，不处也。贫与贱，是人之所恶也，不以其道得之，不去也。君子去仁，恶乎⑥成名？君子无终食之间违仁，造次⑦必于是，颠沛必于是。"（《里仁》）

4. 子张问仁于孔子。孔子曰："能行五者于天下为仁矣。""请问之。"曰："恭、宽、信、敏、惠。恭则不侮，宽则得众，信则人任焉，敏则有功，惠则足以使人。"（《阳货》）

作品解读

此部分主要讲"仁"。

---

① 克：约束。复：返。克己复礼，即约之以礼。
② 归：称赞。
③ 目：细则。
④ 三月：形容时间长，长久地。
⑤ 日月：指短时期，偶然，不持续。
⑥ 恶乎：怎样。
⑦ 造次：匆忙。

颜渊，即颜回，字子渊，比孔子小三十岁，以德行著名。第一则中，颜渊问孔子何为"仁"，孔子说约束自己复归于礼就是仁，修养仁德全在于己。不符合礼的事不看，不符合礼的话不听，不符合礼的话不说，不符合礼的事不去做。颜回最后的表态是把"仁"融入行动标准。

第二则，"仁"是一种内心情感，首先存于自身，其次表现在人与人之间的交往中，如孝顺父母，爱护兄弟姐妹，推及朋友等。行仁由己，若不以仁存之于心，则心时刻会违背仁之道。人们行善，偶尔随着时间、自身处境而变化，今日无烦心事，可以对待其他人友好，他日处困境，或许不会笑脸待人，而颜回却能长久地坚守仁德，这是很难得的。

第三则强调富贵应取之有道，摆脱贫困亦应有其道，这才是君子所为。无论在什么情形下，是颠沛流离还是仓促之间，君子都应时刻执着于仁义之道。

第四则中的颛孙师，字子张，陈国人，比孔子小四十八岁。子张问孔子仁是什么，孔子说能够处处实行五种品德，就是仁。这里谈的是仁德、修养的问题。一个人若能以恭敬之心修己待人，自然谨慎有礼，言行有度，不会招致侮慢，这是敬慎的美德。待人时，要能宽厚而包容，凡事设身处地为别人着想，多留余地，自然能获得众人的爱戴和拥护，这是宽容仁德的结果。处事时，诚恳信实，无所欺瞒，自然能得到同事、朋友的信赖，这是真诚的品格。做事勤快敏捷，有效率，自然有显著的成效，这是勤敏力行之德。

"仁"是人与人之间的关系，并由这个关系延伸至整个社会关系网。爱人是仁的基本内涵，"己所不欲，勿施于人""己欲立而立人，己欲达而达人"，这些同样适用于职场中人际关系的处理。友爱同事，在团队合作中应有责任心，即便相互竞争，也不应该妨碍或伤害对方。

原文·注释

5. 有子曰："礼①之用，和②为贵。先王③之道，斯④为美。小大由⑤之。有所不行，知和而和，不以礼节之，亦不可行也。"（《学而》）

作品解读

此章主要讲"礼"。

礼包括很多种，如五种礼制，吉礼、凶礼、军礼、宾礼、嘉礼。在日常生活中，又有各种服饰制度，还有饮食礼、相见礼等礼仪，乃至细到称谓的使用。过去的礼在使用过程中，大多依照"等级"来实行。它既包括典章制度、价值观，也包含个人的行为准则，是维护社会秩序的重要支撑。礼的推行和应用以"和为贵"，即调整均衡。人与人之间会有

---

① 礼：指典章制度和道德规范。
② 和：调和、和谐，恰到好处。
③ 先王：指前代君王。
④ 斯：此。
⑤ 由：遵循。

偏差，事与事之间彼此有矛盾，中和这个矛盾，调整这个偏差，就靠礼。凡事都要讲和谐，若为和谐而和谐，不受礼文的约束也是行不通的。

儒家"礼"的思想对当今社会有着深远影响，不仅规范着人们的言行，也让整个社会秩序井然。同样，职场中也有职场礼仪，包括言语交谈、服装要求、餐桌礼仪等。"礼主敬"，在实施的过程中，需要持有庄重谨慎、待人真诚的态度。

🌸 原文·注释

6. 子曰："君子耻其言而过其行。"（《宪问》）

7. 子曰："可与言而不与之言，失人；不可与言而与之言，失言。知者不失人，亦不失言。"（《卫灵公》）

8. 子曰："人而无信，不知其可也。大车无輗①，小车无軏②，其何以行之哉？"（《为政》）

9. 宰予昼寝。子曰："朽木不可雕也，粪土之墙不可杇③也，于予与④何诛⑤？"子曰："始吾于人也，听其言而信其行；今吾于人也，听其言而观其行。于予与改是。"（《公冶长》）

10. 孔子曰："侍于君子有三愆⑥：言未及之而言谓之躁，言及之而不言谓之隐，未见颜色而言谓之瞽。"（《季氏》）

🌸 作品解读

此部分主要讲"信"，以及言和行。

第六则极为精练，但含义深刻。孔子说，君子以"言过其行"为耻，有修养的人会言行一致。孔子希望人们少说多做，而不是只说不做或多说少做。在社会生活中，总有一些夸夸其谈的人。他们口若悬河，滔滔不绝，说尽了大话、套话、虚话，但到头来，一件事也没做，给集体和他人造成极大的不良影响。

第七则孔子这里讲到说话时机。"可与言"，可以跟他讲了，但是我们却没有把握"而不与之言"，就是"失人"。时机还没到"不可与言"，我们却急着要跟别人讲，"与之言"，就是"失言"。孔子说，"知者"即有智慧的人，不会对不住人，也不会讲错话。

第八则中，大车指牛车，小车指马车，少了輗、軏，车就不能行走。（见图1-10、图1-11画圈部分，选自刘永华《中国古代车舆马具》）孔子用它来比喻诚信的重要性，说明一个人如果没有最起码的诚信，那将无法立足于社会。

---

① 輗（ní）：古代大车车辕端用来连接、固定横或车轭的部件。

② 軏（yuè）：古代车辕与横木相连接的关键。

③ 杇（wū）：抹墙的工具，此处作动词用，粉刷。

④ 与：同"欤"（yú），语助词。

⑤ 诛：责备。

⑥ 愆：过失。

▷ 图1-10　大车－輗　　　　　　　　　　　　▷ 图1-11　小车－軏

第九则中的宰予，字子我，《史记·仲尼弟子列传》称其"利口辩辞"善于辩说。宰予大白天睡觉，孔子得知，说："起初我对于人，是听了他说的话就相信了他的行为，现在我对于人，听了他讲的话还要观察他的行为。在宰予这里我改变了观察人的方法。"并说宰予是"腐朽的木头无法雕刻"。宰予的表现让孔子改变了"听其言而信其行"的待人态度，总结出品评一个人要"听其言而观其行"才是最有效的方法。

第十则中，"未见颜色而言谓之瞽"，这里用"瞽"这个字，很严厉，就是一个人不看别人的脸色而随意说话。这告诫我们要注意了解对方，我们要看看什么话能说，什么话不能说，然后再去做。多做事，少空谈，能实干。华罗庚说过："树老易空，人老易松，科学之道，戒之以空，戒之以松，我愿一辈子从实以终。"科学之道如此，做人之道更是如此。党的二十大报告中指出"弘扬诚信文化 健全诚信建设长效机制"。人无信不立，脚踏实地做事，谨慎认真为人，这体现的是一个人的实干精神和求实态度。

微课

原文·注释

11. 孔子曰："益者三友，损①者三友。友直，友谅②，友多闻，益矣。友便辟③，友善柔，友便佞④，损矣。"（《季氏》）

12. 子曰："见贤思齐焉，见不贤而内自省也。"（《里仁》）

13. 子张学干禄⑤。子曰："多闻阙疑，慎言其余，则寡尤⑥；多见阙殆，慎行其余，

────────

① 损：损害，有害。
② 谅：诚实。
③ 便辟：谄媚逢迎。
④ 便佞：圆滑善辩。
⑤ 干禄：求取禄位，谋生。
⑥ 尤：过错。

则寡悔。言寡尤，行寡悔，禄在其中矣。"（《为政》）

14. 子夏曰："仕而优则学，学而优则仕。"（《子张》）

作品解读

此部分主要讲交友及行事。

第十一则讲结交正直、诚实、见闻广博的人，是有益的。结交逢迎谄媚、当面恭维背后毁谤、花言巧语的人，是有害的。

第十二则，"见贤思齐"是说好榜样对自己的激励，"见不贤而内自省"是说坏榜样对自己的"教益"，告诫人们要学会取人之长补己之短，从借鉴与学习、反省与思考中完善自己。

第十三则子张问孔子，怎样拿到禄位，孔子传授他一套办法即多听、多看，有怀疑不懂的地方则保留，等着请教别人，说话要谨慎，不要讲过分的话。多去看，多去经历，对疑难的问题多采取保留的态度，不要有过分的行动。一个人做到讲话很少过错，处世很少后悔，当然行为上就不会有差错的地方。这样去谋生就不会有问题了。

第十四则中的卜商，字子夏，比孔子小四十四岁。孔子去世后，子夏授业讲学，做过魏文侯的老师。古代人读书，大多为了考取功名，入仕为官。但"学"与"仕"是辩证统一的，要把工作经验和学问融合在一起。一方面工作服务获取经验，一方面不断求学，增加学识以开拓心胸。

思考练习

1. 孔子关于"言行"的观点是什么？其现实指导意义有哪些？

2. 你比较认同孔子有关人格修养方面的哪些论述，为什么？

《孟子》

// 作者介绍 //

孟子（约前372—前289），名轲，字子舆，战国时邹（今山东省邹县）人。孟子是先秦时期继孔子之后儒家学说的代表人物，被后世尊为"亚圣"。

据《史记》记载，孟子受业于子思的学生，四十岁之前讲学设教。通晓孔道之后，开始游说齐宣王，齐宣王没有任用他，到梁国，梁惠王也没有采纳他的主张，且认为孟子所言不切实际。因此孟子六十岁归老著书，与弟子万章等人，讲习整理《诗》《书》，阐发孔子思想学说，作《孟子》七篇。

《孟子》一书记载了孟子及其弟子的活动，集中反映了他们在文化教育、政治和伦理方面的观点和认识。孟子主张"民为贵，社稷次之，君为轻"，明确提出了"人性善"的学说，表现了对人本质的肯定态度。

▷ 图 1-12　孟子像

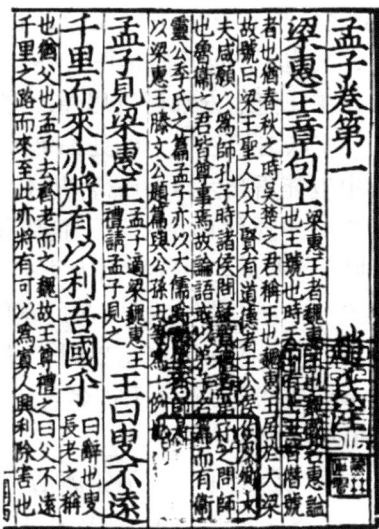
▷ 图 1-13　《孟子》书影

《滕文公下》（节选）

🌸 原文·注释

景春曰："公孙衍、张仪①岂不诚大丈夫哉？一怒而诸侯惧，安居而天下熄。"

孟子曰："是焉得为大丈夫乎？子未学礼乎？丈夫之冠②也，父命之。女子之嫁也，母命之，往送之门，戒之曰：'往之女③家，必敬必戒，无违夫子！'以顺为正者，妾妇之道也④。居天下之广居，立天下之正位，行天下之大道⑤。得志与民由之⑥，不得志独行其道。富贵不能淫⑦，贫贱不能移⑧，威武不能屈，此之谓大丈夫。"

🌸 作品解读

景春、公孙衍、张仪都是当时的纵横家。纵横家通常以卓越的口才与说辞，使各国或和或战。但孟子用女儿嫁到了夫家之后的顺从态度，来比喻景春所谓的大丈夫。

---

① 景春：与孟子同时的纵横家。公孙衍、张仪：皆战国时魏国人。公孙衍，即犀首，著名的说客，在秦国任大良造，后离秦曾佩五国相印。张仪是当时纵横家的代表性人物，曾任秦相，封武信君，采用连横策略瓦解齐楚反秦联盟后入魏为相，联合各国，合纵抗秦。
② 冠：男子二十行加冠礼，以示成年。
③ 女：通"汝"，指夫家。
④ 以顺为正者，妾妇之道也：指纵横家以顺势为理，如妇人之从夫。
⑤ 广居：喻指仁。正位：喻指礼。大道：喻指义。
⑥ 与民由之：指推行于民。
⑦ 淫：惑乱。
⑧ 移：变节。

"居天下之广居，立天下之正位，行天下之大道"，朱熹认为："广居，仁也；正位，礼也；大道，义也。"能行仁，得人心，无处不可居。正是因为人性向善，所以行仁者处处有人支持，在任何地方都可以居住。能守礼，进退从容有节，在任何位置都可以安稳站立。能行义，充满浩然之气，到处都是大道，任何路都走得通。

从本章中也能看出孟子的语言艺术，即常用比喻。比喻具有生动的效果，起到启人心智、揭示事物本质的作用。孟子把纵横家的依附权谋、顺势而行，比喻为顺从的"妾妇"，认为他们绝非大丈夫。指出大丈夫应立身于天下最广大的地方——"仁爱"，定位于最正确的位置——"礼法"，行走在最宽广的大路——"道义"。为人处世，理想可以实现时，就推及于民众，抱负不能施展时，就坚守节操。孟子所概括的"富贵不能淫，贫贱不能移，威武不能屈"，已成为千古名言。孟子所秉持的浩然正气、君子之风，正是千百年来志士仁人追求的理想人格。

一个人要做到公道正派，清正廉洁，首先要有一身正气，也就是正直无私、正义和公道的正派作风，这也就是孟子所说的"浩然之气"。

孟子认为，一个人有了浩气长存的精神力量，面对外界一切巨大的诱惑也好，威胁也罢，都能处变不惊，镇定自若，达到"富贵不能淫，贫贱不能移，威武不能屈"的境界。有正气，才能公道正派；清正廉洁，才能恪守职业道德。我们要坚守职业情操，处理事情秉持公平、公正、公道的原则，不偏不倚、不歪不斜，把事情办好，从而使自己得到大家的认可。

《告子上》（节选）

原文·注释

告子曰："食色①，性也②。仁，内也，非外也；义，外也，非内也。"

孟子曰："何以谓仁内义外也？"

曰："彼长而我长之，非有长于我也；犹彼白而我白之，从其白于外也，故谓之外也。"

曰："异于③白马之白也，无以异于白人之白也；不识④长马之长也，无以异于长⑤人之长与？且谓长者义乎？长之者义乎？"

曰："吾弟则爱之，秦人之弟则不爱也，是以我为悦者也，故谓之内。长楚人之长，亦长吾之长，是以长为悦者也，故谓之外也。"

曰："耆⑥秦之炙，无以异于耆吾炙，夫物则亦有然者也，然则耆炙亦有外与？"

---

① 食色：饮食和男女。

② 性：本性。

③ 异于：二字疑衍文。

④ 不识：不知道。

⑤ 长：恭敬。

⑥ 耆：通"嗜"。这里用作喜欢之意。

本章是《孟子》中的论辩文，巧妙灵活地运用了逻辑推理的方法。

告子主张"仁内义外"，孟子发问"为何仁是内在的，义是外在的"。告子的第一个回答，围绕"长""长之""白""白之"展开，他认为"尊敬老者"是因为老者外在的东西（比如年纪大），认为一个物体是白色的是因为物体外在表现出来是白色，即物体是白的，我只是加以认识而已。孟子顺着告子的举例，加以追问，提出新的问题——怜悯老马的心和尊敬老者的心是否相同（因为两者外在是不一样的），义在于老者还是在于尊敬老者的人。

告子顺着孟子搭建的这个问题，做了进一步阐释，我弟弟与秦国人的弟弟相比，我只爱我弟弟，"爱"主要取决于我，这是内在的。楚国的老者和自己家的老者，我都恭敬，这主要取决于他们都是年纪大的人，这是外在的。孟子反问道——喜欢吃秦国人的烤肉与喜欢吃自己做的烤肉，没什么不同，难道喜欢吃烤肉的"心"也是外在的东西吗？

孟子得心应手地运用类比推理，往往欲擒故纵，反复诘难，迂回曲折地把对方引入自己预设的结论中。最后的这段反问，其实将问题直接引向告子最开始说的"食色，性也"的观点上了。如果喜欢吃烤肉的心是外在的，那您之前说饮食是本性，不就矛盾了吗？

与告子相反，孟子主张的是"仁义皆内"。恻隐之心、羞恶之心、辞让之心、是非之心，是心之四端。由这四端，推广实践为"仁、义、礼、智"四善，这四善都是由内而发的。孟子的"义内"观认为，不管外在的情况如何变化，义的力量依然是由内而发的，人因而具有道德上的价值，否则，善的行动很可能变成作秀。

孟子说："君子莫大乎与人为善。"与人为善就是多一点谅解、宽容和理解，少一点苛求和责备，做到爱人爱己。良好的人际关系并不仅仅是从行动上表现出来的，更是从心底里流露出来的。

孟子的"义利观"是什么？对应到当代社会，不同群体的义与利又是怎样的？

《礼记》

// 作者介绍 //

《礼记》，又称《小戴礼记》，共四十九篇，是儒家经典之一。内容丰富而又驳杂，主要记载先秦礼制，如婚礼、乡饮酒礼、投壶礼、燕礼、冠礼等，也有服饰制度、朝聘制度等，也包含大量儒家思想。《大学》《中庸》是《礼记》中的两篇，皆论及修身，南宋时朱熹将其从《礼记》中摘出，与《论语》《孟子》合为"四书"。

《大学》的作者，自古无传，宋儒以为是"孔氏之遗书"。朱熹编于"四书"，并将它分为经、传两部分，以第一章为"经"，以为是"盖孔子之言，而曾子述之"；下面的十章则为"传"，是"曾子之意，而门人记之也"。并且认为"旧本颇有错简"，故"因程子所定，而更考经文，别为序次"。

《中庸》相传为孔子之孙子思所作。七十子之后，在战国儒家学者中，最早产生较大影响的就是子思。在子思的著作中，对后世影响最大的莫过于《中庸》。《中庸》重点谈到了三个问题：第一是"中庸"；第二是"修道"，即"道不可离"；第三是"至诚尽性"。

《大学》（节选）

原文·注释

大学①之道，在明明德②，在亲民③，在止于至善。

知止④而后有定，定而后能静，静而后能安，安而后能虑，虑而后能得⑤。

物有本末，事有终始。知所先后，则近道矣。

古之欲明明德于天下者，先治其国；欲治其国者，先齐其家⑥；欲齐其家者，先修其身⑦；欲修其身者，先正其心；欲正其心者，先诚其意；欲诚其意者，先致其知⑧；致知在格物⑨。物格而后知至；知至而后意诚；意诚而后心正；心正而后身修；身修而后家齐；家齐而后国治；国治而后天下平。

自天子以至于庶人⑩，壹是皆以修身为本⑪。其本乱而末⑫治者，否矣；其所厚者薄，而其所薄者厚⑬，未之有也⑭。

---

① 大学："大学"一词在古代有两种含义：一是"博学"的意思；二是相对于小学而言的"大人之学"。古人八岁入小学，学习"洒扫应对进退、礼乐射御书数"等文化基础知识和礼节；十五岁入大学，学习伦理、政治、哲学等"穷理正心，修己治人"的学问。

② 明明德：前一个"明"作动词，有使动的意味，即"使彰明"，也就是发扬、弘扬的意思。后一个"明"作形容词，明德即光明正大的品德。

③ 亲民："亲"应为"新"字，即革新、弃旧图新。亲民，也就是新民，使人弃旧图新、去恶从善。

④ 知止：知道至善的所在。

⑤ 得：收获。

⑥ 齐其家：管理好自己的家庭或家族，使家庭或家族和和美美、蒸蒸日上、兴旺发达。

⑦ 修其身：修养自身的品性。

⑧ 致其知：使自己获得知识。

⑨ 格物：认识、研究万事万物。

⑩ 庶人：指平民百姓。

⑪ 壹是：都是。本：根本。

⑫ 末：相对于"本"而言，指枝末、枝节。

⑬ 厚者薄：该重视的不重视。薄者厚：不该重视的却加以重视。

⑭ 未之有也：即未有之也，没有这样的道理（事情、做法等）。

作品解读

这篇展示的是儒学三纲八目的追求。所谓"三纲",是指明德、亲民、止于至善。它既是《大学》的纲领旨趣,也是儒学"垂世立教"的目标所在。所谓"八目",是指格物、致知、诚意、正心、修身、齐家、治国、平天下。它既是为达到"三纲"而设计的条目,也是儒学为我们所展示的人生进修阶梯。

就这里的阶梯本身而言,实际上包括"内修"和"外治"两大方面:前面四项"格物、致知、诚意、正心"是"内修",后面三项"齐家、治国、平天下"是"外治"。而中间的"修身"一环,则是联结"内修"和"外治"两方面的枢纽,它与前面的"内修"项目连在一起,是"独善其身",它与后面的"外治"项目连在一起,是"兼善天下"。

实现"三纲"的八个步骤,其一是"格物"。"格物"就是度量、考究事物之理的意思,也就是面对事物本身而进行分析、推究。这就是获取正确认识的基础。其二是"致知",即获取真知,了解到万事万物本来之理。其三是"诚意",即诚心诚意,对人对己都没有半点欺诈。这是自修的开始,即"所谓诚其意者,毋自欺也"。其四是"正心",就是要把心放正,戒除歪心眼,这是自修的第二步。若心不端正,其结果可能会"心不在焉,视而不见,听而不闻,食而不知其味"。只有把心放正,才能进而端正自己的行为。其五是"修身",即检点自己的行为,要求合于礼的规范,这是自修的完成。自己行为端正了,才有可能治理好一个家庭。其六是"齐家",即治理好家庭,使一门之内和睦安宁,父慈子孝,兄弟和睦。只有家齐才能国治,即"其家不可教,而能教人者,无之"。凡事要从自身、自家做起。其七是"治国",即治理好国家,这里的国是指古代封建之国,与现在意义上的国家不同。其八是"平天下",即使天下平定安宁。这是儒家最高的人生目标,但这目标的实现还在于自身,即以修身为本。

在职场环境中,也有一系列所谓的修身法则,大多都是从自我做起,如"与人恭而有礼""敏于行""讷于言""团队精神"等,良好的工作氛围,会增加工作积极性,提升工作效率。

《中庸》(节选)

原文·注释

天下之达道①五,所以行之者三,曰:君臣也,父子也,夫妇也,昆弟②也,朋友之交也,五者天下之达道也;知、仁、勇三者,天下之达德③也;所以行之者一也。或生而知之,或学而知之,或困而知之,及其知之,一也;或安而行之,或利而行之,或勉强而行之,及其成功,一也。

---

① 达道:天下古今共同遵循的普遍道理。
② 昆弟:兄弟。
③ 达德:天下古今共同具备的德行。

子曰："好学近乎知，力行近乎仁，知耻近乎勇。知斯三者，则知所以修身；知所以修身，则知所以治人；知所以治人，则知所以治天下国家矣。"

博学之，审问①之，慎思之，明辨②之，笃行③之。有弗学，学之弗能，弗措④也；有弗问，问之弗知，弗措也；有弗思，思之弗得，弗措也；有弗辨，辨之弗明，弗措也；有弗行，行之弗笃，弗措也。人一能之，己百之；人十能之，己千之。果能此道矣，虽愚必明，虽柔必强。

作品解读

这一章从鲁哀公询问政事引入，借孔子的回答指出了政事与人的修养之间的密切关系，从而推导出天下人共有的五项伦常关系、三种德行、治理天下国家的九条原则，最后落脚到"真诚"的问题上来，并提出了做到真诚的五个具体方面。

关于天下人共有的五项伦常关系，除了君臣关系外，其他几项关系至今依然与我们血肉相连而不可分割，同时也都是需要我们正确处理而不可忽视的，而处理这几项关系的三种德行就是"智、仁、勇"。

说到如何做到真诚的问题，"择善固执"是纲，选定美好的目标而执着追求，"博学、审问、慎思、明辨、笃行"是目，是追求的手段。立于"弗措"的精神，"人一能之，己百之；人十能之，己千之"的态度，都是执着的体现。"弗措"的精神，也就是《荀子·劝学》里"锲而舍之，朽木不折；锲而不舍，金石可镂"的精神。

这几则语录主要论述了如何获取知识、实行儒道以到达"诚"的道德境界，儒家把个人的进学求知、修身养性看作经世治国的基础和前提，《礼记》对孔子、孟子的有关思想作了重要的阐发和补充。其中关于博学慎思、明辨笃行的论述，至今仍可作为我们治学为人的座右铭。

立业先立德，做事先做人。职场上，个人竞争力包含道德和能力（知识、技能等）两个要素，能力决定着一个人的工作效率和质量，是评判个人价值的重要标准。而道德则是发挥个人价值的起点，是得到他人认可、社会支持的基本条件，是个人竞争力的重要支撑。

思考练习

1. 请举现实中的某个例子，说明"知耻近乎勇"的道理。
2. 请试着结合当代社会的现实情况，谈谈培养职业道德修养的意义。

---

① 审问：审慎地探问。
② 明辨：明晰地分辨。
③ 笃行：笃实地履行。
④ 弗措：不罢休，不停止。措：搁置。

《论语》（十六则）
《孟子》（节选）
《荀子》（节选）
《礼记》（节选）
《颜氏家训》（节选）

《论语》（十六则）

《学而》第一

1. 曾子曰："吾日三省吾身：为人谋而不忠乎？与朋友交而不信乎？传不习乎？"
2. 子曰："君子食无求饱，居无求安，敏于事而慎于言，就有道而正焉，可谓好学也已。"

《为政》第二

3. 子曰："吾十有五而志于学，三十而立，四十而不惑，五十而知天命，六十而耳顺，七十而从心所欲，不逾矩。"

《里仁》第四

4. 子曰："君子怀德，小人怀土。君子怀刑，小人怀惠。"
5. 子曰："德不孤，必有邻。"

《雍也》第六

6. 子曰："知之者不如好之者，好之者不如乐之者。"

《述而》第七

7. 子曰："志于道，据于德，依于仁，游于艺。"

《泰伯》第八

8. 曾子曰："士不可以不弘毅，任重而道远。仁以为己任，不亦重乎？死而后已，不亦远乎？"

《子罕》第九

9. 子曰："三军可夺帅也，匹夫不可夺志也。"
10. 子曰："岁寒，然后知松柏之后凋也。"

《颜渊》第十二

11. 樊迟问仁。子曰："爱人。"问知。子曰："知人。"樊迟未达。子曰："举直错诸枉，能使枉者直。"樊迟退，见子夏。曰："乡也吾见于夫子而问知，子曰，'举直错诸枉，能使枉者直'，何谓也？"子夏曰："富哉言乎！舜有天下，选于众，举皋陶，不仁者远矣。汤有天下，选于众，举伊尹，不仁者远矣。"

12. 子贡问政。子曰："足食，足兵，民信之矣。"子贡曰："必不得已而去，于斯三者何先？"曰："去兵。"子贡曰："必不得已而去，于斯二者何先？"曰："去食。自古皆有死，民无信不立。"

13. 子曰："君子成人之美，不成人之恶，小人反是。"

《子路》第十三

14. 子曰："其身正，不令而行；其身不正，虽令不从。"

《卫灵公》第十五

15. 子张问行。子曰："言忠信，行笃敬，虽蛮貊之邦，行矣。言不忠信，行不笃敬，虽州里，行乎哉？立则见其参于前也，在舆则见其倚于衡也，夫然后行。"子张书诸绅。

《阳货》第十七

16. 子曰："小子何莫学夫诗？诗，可以兴，可以观，可以群，可以怨。迩之事父，远之事君，多识于鸟兽草木之名。"

《孟子》（节选）

《梁惠王》上

孟子见梁惠王。王曰："叟！不远千里而来，亦将有以利吾国乎？"孟子对曰："王何必曰利？亦有仁义而已矣。王曰'何以利吾国'？大夫曰'何以利吾家'？士庶人曰'何以利吾身'？上下交征利而国危矣。万乘之国，弑其君者，必千乘之家；千乘之国，弑其君者，必百乘之家。万取千焉，千取百焉，不为不多矣。苟为后义而先利，不夺不餍。未有仁而遗其亲者也，未有义而后其君者也。王亦曰仁义而已矣，何必曰利？"

《公孙丑》上

"敢问夫子恶乎长？"曰："我知言，我善养吾浩然之气。""敢问何谓浩然之气？"曰："难言也。其为气也，至大至刚，以直养而无害，则塞于天地之间。其为气也，配义与道；无是，馁也。是集义所生者，非义袭而取之也。行有不慊于心，则馁矣。我故曰，告子未尝知义，以其外之也。必有事焉，而勿正；心勿忘，勿助长也，无若宋人然。宋人有闵其苗之不长而揠之者，芒芒然归，谓其人曰：'今日病矣！予助苗长矣！'其子趋而往视之，苗则槁矣。天下之不助苗长者寡矣。以为无益而舍之者，不耘苗者也；助之长者，揠苗者也——非徒无益，而又害之。"

《告子》上

孟子曰："恻隐之心，人皆有之；羞恶之心，人皆有之；恭敬之心，人皆有之；是非之心，人皆有之。恻隐之心，仁也；羞恶之心，义也；恭敬之心，礼也；是非之心，智也。仁义礼智，非由外铄我也，我固有之也，弗思耳矣。"

《尽心》下

孟子曰："民为贵，社稷次之，君为轻。是故得乎丘民而为天子，得乎天子为诸侯，得乎诸侯为大夫。诸侯危社稷，则变置。牺牲既成，粢盛既洁，祭祀以时，然而旱干水溢，则变置社稷。"

《荀子》（节选）

《王制》

传曰："君者，舟也；庶人者，水也。水则载舟，水则覆舟。"此之谓也。故君人者，欲安，则莫若平政爱民矣；欲荣，则莫若隆礼敬士矣；欲立功名，则莫若尚贤使能矣：是君人者之大节也。三节者当，则其余莫不当矣。三节者不当，则其余虽曲当，犹将无益也。

《礼记》（节选）

《大学》

所谓诚其意者，毋自欺也。如恶恶臭，如好好色，此之谓自谦，故君子必慎其独也。小人闲居为不善，无所不至，见君子而后厌然，掩其不善而著其善。人之视己，如见其肺肝然，则何益矣！此谓诚于中，形于外，故君子必慎其独也。曾子曰："十目所视，十手所指，其严乎！"富润屋，德润身，心广体胖，故君子必诚其意。

《中庸》

仲尼曰："君子中庸，小人反中庸。君子之中庸也，君子而时中。小人之中庸也，小人而无忌惮也。"

子曰："道不远人，人之为道而远人，不可以为道。《诗》云：'伐柯伐柯，其则不远。'执柯以伐柯，睨而视之，犹以为远。故君子以人治人，改而止。忠恕违道不远，施诸己而不愿，亦勿施于人。"

《颜氏家训》（节选）

《勉学》

人生小幼，精神专利，长成已后，思虑散逸，固须早教，勿失机也。吾七岁时，诵《灵光殿赋》，至于今日，十年一理，犹不遗忘；二十之外，所诵经书，一月废置，便至荒芜矣。然人有坎壈，失于盛年，犹当晚学，不可自弃。孔子云："五十以学《易》，可以无大过矣。"魏武、袁遗，老而弥笃，此皆少学而至老不倦也。曾子七十乃学，名闻天下；荀卿五十，始来游学，犹为硕儒；公孙弘四十余，方读《春秋》，以此遂登丞相；朱云亦四十，始学《易》《论语》；皇甫谧二十，始受《孝经》《论语》，皆终成大儒，此并早迷而晚寤也。世人婚冠未学，便称迟暮，因循面墙，亦为愚耳。幼而学者，如日出之光，老而学者，如秉烛夜行，犹贤乎瞑目而无见者也。

扩展阅读

道 家

导 语

儒家文化虽然是中华传统文化中的主流，道家在中国思想文化史上亦占有极其重要的地位，同时也代表着中华文化的一种特质和精神。《汉书·艺文志》载"道家者流，盖出于史官，历记成败存亡祸福古今之道，然后知秉要执本，清虚以自守，卑弱以自持，此君人南面之术也"，通晓天地万物发展变化规律，是道的精髓。随着时代的发展，道家思想每个阶段都有一些变化，如西汉初年的黄老之术、魏晋玄学，《老子评传》认为"虽然从形式上看，后期道家没能再成为有影响的社会思潮，但实际上却并没有衰微，而是获得了更为广泛的社会基础，得到了更广泛更深入的传播，它的存在获得了更多更灵活的方式，它的影响也扩大到社会生活的更多方面。"[①]

战国时期思想文化领域十分活跃，百家争鸣的局面促进了文学的繁荣，产生了风格各异的散文和诗赋。先秦说理散文对中国文学产生了深远的影响，确定了作家的人格理想、作品的审美风范，成为中国古代文学的基石之一。通过品读道家经典《老子》《庄子》，我们可以体会老庄对真善美的理解和"物极必反""以柔克刚"的处世智慧。联系自我与现实生活，修炼自身品行，以虚怀若谷的胸襟适应未来变化不定的职业生涯。

《老子》

// 作者介绍 //

老子，姓李，名耳，字聃，号伯阳，春秋后期楚国人，与孔子同时但年长于孔子。老子是著名的思想家，是道家学派的创始人。老子以"道"为最高范畴，提出了天道、自然无为等哲学思想，表达了宇宙万物普遍具有的相互对立、相互包含、相互依存、相互转化的特性。与哲学思想相对应，老子还提出了"无为而治"的政治主张和"小国寡民"的社会理想。

《老子》共八十一章，五千言。因其"言道德之意"，所以又称作《道德经》，分为《道经》和《德经》。《老子》具有丰富的朴素辩证法思想，文字简洁，善用譬喻，语言如诗一般有韵律，其中还吸收了不少民间歌谣和谚语。

▷ 图1-14　老子像

▷ 图1-15　《老子》书影

---

① 陈鼓应，白奚著.老子评传[M].南京：南京大学出版社，2001：309.

二十二章

原文·注释

　　曲则全①，枉则直②；洼则盈③，敝则新④；少则得⑤，多则惑⑥。是以圣人抱一为天下式⑦：不自见，故明⑧；不自是，故彰⑨；不自伐，故有功⑩；不自矜，故长⑪。夫唯不争，故天下莫能与之争。古之所谓"曲则全"者，岂虚言哉？诚⑫全而归之。

作品解读

　　老子认为世间普遍存在着对立统一，相互对立的矛盾双方在一定条件下可以互相转化。老子将辩证观点用于修身养性，进而推之于社会人生，主张应该首先立足于"曲""枉""洼""敝""少"等柔弱卑下的一面，才能最终达到"全""直""盈""新""得"的目的。只有做到"不自见""不自是""不自伐"与"不自矜"，才能守道修身，成为天下人的典范。本章所讲的"夫唯不争，故天下莫能与之争"，强调的是以退为进，以柔克刚，最终达到"无为而治"的目的。

　　"曲则全"，《系辞传》中也提到过"曲成万物而不遗"。将圆切断拉开，则直，宇宙万物都是曲线的，因此说"曲成万物"。在人际沟通、为人处世问题上，最短的距离往往不是直线的距离而是曲线的距离，因为它以一种婉转美妙、让人能欣然接受的方式，将隔着一堵墙的两个点连接了起来。"枉则直"，与"大直若屈"道理相似，外表委屈随和，内心正直。想要成为君子，需致力学问修养，琢磨成器，不急不躁地去做，平常看不到效果，等东西做出来，效果就出来了。曲直之间，运用之妙，存乎一心。一个人为人处世，无论大事小事，如果能够把握住道家的精神——"曲全""枉直""洼盈""敝新"这几个原则，那么他的生活、事业，可能会处理得更安稳有序。

　　四个"不"字句，通过反说起到强调、启发的作用。"不自见，故明"，主观成见太强，会导致无法吸收新的客观东西。"不自是，故彰"，过于自以为是，往往容易产生问题。"不自伐，故有功"，有了功劳爱表功，或是人们的常态，但有功而更加谦虚，这才是

---

① 曲则全：委屈反而能保全。
② 枉则直：弯曲反而能伸直。
③ 洼则盈：低洼反而能盈满。
④ 敝则新：破旧反而能更新。
⑤ 少则得：少取反而能多得。
⑥ 多则惑：贪多反而会被物欲所迷惑。
⑦ 圣人抱一为天下式：圣人坚守大道为天下的楷模。式：法式，楷模。
⑧ 不自见，故明：不自我表现的人，反能显明。见：同"现"，显现。明：彰明。
⑨ 不自是，故彰：不自以为是，反能彰显。是：正确。彰：彰显，显著。
⑩ 不自伐，故有功：不自我夸耀，反能见功。伐：夸耀。
⑪ 不自矜，故长：不骄傲自满，才能成为领导者。矜：骄傲。
⑫ 诚：确实。

"不自伐"的最高准则。"不自矜，故长"，傲慢的人，往往对自己很满足，因而难以长进，所以不自夸，才可以继续长进。

老子认为，事物常在对立关系中产生，我们必须对事物的两端都加以观察。所谓正面与负面，并不是两种截然不同的东西，它们经常是一种依存关系，甚至于是表面与内在的关系。常人对于事物的执取，往往急功近利，老子则告诉人们，要开阔视野，不计得失。

二　章

原文·注释

天下皆知美之为美，斯恶已①；皆知善之为善，斯不善已。

故有无相生，难易相成，长短相较，高下相倾②，音声相和③，前后相随。

是以圣人处无为之事，行不言之教④。万物作焉而不辞，生而不有，为而不恃，功成而弗居。夫唯弗居，是以不去。

作品解读

本章内容分两个层次。第一层集中鲜明地体现了老子朴素的辩证法思想。他通过日常的社会现象与自然现象，阐述了世间万物存在着相互依存、相互联系、相互作用的关系。老子非常重视矛盾的对立和转化。他认为宇宙间的事物都处在变化运动之中，事物从产生到消亡，都是有始有终、经常变化的，宇宙间没有永恒不变的东西。

因此，在前一层阐述的基础上，进一步展开第二层：人们处于矛盾对立的客观世界，应当如何对待呢？老子提出了"无为"的观点。这里所讲的"无为"不是随心所欲或无所作为，而是要以辩证法的原则指导人们的社会生活，帮助人们寻找顺应自然、遵循事物客观发展的规律。他以圣人为例，教导人们要有所作为，但不是强作妄为。万事万物都有自身的对立面，都是以对立的方面为自己存在的前提，没有"有"也就没有"无"，没有"长"也就没有"短"；反之亦然。这里所用"相生、相成、相较、相倾、相和、相随"等，是指相比较而存在，相依靠而生成，只是不同的对立概念，使用了不同的动词。

我们要按照自然界的"无为"规律办事。"圣人"能够依照客观规律做事，所以老子提出普通人也可以这样，以无为的方式去化解矛盾，促进自然的改造和社会的发展。在这里，老子主张发挥人的创造性，并非夸大了人的被动性，而是像"圣人"那样，用无为的手段达到有为的目的。

---

① 斯恶已：就显露出丑了。斯：则，就。恶：指丑，与美相对。已：表肯定的语气词，相当于"了"。

② 倾：倾斜，依靠。

③ 和：应和。

④ 处无为之事，行不言之教：以"无为"的态度处事，用"不言"的方式去教诲别人。

人生在世，有时顶天立地，孤傲不群；但有时也应虚怀若谷。当进则进，当退则退；当高则高，当低则低。高下相倾，进退有据，才能独立于世。

四 十 四 章

原文·注释

名与身孰亲？身与货孰多①？得与亡孰病②？是故甚爱必大费③，多藏必厚亡④。知足不辱，知止不殆，可以长久。

作品解读

老子在此章中阐发的是这样一种人生观：人要贵生重己，对待名利要适可而止，知足知乐，这样才可以避免遇到危难；反之，为名利奋不顾身，争名逐利，则必然会落得身败名裂的可悲下场。虚名和人的生命、货利与人的价值，哪一个更可贵？争夺货利还是重视人的价值？二者的得与失，哪一个弊病多呢？这是老子在本章里首先向人们提出的一系列尖锐问题，这也是每个人都必然会遇到的问题。老子认为不应过度贪图虚荣与名利，要珍惜自身的价值与尊严，不可自贱其身。"知足不辱，知止不殆"，是老子对处世为人的精辟见解和高度概括。

"知足"是说，任何事物都有自己的发展极限，但凡超出极限，事物则必然向它的反面发展。因而，每个人都应该对自己的言行举止有清醒的认识，凡事不可求全。贪求的名利越多，付出的代价也就越大；积敛的财富越多，失去的也就越多。"多藏"，就是指对物质生活的过度追求，一个对物质利益片面追求的人，必定会采取各种手段来满足自己的欲望，有人甚至会以身试法。"多藏必厚亡"，意思是说丰厚的贮藏必有严重的损失。这里并不仅仅指物质方面的损失，也包括人的精神、人格、品质方面的损失。

生活并非总是天遂人愿，很多时候我们必须要去选择"放弃"一些东西，可我们的心却像钟摆一样在得失间摇摆。例如，选择就业岗位。毕业生们往往在各家公司之间来回徘徊，犹豫不定，想满足更多的需求。殊不知可能在患得患失中，错失了很多良机。事实上，选择适合自己的公司和岗位，最重要的是提前做好自我定位，审视认清自己的职业价值观，不需过分追求十全十美，任何事情尽自己最大的努力去做即可。

---

① 多：贵重。
② 得：指得到名利。亡，指丧失性命。病：有害。
③ 爱：吝惜。费：耗费。
④ 多藏必厚亡：丰厚的藏货必定会招致惨重的损失。

八　章

原文·注释

上善若水。水善利万物而不争，处众人之所恶①，故几②于道。居善地，心善渊③，与④善仁，言善信，正善治⑤，事善能⑥，动善时⑦。夫唯不争，故无尤⑧。

作品解读

本章首先提出"上善若水"为总领提纲。一个人如要效法自然之道，无私善行，就要做到如水一样在至柔之中有至刚、至净、能容、能大的胸襟和气度。

水，具有滋养万物生命的德行。它能使万物得到它的利益，而不与万物争利，永远不占据高位。俗话说："人往高处走，水向低处流。"水宁愿自居低处包容一切。所以老子形容它，"处众人之所恶，故几于道"，赞美它大度能容的美德。除了特别提出它与世无争、谦下自处之外，老子又一再强调：一个人的行为如果做到如水一样，善于自处而甘居下游——"居善地"；心境养到像水一样，善于容纳百川的深沉渊默——"心善渊"；行为修到同水一样助长万物的生命，待人真诚友爱——"与善仁"；行动把握时机，像水一样随着动荡的趋势而汹涌，跟着静止的状况而平静——"动善时"。再配合最基本的原则，与物无争，与世不争，那就会拥有安然处顺的生活了。

水不排斥任何东西，即使是处于万物所厌恶的位置。水也不歧视任何东西，用包容的心态去对待万物，不因自己的好恶去做事。人应有水一样包容的品质。

不论在工作还是学习生活中，人与人的合作是在所难免的。每个人都有自己的生活和教育背景，拥有各自的个性特征和行为习惯。如果过分计较，不善于包容，那么在集体生活和合作中，很容易出现不适应的现象。在社会中寻求发展，要想做到积极应变，应不断调整自己的思想与行为，客观环境和人文环境都需要我们用积极和包容的心态去适应。

---

① 恶：厌恶。
② 几：接近。
③ 渊：沉静，深不可测。
④ 与：指和别人相处、交往。
⑤ 正：通"政"，执政。治：治理。
⑥ 能：能力，才干。
⑦ 时：时机。
⑧ 尤：过失。

三十三章

原文·注释

知人者智，自知者明。胜人者有力，自胜者强①。知足者富，强行②者有志。不失其所者③久，死而不亡④者寿。

作品解读

"知人者智，自知者明"。老子首先着重强调了能够了解别人是有智慧的。一个人善于了解别人，就是知彼，是明智的。"自知者明"，而能清醒地认识自己、对待自己，这才是聪明的，难能可贵的。

"胜人者有力，自胜者强"。能够战胜别人是有力量的，但一个真正强大的人是那些能够战胜自己的人。战胜别人有时候轻而易举，但战胜自己却很难做到。"知足者富，强行者有志"。人生的欲望是难以获得满足的，因此懂得知足才能富有，遵行大道坚持力行的人是有志向的。

"不失其所者久"，不丧失自己的根基才能长久。世界上的各种生物都有自己的根基，人同样如此，离不开精神的支柱和根基，这个支柱或根基就是老子所说的"道"。"死而不亡者寿"，"死"是消失，即肉体的消亡。"不亡"则是精神的永存。老子说，身死而能够长久地被人们怀念，才是真正的长寿，这样的人不会被人们忘记。

生活或工作中，认清自我是一个人办事能力的基本素质之一。作为一个有着奋斗目标的人，对自己要先有个正确的认识。在认识到自己长处的前提下，如果能扬长避短，认准目标，把一份工作或一门学问刻苦认真地做下去，久而久之，自然会结出丰硕的成果。

四十五章

原文·注释

大成⑤若缺，其用不敝。大盈若冲⑥，其用不穷⑦。大直若屈⑧，大巧若拙，大辩若讷⑨。躁胜寒，静胜热。清静为天下正。

---

① 强：刚强，果决。
② 强行：勤勉力行，努力不懈。
③ 不失其所者：不失根本的人。
④ 死而不亡：身虽死而精神不亡。
⑤ 大成：最完美的东西。
⑥ 冲：空虚。
⑦ 穷：穷尽。
⑧ 屈：弯曲。
⑨ 讷：不善言谈。

此章关键要注意一个"若"字。一个完美的人格，不在于外形上表露，而在于内在生命的含藏内敛。那些取得了巨大成就的人似乎也有不尽完美的地方，也许正因为他们能认识到自身的不足，所以取得大成就时不骄不躁，这样才使得他们立于不败之地。

老子认为最有智慧的人、真正有本事的人，虽然有才华学识，但平时却像个平庸者，不自作聪明；虽然能言善辩，但好像不会讲话一样。言语的讷者，行动的敏者，才是真正的智者，是大智若愚，这也正是睿智的最高境界。

喜好夸夸其谈、才华外露，容易得罪人；常常批评他人长短，容易招人怨恨，这些都是智者竭力避免的事情。不难发现，一个冷静的倾听者比一个喋喋不休的表达者，有时更受人欢迎，外露的聪明远不如深藏的智慧。

六十三章

原文·注释

为无为，事无事，味①无味。大小多少②，报怨以德。

图难③于其易，为大④于其细。天下难事必作于易，天下大事必作于细。是以圣人终不为大，故能成其大。

夫轻诺必寡信，多易⑤必多难。是以圣人犹⑥难之，故终无难矣。

作品解读

这章无论对于行事还是求学之人来说，都是至理名言。老子一再提示的处世之道：立身处世应依客观情状而行动，不宜主观强制地妄为，即"为无为"。以无为的态度去作为，以不滋事的方式去处理事务，以恬淡无味当作有味。

关于大小、难易问题，道家常有许多精辟的见解。老子说"道大"，又说"见小曰明"，大小宜兼顾。庄子也说："自细视大者不尽，自大视细者不明。""道大""天大""地大""人亦大"，老子在开辟人的思想视野、提升人的精神空间的同时，又提示大家要知道几处"微明"。大道及事理，往往"隐""晦""希声"，需知微者才能体味，见小者才能洞察。难易问题，也和处事者的态度有密切关系。老子提醒人们处理艰难的事情，须先从细小、简易处着手。面临细小简易的事，却不可轻心。"圣人犹难之"，这是一种慎重的态

---

① 味：把……当作味。
② 大小多少：大生于小，多起于少。
③ 图：谋划，处理。难：难事。
④ 为：做，实现。大：远大。
⑤ 易：把……看得简单容易。
⑥ 犹：仍然，总是。

度，谨密周思，细心而为。

很多时候，在工作中面对难题或大项目的时候，不妨将其分解或拆分成细小的问题，然后逐个考虑解决的办法。落实既定计划，按部就班，根据步骤进行。

六十四章（节选）

原文·注释

其安易持①，其未兆易谋②，其脆易泮③，其微易散。为之于未有，治之于未乱。合抱之木，生于毫末④；九层之台，起于累土⑤；千里之行，始于足下。

作品解读

老子认为任何事物的出现，总有生成、变化和发展的过程，人们应该了解这个过程，对于在这个过程中事物有可能发生祸患的环节应该给予特别注意，杜绝它的出现。从"大生于小"的观点出发，老子进一步阐述事物发展变化的规律，说明"合抱之木""九层之台""千里之行"等远大之事，都是以"生于毫末""起于累土""始于足下"为开端的，形象地证明了大的东西无不是从细小的东西发展而来的。同时也告诫我们，无论做什么事情，都必须具有坚强的毅力，从小事做起，才可能成就大事业。"为之于未有，治之于未乱"，这句话体现了老子具有危机精神。简言之，防微杜渐，将危机消灭于萌芽状态，才不会酿成大的祸患。

当然，现实生活中的确有不少人是缺乏危机意识的。老子认为，危机的产生有一个从"萌发期"到"爆发期"的变化过程。也就是说危机的发生都有预兆性的信号，正所谓"冰冻三尺，非一日之寒"，如果人们具备敏锐的洞察力，能根据日常收集到的信息，预测可能面临的危机，及时做好预警工作，并采取有效的预防措施，就可以避免危机的发生或使危机造成的损害和影响降到最低。

思考练习

1. 如何理解老子所言的"不争"？
2. 说说你生活中遇到的可以说明"曲则全""枉则直""洼则盈""敝则新""少则得""多则惑"道理的故事。

---

① 其安易持：形势安稳时，容易持守。
② 兆：迹象。谋：谋划，图谋。
③ 其脆易泮：脆弱的容易消解。泮：散、解。
④ 毫末：毫毛的尖端，比喻非常细小。
⑤ 累：通"蔂"，盛土的用具，"累土"即一筐土。

《庄子》

// 作者介绍 //

庄子（约前369—前286），名周，战国早期宋国蒙城（今河南商丘）人。他一生清贫，不慕权贵，曾拒绝楚威王的聘任，"终身不仕，以快其志"，是继老子之后道家学派的重要代表人物。如果说老子讲的是"处世哲学"，那么庄子谈的则是"生命哲学"，因为他表现出的是对生命的极大关切，无论讲"逍遥"，还是谈"齐物""养生"，都围绕着生命展开。

《庄子》一书是道家学派的重要代表作，今存三十三篇，包括内篇七、外篇十五、杂篇十一。其文汪洋恣肆，想象奇特，寓言数量多。在先秦诸子散文中，以《庄子》的艺术成就为最高。在先秦说理文中，《庄子》也是最具有文学价值的。

▷ 图 1-16　庄子像

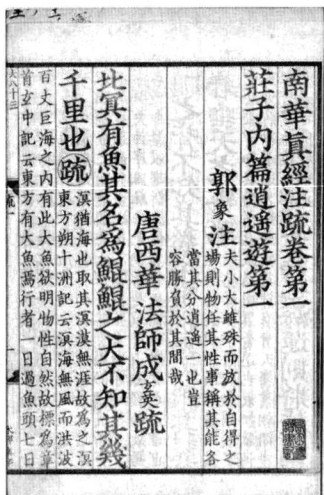

▷ 图 1-17　《庄子》书影

山　木

原文·注释

庄子行于山中，见大木，枝叶盛茂，伐木者止其旁而不取也。问其故，曰："无所可用。"庄子曰："此木以不材①得终其天年。"

夫子出于山，舍于故人之家。故人喜，命竖子②杀雁而烹之。竖子请曰："其一能鸣，其一不能鸣，请奚杀？"主人曰："杀不能鸣者。"

---

① 不材：无用之材。
② 竖子：童仆。

明日，弟子问于庄子曰："昨日山中之木，以不材得终其天年；今主人之雁，以不材死。先生将何处①？"庄子笑曰："周将处乎材与不材之间。材与不材之间，似之而非也，故未免乎累②。若夫乘③道德而浮游则不然。无誉无訾④，一龙一蛇⑤，与时俱化⑥，而无肯专为⑦；一上一下，以和为量⑧，浮游乎万物之祖⑨，物物而不物于物⑩，则胡可得而累邪！此神农、黄帝之法则也。若夫万物之情，人伦之传⑪，则不然。合则离，成则毁，廉⑫则挫，尊则议⑬，有为则亏，贤则谋⑭，不肖则欺，胡可得而必乎哉！悲夫！弟子志⑮之，其唯道德之乡⑯乎！"

作品解读

本节以庄子行走于山林之中，见树木枝繁叶茂不被砍伐者看中为发端，发出了树木因不能成材而得以保全天年的感慨。接着又以山中友人款待他时，在鸣与不鸣的两雁之中，选后者杀之的故事推出了道家的处世哲学。

木以"无用"得保全，而雁以"不鸣"遭烹杀，二者均"不材"而遭遇不同。面对弟子"将何处"的诘难，庄子的回答是应处于"材与不材"之间。值得注意的是，庄子的回答没有选择"非此即彼""非进则退"的思维方式，而是以顺应自然、顺时而变为主要观点。

所谓"直木先伐，甘井先竭"，听起来好像希望人最好不要成材，但庄子又说："我将处于成材与不成材之间。"意即成材有危险，我就不成材；不成材有危险，我就成材。重点在于，如何用智慧判断各种条件是否成熟。"似之而非"，是说每一次都要视情况而定。成不成材，是依据社会的判断，到了不同的社会，标准又不一样了。所以最好顺应自然禀赋，与之遨游，即"与道要游"的观念。

"物物而不物于物"，驾驭万物而不被万物所驾驭，这个观念相当重要。善于利用身边的所有条件，而不要被这些条件所利用。

庄子的散文善于选取人们所熟悉的事物，置于特定的自然和社会环境之中进行考察，常常打破人与物、自然与社会的界限，物我同一、圆融无碍。在庄子看来，是有用好还是

---

① 处：自处。
② 累：拖累，制约。
③ 乘：顺着。
④ 訾（zǐ）：诋毁。
⑤ 一龙一蛇：时而如龙一样升腾，时而像蛇一样蛰伏。
⑥ 化：变化。
⑦ 无肯专为：不偏执一端。
⑧ 量：考量。
⑨ 万物之祖：造物之先者。祖：初始状态。全句意为悠然自在地处在万物的初始状态。
⑩ 物物：第一个物为动词，视外物为物。不物于物：不为外物所累。
⑪ 传：同"转"，转变。
⑫ 廉：锐利。
⑬ 议：议论，疑议。
⑭ 谋：被人谋算。
⑮ 志：记住。
⑯ 道德之乡：谓与时俱化。乡：同"向"，归向。

无用好，不能一概而论，它们随着时间的不同而发生变化。一个人在处理有用与无用这两者的关系时，不应该一成不变，而应该根据时机的变化而调整。当有用有害时，那就处于无用的一面；当无用有害时，那就处于有用的一面，顺应自然。

比如，谦虚是一种美德。不过，这也要看场合。在不同的场合，谦虚会产生不同的效果。在与同学、同事的相处中，谦虚不但会使自己学到不少东西，而且还能得到同学、同事的尊重与爱戴。可是如果在人才招聘会上，在与用人单位的对话中，过度的谦虚就会给对方造成误解，给人一种缺乏自信的感觉，不利于对方全面了解自己的能力。此时需要的是对自己的全面评价，特别要注意将自己的长处和优势展示出来，体现出一种不畏艰难、勇往直前的精神。在平时看来，这也许就是不谦虚，然而在这种场合，只要是真实的，就不必那么"谦虚"。当然也需要注意实事求是、诚恳和踏实，避免傲慢和轻浮。

微课

思考练习

1. 谈谈你对"材与不材"的理解。
2.《庄子》一书寓言丰富，请你说说从中获得的智慧与启发。

扩展阅读

《老子》（节选）
《庄子》（节选）
《淮南鸿烈解》（节选）

《老子》（节选）

一　章

道可道，非常道；名可名，非常名。无，名天地之始；有，名万物之母。故常无，欲以观其妙；常有，欲以观其徼。此两者同出而异名，同谓之玄。玄之又玄，众妙之门。

十一章

三十辐共一毂，当其无，有车之用；埏埴以为器，当其无，有器之用；凿户牖以为室，当其无，有室之用。故有之以为利，无之以为用。

十五章

古之善为士者，微妙玄通，深不可识。夫唯不可识，故强为之容：豫焉若冬涉川；犹兮若畏四邻；俨兮其若客；涣兮其若释；敦兮其若朴；旷兮其若谷；混兮其若浊；孰能浊以静之徐清；孰能安以动之徐生。保此道者，不欲盈。夫唯不盈，故能蔽而新成。

五 十 四 章

善建者不拔，善抱者不脱，子孙以祭祀不辍。修之于身，其德乃真；修之于家，其德乃余；修之于乡，其德乃长；修之于邦，其德乃丰；修之于天下，其德乃普。故以身观身，以家观家，以乡观乡，以邦观邦，以天下观天下。吾何以知天下然哉？以此。

八 十 一 章

信言不美，美言不信；善者不辩，辩者不善；知者不博，博者不知。

圣人不积，既以为人，己愈有；既以与人，己愈多。天之道，利而不害；圣人之道，为而不争。

《庄子》（节选）

《齐物论》第二

昔者，庄周梦为胡蝶，栩栩然胡蝶也。自喻适志与，不知周也。俄然觉，则蘧蘧然周也。不知周之梦为胡蝶与？胡蝶之梦为周与？周与胡蝶，则必有分矣。此之谓物化。

《天道》第十三

世之所贵道者，书也，书不过语，语有贵也。语之所贵者，意也，意有所随。意之所随者，不可以言传也，而世因贵言传书。世虽贵之哉，犹不足贵也，为其贵非其贵也。故视而可见者，形与色也；听而可闻者，名与声也。悲夫！世人以形色名声为足以得彼之情。夫形色名声，果不足以得彼之情，则知者不言，言者不知，而世岂识之哉！

桓公读书于堂上，轮扁斫轮于堂下，释椎凿而上，问桓公曰："敢问公之所读者，何言邪？"公曰："圣人之言也。"曰："圣人在乎？"公曰："已死矣。"曰："然则君之所读者，古人之糟魄已夫！"桓公曰："寡人读书，轮人安得议乎！有说则可，无说则死！"轮扁曰："臣也以臣之事观之。斫轮，徐则甘而不固，疾则苦而不入，不徐不疾，得之于手而应于心，口不能言，有数存焉于其间。臣不能以喻臣之子，臣之子亦不能受之于臣，是以行年七十而老斫轮。古之人与其不可传也死矣，然则君之所读者，古人之糟魄已夫！"

《秋水》第十七

庄子钓于濮水，楚王使大夫二人往先焉，曰："愿以境内累矣！"庄子持竿不顾，曰："吾闻楚有神龟，死已三千岁矣。王巾笥而藏之庙堂之上。此龟者，宁其死为留骨而贵乎？宁其生而曳尾于涂中乎？"二大夫曰："宁生而曳尾涂中。"庄子曰："往矣！吾将曳尾于涂中。"

庄子与惠子游于濠梁之上。庄子曰："鲦鱼出游从容，是鱼之乐也。"惠子曰："子非鱼，安知鱼之乐？"庄子曰："子非我，安知我不知鱼之乐？"惠子曰"我非子，固不知子矣；子固非鱼也，子之不知鱼之乐，全矣！"庄子曰："请循其本。子曰'汝安知鱼乐'云者，既已知吾知之而问我，我知之濠上也。"

《淮南鸿烈解》（节选）

《主术训》

人主之居也，如日月之明也。天下之所同侧目而视，侧耳而听，延颈举踵而望也。是故非澹漠无以明德，非宁静无以致远，非宽大无以兼覆，非慈厚无以怀众，非平正无以制断。

《氾论训》

故圣人制礼乐，而不制于礼乐。治国有常，而利民为本；政教有经，而令行为上。苟利于民，不必法古；苟周于事，不必循旧。

扩展阅读

兵　家

导　语

兵家在中国古代源远流长，典籍记载最早可追溯至黄帝时期。《汉书·艺文志》载："兵家者，盖出古司马之职，王官之武备也……下及汤、武受命，以师克乱而济百姓，动之以仁义，行之以礼让，《司马法》是其遗事也。自春秋至于战国，出奇设伏，变诈之兵并作。"东周时期，诸侯各国纷争，战事屡起，相继出现专门记述作战经验和军事原则的书籍。其中，孙武所著《孙子兵法》尤为著名，并且保存完好，一直流传至今，在中国军事学史上有着极其珍贵的价值。另外，1972年山东临沂银雀山汉墓出土简册中又有《孙膑兵法》，其后如唐代李筌《太白阴经》、宋代曾公亮及丁度奉勅所撰《武经总要》、明代戚继光《纪效新书》等，皆是历史上较为有名的兵书。

《孙子兵法》

// 作者介绍 //

孙武，字长卿，春秋末期齐国乐安（今山东惠民县）人，我国古代杰出的军事家。生卒年不详，大致与孔子同时，著有《孙子兵法》一书。此书是我国乃至世界上现存最早的兵书，历来被视为"兵经"，为古今中外的军事家们所尊崇。

《孙子兵法》，又称《孙武兵法》。今存约6 000字，共十三篇。全书以谋略为经线，以战争的一般进程为纬线编织而成。十三篇脉络清晰、结构严谨，内容博大精深，系统而全面地论述了部署作战的理论，其中既有对战争规律的总结，又有对具体军事谋略的阐释。每篇各有特色，相对独立，但又相互依托，相互联系，形成一个有机整体。

▷ 图1-18　孙武像

▷ 图1-19　《孙子兵法》书影

谋　　攻

原文·注释

　　孙子曰：凡用兵之法：全国为上，破国次之①；全军为上，破军次之②；全旅③为上，破旅次之；全卒④为上，破卒次之；全伍⑤为上，破伍次之。是故百战百胜，非善之善者也⑥；不战而屈人之兵，善之善者也。

　　故上兵伐谋⑦，其次伐交⑧，其次伐兵，其下攻城。攻城之法，为不得已。修橹轒辒⑨，具⑩器械，三月而后成；距闉，又三月而后已⑪。将不胜其忿而蚁附⑫之，杀士三分

① 全国为上，破国次之：使敌国完整地屈服是上策，经过交战攻破敌国使之降服是次一等的用兵策略。
② 军：据曹操注《司马法》"一万五千五百人为军"，亦指对方全国的军队。破：击破、打败、消灭。
③ 旅：古代军队的一个编制单位，五百人为旅。
④ 卒：一百人为卒。
⑤ 伍：五人为伍。
⑥ 百战百胜，非善之善者：南宋张预注曰："战而后能胜，必多杀伤，故云非善。"百战百胜固然是好事，但终有杀伤、耗损，因此非善之善者。
⑦ 上兵：用兵作战的上策。伐谋：敌方开始计谋之时，我方应及早查明敌方政治、作战动向，以巧妙的计谋，使敌方的计谋不能得逞。
⑧ 交：指外交。在外交上战胜敌人。战争并非单纯的敌对双方之事，与其他国家以及势力多有复杂关系，其他国家或势力的态度都会对战争结果产生影响，因此军事行动中的外交非常重要。联系友军与之结盟，孤立敌军都属于"伐交"。
⑨ 修橹轒辒（fén yūn）：指制造各种攻城器械。修：制造。橹：大盾。轒辒：古代一种攻城器具，大型四轮车，上蒙以生牛皮，其下可以掩护十人，推车前进，以防城上箭矢、石头的攻击。
⑩ 具：准备。
⑪ 距闉（yīn）：为攻城而堆积的向敌城推进的土丘，用来观察敌情，攻击守城之敌，既可于其上施放火器，又便于登城，是古代攻城必修工事。闉：通"堙"，堆成的土山。
⑫ 蚁附：蚁，名词用作状语，如蚁一样。意为"如蚁一样爬梯攻城"。

之一，而城不拔^①者，此攻之灾也。故善用兵者，屈人之兵而非战也，拔人之城而非攻也，毁人之国而非久也，必以全争于天下^②，故兵不顿^③而利可全，此谋攻之法也。

故用兵之法，十则围之^④，五则攻之，倍则分之，敌则能战之^⑤，少则能逃^⑥之，不若则能避之。故小敌之坚，大敌之擒也^⑦。

夫将者，国之辅也，辅周则国必强，辅隙^⑧则国必弱。

故君之所以患于军^⑨者三：不知军之不可以进，而谓^⑩之进，不知军之不可以退，而谓之退，是谓縻军^⑪；不知三军之事，而同三军之政，则军士惑矣^⑫；不知三军之权^⑬，而同三军之任，则军士疑矣。三军既惑且疑，则诸侯之难至矣^⑭，是谓乱军引胜^⑮。

故知胜^⑯有五：知可以战与不可以战者胜，识众寡之用^⑰者胜，上下同欲者胜，以虞待不虞者胜，将能而君不御^⑱者胜。此五者，知胜之道也。

故曰：知彼知己者，百战不殆^⑲；不知彼而知己，一胜一负；不知彼不知己，每战必殆。

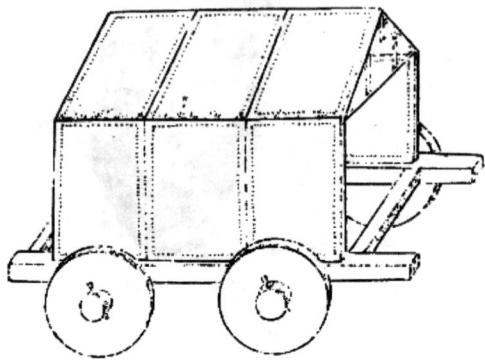

▷ 图 1-20　宋《武经总要》辒辌车

作品解读

本篇选自《孙子兵法》十三篇中的第三篇，该篇主要阐述谋划采取军事行动时的法

---

① 拔：破城而取之曰"拔"。
② 必以全争于天下：一定要设法使用全胜的计谋，争胜于天下。
③ 兵不顿：比喻战斗力未损，士气未挫。顿：通"钝"，不锋利。也有一说表示困顿、劳顿。
④ 十则围之：此句"十"与下"五""倍"皆指我方与敌方比较，我方所处的力量地位。十：十倍于敌，指极其多，有绝对优势。
⑤ 倍则分之，敌则能战之：倍，比敌人多一倍。敌：匹敌。指有一倍于敌人之力量则可分割敌人而消灭之，双方势力大体均等则可以抗击。
⑥ 逃：奔走，逃避，指主动地采取不与敌争锋的办法，并非消极地逃跑。
⑦ 小敌之坚，大敌之擒：弱小的军队如果固执坚守，就会被强大的军队所擒获。坚：坚持，固守。擒：擒获，俘获。
⑧ 隙：缺，疏漏之意。指将领佐君不周全，有疏漏。
⑨ 患于军：患，作动词，为患，贻害。指对军队有害。
⑩ 谓：叫，命令。
⑪ 縻（mí）军：縻，原义为牛缰绳，可引申为羁绊、束缚。指束缚军队，使军队不能根据情况相机而动。
⑫ 不知三军之事，而同三军之政，则军士惑矣：指治理地方行政与治理军队不同，国君不了解军队内部管理、奖罚等具体情况，而要参与或干预军队管理与指挥，士兵就会不知所措。三军：春秋时期，大国多设三军，名称不一，这里指全军。政：军政，管理指挥军队。
⑬ 权：权变。
⑭ 诸侯之难：诸侯国乘其军士疑惑之机，起而攻之的祸难。
⑮ 乱军：军队混乱。引胜：给敌人夺取胜利的机会。
⑯ 知胜：预测胜利。
⑰ 识众寡之用：懂得指挥小部队也懂得指挥大军团。众：指大军。寡：指小部队。
⑱ 将能而君不御：指将领有才能，君主不参与干涉。御：驾驭。在此指制约、控制之意。
⑲ 百战不殆：指经历多次战役没有遭遇危险。殆：危险。

则，即战略战术思想。主要观点是不战和慎战，核心是"不战而屈人之兵"，体现了军事思想中的仁义观，是全书思想的精髓。在此基础上阐述了谋攻的不同策略，谋攻中针对不同情况采取不同战术，防备容易出现的国君干涉军事的三种倾向以及如何预知战争胜利的五种条件，结论是"知彼知己，百战不殆"。

本文层次清晰，可分七层。从开头到"善之善者也"为第一层，用递进手法说明采用进攻方式的几个层次，最高境界是既保全自己的国家和军队，同时也保全敌方的国家，即"不战而屈人之兵"。孙星衍序称其书"本之仁义"，在此可见一斑。从"故上兵伐谋"到"此谋攻之法也"为第二层，阐述谋攻的法则。再次强调运用智谋而尽量减少直接战争的重要性。春秋时期，诸侯国林立，大小不等，相互兼并的战争时常发生。战争是不可避免的，而军事斗争的最好方法是"伐谋"，以下依次是"伐交""伐兵""攻城"。运用智谋而战胜敌人成本最少，因此为上；其次是通过外交活动；一旦交战则必有人员伤亡，故又为其次；至于攻打城池则双方都要付出惨重代价，故为下下策。"故用兵之法"到"大敌之擒也"为第三层，阐述集中兵力的原则。在敌我两军数量对比不同的情况下应该采取不同的战术，表现出机动灵活的战术思想。"夫将者"到"辅隙则国必弱"为第四层，强调将帅对于战争以及国家强盛兴衰的重要性。从"君之所以患于军者三"到"是谓乱军引胜"为第五层，强调国君不要干预军队具体事务的重要性，说明国君危害军事行动的三种情况，也是战争胜负的关键问题。从"故知胜有五"到"知胜之道也"为第六层，说明取得胜利的五种情况。从"故曰"到"每战必殆"为第七层，全文结论，谋攻的关键是"知彼知己，百战不殆"，即掌握敌我双方情况是取胜的决定因素。

微课

思考练习

1. "不战而屈人之兵"的具体内涵是什么？

2. 结合"知彼知己，百战不殆"的思想，谈谈你的职业理想，并说说该如何规划你的职业生涯。

扩展阅读

《孙子兵法》（节选）

《孙子兵法》（节选）

计 篇 第 一

孙子曰：兵者，国之大事，死生之地，存亡之道，不可不察也。

计利以听，乃为之势，以佐其外。势者，因利而制权也。兵者，诡道也。故能而示之不能，用而示之不用，近而示之远，远而示之近。利而诱之，乱而取之，实而备之，强而避之，怒而挠之，卑而骄之，佚而劳之，亲而离之。攻其无备，出其不意。此兵家之胜，不可先传也。

虚实篇第六

孙子曰：凡先处战地而待敌者佚，后处战地而趋战者劳。故善战者，致人而不致于人。能使敌人自至者，利之也；能使敌人不得至者，害之也。故敌佚能劳之，饱能饥之，安能动之。出其所不趋，趋其所不意。

行千里而不劳者，行于无人之地也；攻而必取者，攻其所不守也。守而必固者，守其所不攻也。

故善攻者，敌不知其所守；善守者，敌不知其所攻。

夫兵形象水，水之形，避高而趋下，兵之形，避实而击虚。水因地而制流，兵因敌而制胜。故兵无常势，水无常形，能因敌变化而取胜者，谓之神。故五行无常胜，四时无常位，日有短长，月有死生。

扩展阅读

导 语

习近平总书记在党的二十大报告中提出："推进文化自信自强，铸就社会主义文化新辉煌。"唐诗，铸就了中国文化的诗性品格，是中华优秀传统文化的重要组成部分。

诗歌之所以在唐代走向空前繁荣，主要有以下原因：其一，批判继承前人的文化遗产。诗歌经过较长的历史发展，至唐代无论是浪漫主义还是现实主义，无论是语言风格、艺术技巧，还是声律运用，都臻于完备。唐人很注重总结和学习前人的经验，如杜甫在《戏为六绝句》中就曾写道："别裁伪体亲风雅，转益多师是汝师。"其二，社会重视和科举取士的影响。唐代君主大多都有较高的文化修养，他们对能诗善文的人尤为重视，如李白就曾以诗待诏翰林。唐代进士科考试，诗歌是重要内容之一。科举取士，为出身平民阶级的读书人提供了一条入仕之路，如孟郊《登科后》写道："春风得意马蹄疾，一日看尽长安花。"其三，社会经济的繁荣及社会风气提倡。唐代经济繁荣，人民文化水平普遍提高，诗歌已经不是士子文人的专利，《全唐诗》收录了大量和尚、道士、歌姬、宫人的作品，浓厚的社会创作风气，也促使唐诗日渐繁荣。

按照时间和唐诗的艺术特色，唐诗一般被分为初、盛、中、晚四个阶段。初唐诗坛最值得一提的代表人物是王勃、杨炯、卢照邻、骆宾王四人，他们提出了轻"绮碎"重"骨气"的主张，其诗歌或表现从军报国的壮志，或揭露社会现实，或抒发自己怀才不遇的悲愤，诗歌的题材内容更加宽泛，风格也更劲健，因此四人被称为"初唐四杰"。盛唐时代，唐诗达到顶峰，名家辈出，流派纷呈。除伟大的浪漫主义诗人李白、现实主义诗人杜甫外，还有边塞诗人代表高适、岑参，山水田园诗人代表王维、孟浩然……"安史之乱"及其后造成的牛李党争、藩镇割据，极大地破坏了唐代社会的经济，也使唐代诗坛为之一变。中唐诗坛现实主义是创作主流，以白居易、元稹为首，掀起"新乐府运动"，强调诗歌应起到"补察时政""泄导人情"的作用。大历年间刘长卿、韦应物的山水诗，李益、卢纶的边塞诗，都继承了盛唐诗歌的艺术风格并各有特色。贞元、元和年间，韩愈、孟郊、李贺、刘禹锡、柳宗元的诗歌，都各有千秋。晚唐时期，社会动荡，国势衰微，这一时期最著名的诗人有李商隐、杜牧，另外皮日休、聂夷中、杜荀鹤的诗歌也都取得了一定的艺术成就。

终 南 别 业

王 维

// 作者介绍 //

王维（约701—761），字摩诘，号摩诘居士，河东蒲州（今山西运城）人，唐代著名诗人、画家。唐肃宗乾元年间任尚书右丞，故世称"王右丞"。王维精通诗、书、画、音乐等，中年后居住在蓝田辋川，过着半官半隐的生活。诗歌内容多以山水田园为主题，表达隐逸生活的乐趣及对佛教禅理的感悟，描摹事物精细传神，与孟浩然齐名。著有《王右丞集》。

▷ 图 2-1　王维

原文·注释

中岁颇好道①，晚家南山陲②。
兴来每独往，胜事③空自知。
行到水穷处，坐看云起时。
偶然值林叟，谈笑无还期④。

作品解读

　　经历了社会变迁和人生起伏后，王维晚年过着亦官亦隐的生活，他崇信佛教，在辋川营建别墅，这首诗描写诗人隐居辋川别墅的日常生活和心境，全诗的着眼点在于抒发对自得其乐的闲适情趣的向往。

　　开篇二句，点明作者作诗的环境及生活状态。一个"颇"字，点明其崇佛的虔诚心态。"晚"字则意蕴更为丰富，除暮年、晚年这一意义外，似乎又透露出看破红尘、出离尘世的意味。随后，诗人开始描绘山居生活的日常。山林的生活是无拘无束的，兴致来临时，诗人每每独往山中信步闲走，那快意自在的感受只有自己能心领神会。此句将一个陶醉于山林情趣间洒脱的隐者形象展现到读者面前。值得注意的是，王维的晚年生活并不是个体的自由选择，而是社会动荡和个人际遇共同作用的结果。因此，从字面意义上看，"胜事空自知"隐隐约约带有些落寞、无奈与孤独之感。"行到水穷处，坐看云起时"禅意深厚，是传世名句。从字面解释来看，作者在山间信步闲走，不知不觉中，已到了溪水尽头，似乎再无路可走，于是索性坐下，看天上的风起云涌。"行到水穷处"，让读者体味到了"应尽便须尽"的坦荡，而云，有形无迹，飘忽不定，变化无穷，绵绵不绝，因而给人以安闲自在、无拘无束的感觉，同时"坐看云起时"还蕴藏着一种禅机，即去掉执着，像云般无心，就可以摆脱烦恼，得到解脱自在。

　　诗人学养丰富、深悟禅理，但并没有脱离尘世。因此，结句写作者在山间偶然碰到了"林叟"，于是无拘无束地与其尽情谈笑，以致忘了时间，诗人淡逸的天性和超然物外的风采跃然纸上，此句呼应前面的"独往"，因为处处"偶然"，更显出心中的悠闲自在。"谈笑无还期"结句自然，却暗藏哲理，诗人因为体悟到物我两忘、物我一体的境界，从而忘记了那变幻无常的世俗世

微课

---

① 中岁：中年。好（hào）：喜好。道：这里指佛教。
② 家：安家。南山：即终南山。陲（chuí）：边缘，旁边，边境。南山陲，指辋川别墅所在地，在终南山脚下。
③ 胜事：美好的事。
④ 值：遇到。叟（sǒu）：老翁。无还期：没有返回的准确时间。

界，到达真正的"空"境。

走马川行奉送出师西征①
岑 参

// 作者介绍 //

　　岑参（约715—770），原籍南阳（今河南南阳）后徙居荆州江陵（今湖北江陵县），唐代诗人，与高适并称"高岑"。岑参早岁孤贫，从兄就读，遍览史籍。唐玄宗天宝三载（744）进士，初为右内率府兵曹参军。后两次从军边塞，先任安西节度使高仙芝幕府掌书记，天宝末年，封常清为安西北庭节度使时，为其幕府判官。代宗时，曾官嘉州刺史，世称"岑嘉州"。大历五年（770）卒于成都。

▷ 图2-2　走马川行奉送出师西征

原文·注释

　　君不见，走马川行雪海边②，平沙莽莽黄入天。
　　轮台③九月风夜吼，一川碎石大如斗，随风满地石乱走。
　　匈奴④草黄马正肥，金山⑤西见烟尘飞，汉家大将西出师⑥。
　　将军金甲夜不脱，半夜军行戈相拨⑦，风头如刀面如割。
　　马毛带雪汗气蒸，五花连钱⑧旋作冰，幕中草檄⑨砚水凝。
　　虏骑闻之应胆慑，料知短兵⑩不敢接，车师西门伫献捷⑪。

---

① 行：诗歌的一种体裁。西征：一般认为是出征播仙。
② 走马川：指的是唐轮台西之白杨河，即今之玛纳斯河。川：此处指干涸的河床。雪海：在天山主峰与伊塞克湖之间。
③ 轮台：据《旧唐书·地理志》，轮台属北庭都护府，在今新疆乌鲁木齐市附近。
④ 匈奴：借指播仙部族。
⑤ 金山：《新唐书·地理志·陇右道》："西州交河郡……开元中曰金山都督府。"金山，又指今新疆乌鲁木齐东之博格多山，为天山之一峰。
⑥ 汉家：唐代诗人多以汉代唐。汉家大将：指封常清，唐朝将领。
⑦ 戈相拨：兵器互相撞击。
⑧ 五花：即五花马，唐时讲究的装饰，常把马的鬃毛梳剪为花瓣形。剪三瓣的叫三花马，剪五瓣的叫五花马。连钱：即连钱骢，花色似钱相连。
⑨ 草檄（xí）：起草讨伐敌军的文书。
⑩ 短兵：指刀剑一类的武器。
⑪ 车师：为唐北庭都护府治所庭州，今新疆乌鲁木齐东北。伫：久立，此处作等待之义。献捷：献上贺捷诗章。

本诗着重描绘西北边塞的壮丽景观，塑造了唐王朝出征将士的英雄形象，表达了抗敌必胜的坚强信念，语辞浓墨重彩、想象奇特夸张。天宝十三年（754），岑参被北庭节度使封常清辟为节度判官，第二次出塞。军府驻轮台，即今新疆乌鲁木齐附近。这年冬天，封常清西征播仙，岑参写诗为之壮行。

全诗三句一韵，按其韵脚，可分为六个部分。诗歌起始，以歌行体常用的"君不见"将读者带入边塞——奇特壮丽的走马川，唐军出征一路，只见雪原浩瀚如海，黄沙莽莽、遮天蔽日，荒凉之感扑面而来。第二部分，唐军行到夜间，天气更加恶劣，猎猎朔风如野兽般凶猛，竟能将大如斗的碎石刮得遍地乱滚，意象相当奇特。第三部分，点明唐军出师之因。敌人趁着秋后草黄料足、战马肥壮，发兵犯境。西望金山，但见烟尘滚滚，面对劲敌，都护封常清奉命西征，讨寇平边。第四部分，由环境转向人物，唐军主帅夜不脱甲、以身作则，将士踏雪前行，半夜行军，戈矛时有撞击，在刺骨寒风中快速挺进。第五部分，骏马淋漓的大汗，迅速融化飘落身上的雪花，旋即冻结成冰，营帐中草拟的讨敌文书尚未完成，砚台之墨竟已凝固，充分渲染天气的严寒、环境的艰苦和临战的紧张气氛。最后一部分，是诗人充满自信的想象：唐军如此英勇善战，势必使敌人闻风丧胆，诗人期待着伫立车师西门静候凯旋的那一刻。

本诗艺术特点主要有三：一是想象奇特、如临其境。莽莽入天的黄沙，大如斗、满地乱走的碎石，"旋作冰"的蒸腾马汗……只因作者亲身体验过边疆生活，所以"奇而入理"，真实动人。二是反衬与正面描写有机结合。通过描绘作战环境的险恶、极端气候的骇人、敌人的凶猛，反衬出将士高昂的士气和不畏艰险的气概，通过正面描写夜间行军的整肃、奇寒天气下的军营，突出将士的骁勇善战。三是句句用韵、别出新意。一反传统中逢双押韵的惯例，三句一转韵，韵位密集，平、上、入三声互换，造成一种拗峭劲折的音节，似紧锣密鼓，充满紧张急迫的感觉，声调激越豪壮。

经典诵读

关 山 月①

李 白

// 作者介绍 //

李白（701—762），字太白，号青莲居士，生于碎叶城（今吉尔吉斯斯坦托克马克城），幼时随父迁居绵州昌隆县（今四川省江油市）青莲乡，二十五岁后离开蜀地，漫游各地。天宝初因诗名远播供奉翰林，后得罪权贵离开长安。安史之乱中，曾为永王李璘幕府。晚年漂泊困苦，卒于安徽当涂族叔李阳冰家。李白深受黄老列庄思想影响，为人豪爽，饮酒任侠，喜交友，其诗语言清丽，风格雄奇，想象丰富，具有浪漫主义精神，人称"诗仙"。著有《李太白集》。

---

① 关山月：乐府旧题，属横吹曲辞，多抒离别哀伤之情。

▷ 图 2-3　关山月

原文·注释

明月出天山①，苍茫云海间。
长风几万里，吹度玉门关②。
汉下白登道③，胡窥青海湾④。
由来征战地⑤，不见有人还。
戍客望边色⑥，思归多苦颜。
高楼当此夜，叹息未应闲⑦。

作品解读

　　本诗放眼自古以来边塞的冲突和战争，书写征人之苦、思妇之苦，沉思古往今来国家和人民为战争所付出的沉重代价。

　　《关山月》是汉代乐府旧题，《乐府诗集》归入《横吹曲辞》，《乐府古题要解》曰："《关山月》，伤离别也。"这一旧题往往表达征人远戍、离别相思之苦。李白此诗，主题仍继承古乐府，但又有所创新，是这类作品中的杰出代表。

　　全诗结构可分为三部分，首四句一句一幅画面，将"关""山""月"三个既相互独立

---

① 天山：今甘肃、新疆之间的祁连山，连绵数千里。因汉时匈奴称"天"为"祁连"，又祁连山与今新疆境内的天山相连，故称。
② 玉门关：故址在今甘肃敦煌西北，古代通向西域的交通要道。此二句谓秋风自西方吹来，吹过玉门关。
③ 下：指出兵。白登：今山西大同市东北有白登山，山上有白登台。据《汉书·匈奴传》载：匈奴冒顿曾围困汉高祖于白登，七日乃解，即此处。
④ 胡：此指吐蕃。窥：有所企图，窥伺，侵扰。青海湾：即今青海省青海湖，湖因青色而得名。
⑤ 由来：历来。
⑥ 戍客：防守边疆的战士。边色：一作"边邑"。
⑦ 高楼：古诗中多以高楼指闺阁，这里指戍边兵士的妻子。

又相互联系的意象一一画出，点明"诗题"。首句写"月"，是此类乐府诗的惯用写法。"明月出天山，苍茫云海间"，既开门见山，点出时地，又主衬分明，"浑雄之中，多少闲雅"（胡应麟《诗薮》）。"长风几万里，吹度玉门关"，大漠朔风，吹遍玉门关内外，气势之大、地域之广，跃然纸上，而"吹度"二字，显得洒脱飘逸，谁说"春风不度玉门关"？第二部分，引用典故，写"关山"自古征战频繁，一代代戍边将士在战争死亡的威胁之下，客死边塞。史载，汉高祖刘邦曾亲征匈奴，与匈奴首领冒顿在白登山一带激战，汉军被围困七天七夜。青海一带，也长期笼罩在连年征战的阴影中。"不见有人还"，明白如话，却沉痛锥心，极写战争之残酷。最后四句，回到现实，那些暂活于世、继续戍边的征人，时时刻刻受着有家不能回的痛苦折磨，而其家中翘首盼归的妻子，同样也辗转难眠，遥望明月，寄托相思、叹息不尽。

本诗胸怀博大、气势恢弘、意境深远；读来哀婉凄凉而又雄浑悲壮，虽写离人思妇之情，却超越了无奈愁苦之情，将戍卒与思妇两地相思的痛苦放在广阔渺远的万里边塞图背景之下，放在千年来历朝历代连年征伐的历史背景之下，戍卒的苦颜、思妇的叹息，也因此格外深沉，获得一种超越时空的感染力，千百年来，始终令人动容。

微课

梁 甫 吟
李 白

🌸 原文·注释

长啸①梁甫吟，何日见阳春？
君不见朝歌屠叟辞棘津②，八十西来钓渭滨！
宁羞白发照清水？逢时壮气思经纶③。
广张三千六百钓④，风期暗与文王亲。
大贤虎变愚不测⑤，当年颇似寻常人。
君不见高阳酒徒⑥起草中，长揖山东隆准公⑦。

---

① 长啸：吟唱。
② 朝歌屠叟：指吕尚（即姜太公）。《战国策·秦策三》："臣（范雎）闻始时吕尚之遇文王也，身为渔父而钓于渭阳之滨耳。"又《秦策五》："太公望，齐之逐夫，朝歌之废屠。"《韩诗外传》卷七："吕望行年五十，卖食棘津，年七十屠于朝歌，九十乃为天子师，则遇文王也。"又《韩诗外传》："太公望……屠牛朝歌，赁于棘津，钓于磻溪，文王举而用之，封于齐。"
③ 经纶：《易经·屯卦·象传》："君子以经纶。"经纶：喻治理国家。
④ 三千六百钓：指吕尚在渭河边垂钓十年，共三千六百日。风期：风度和谋略。
⑤ 大贤：指吕尚。虎变：《易经·革卦》九五："大人虎变。"喻大人物行为变化莫测，非常人所能料。
⑥ 高阳酒徒：指西汉人郦食其。《史记·郦生陆贾列传》："郦生食其者，陈留高阳人也。好读书，家贫落魄，无以为衣食业，为里监门吏。然县中贤豪不敢役，县中皆谓之狂生……沛公至高阳传舍，使人召郦生。郦生至，入谒，沛公方倨床使两女子洗足，而见郦生。郦生入，则长揖不拜。"郦生尝自称高阳酒徒。
⑦ 隆准：高鼻子。隆准公：指刘邦。《史记·高祖本纪》："高祖为人，隆准而龙颜。"

入门不拜骋雄辩，两女辍洗来趋风①。

东下齐城七十二，指挥楚汉如旋蓬②。

狂客③落魄尚如此，何况壮士当群雄！

我欲攀龙见明主④，雷公砰訇震天鼓⑤，帝旁投壶多玉女⑥。

三时大笑开电光，倏烁晦冥起风雨⑦。

阊阖九门不可通，以额扣关阍者怒⑧。

白日不照吾精诚，杞国无事忧天倾⑨。

猰㺄磨牙竞人肉，驺虞不折生草茎⑩。

手接飞猱搏雕虎，侧足焦原未言苦⑪。

智者可卷愚者豪，世人见我轻鸿毛⑫。

力排南山三壮士，齐相杀之费二桃⑬。

吴楚弄兵无剧孟，亚夫咍尔为徒劳⑭。

梁甫吟，声正悲。张公两龙剑，神物合有时⑮。

风云感会起屠钓，大人峍屼当安之⑯。

---

① 趋风：疾行如风前来迎接。《史记·郦生陆贾列传》载：楚、汉在荥阳、成皋一带相持，郦生建议刘邦联齐孤立项羽。他受命到齐国游说，齐王田广表示愿以所辖七十余城归汉。

② 旋蓬：在空中飘旋的蓬草。

③ 狂客：指郦食其。

④ 攀龙：《后汉书·光武帝纪》："耿纯进曰：'天下士大夫捐亲戚，弃土壤，从大王于矢石之间者，其计固望其攀龙鳞，附凤翼，以成其所志耳。'"后人因以攀龙附凤比喻依附帝王建立功业。

⑤ 雷公：传说中的雷神。砰訇（pēng hōng）：形容声音宏大。

⑥ 帝旁投壶多玉女：《神异经·东荒经》载：东王公常与玉女玩投壶的游戏，每次投一千二百支，不中则天为之笑。天笑时，流火闪耀，即为闪电。

⑦ 三时：早、午、晚。倏烁：电光闪耀。晦冥：昏暗。这两句暗指皇帝整天寻欢作乐，权奸和宦官弄权，朝廷政令无常。

⑧ 阊阖（chāng hé）：神话中的天门。阍（hūn）者：看守天门的人。《离骚》："吾令帝阍开关兮，倚阊阖而望予。"这两句指唐玄宗昏庸无道，宠信奸佞，使有才能的人报国无门。

⑨ 杞国无事忧天倾：《列子·天瑞》："杞国有人忧天地崩坠，身亡所寄，废寝食者。"二句意谓皇帝不理解我，还以为我是杞人忧天，有自嘲之意。

⑩ 猰㺄（yà yǔ）：古代神话中一种吃人的野兽。这里比喻阴险凶恶的人物。竞人肉：争吃人肉。驺（zōu）虞：古代神话中的一种仁兽，白质黑纹，不伤人畜，不践踏生草。这里李白以驺虞自比，表示不与奸人同流合污。

⑪ 接：搏斗。飞猱（náo）、雕虎：比喻凶险之人。焦原：传说春秋时莒国有一块约五十步方圆的大石，名叫焦原，下有百丈深渊，只有无畏的人才敢站上去。

⑫ "智者"二句：智者可忍一时之屈，而愚者只知一味骄横。世俗之人看不起我。

⑬ "力排"二句：《晏子春秋》卷二载：齐景公手下有公孙接、田开疆、古冶子三勇士，皆力能搏虎，却不知礼义。相国晏婴便向齐景公建议除掉他们。他建议景公用两只桃子赏给有功之人。于是三勇士争功，然后又各自羞愧自杀。李白用此典意在讽刺当时权相李林甫陷害韦坚、李邕、裴敦复等大臣。

⑭ "吴楚"二句：汉景帝时，吴楚等七国诸侯王起兵反汉。景帝派大将周亚夫领兵讨伐。周亚夫到河南见到剧孟（著名侠士），高兴地说：吴楚叛汉，却不用剧孟，注定要失败。咍：讥笑。

⑮ 张公：指西晋张华。据《晋书·张华传》载：西晋时丰城（今江西省丰城）县令雷焕掘地得双剑，即古代名剑干将和莫邪。雷焕把干将送给张华，自己留下莫邪。后来张华被杀，干将失落。雷焕死后，他的儿子雷华有一天佩带着莫邪经过延平津（今福建省南平市东），突然，剑从腰间跳进水中，与早已在水中的干将会合，化作两条蛟龙。这两句用典，意谓总有一天自己会得到明君赏识。

⑯ 风云感会：即风云际会。古人认为云从龙，风从虎，常以风云际会形容君臣相得，成就大业。大人：有才干的人。峍屼（niè wù）：不安貌。此指暂遇坎坷。

本诗约写于天宝三载（744）李白被"赐金放还"离开长安后。此时的李白，心情沮丧愤懑，借本诗抒写遭受挫折以后的痛苦和对理想的期待，气势奔放，感情炽热。

诗歌分为三个部分：第一部分首二句单刀直入，显示诗人此时心情极不平静，两句借用宋玉《九辩》中"恐溘死而不得见乎阳春"之句，有希望从埋没中得到重用、从压抑中得以施展抱负的意思，为全诗定下基调。接着连用两组"君不见"讲述两个历史故事：姜太公吕尚九十岁才被文王启用，郦食其凭雄辩使刘邦重用自己。诗人将自己与吕尚和郦食其作比，不相信自己会长期沦落，毫无作为。

图 2-4 李白

自"我欲攀龙见明主"句起，作者想象自己为求见"明主"，依附着飞龙上天，可凶恶的雷公擂起天鼓恐吓他，他想求见的"明主"，也只顾同女宠投壶玩乐。这一段，作者将自己在现实中得罪权贵的遭际映射到天庭中，表达遭遇不公平对待后的愤懑。尽管如此，诗人还是不顾一切，以额叩关，冒死求见，因此触怒守卫天门的阍者。本段想象奇绝，上承《离骚》，创造出惝恍迷离、奇幻多变的神话境界。自"白日不照吾精诚"以下十二句，典故颇多，或明或暗地抒写了诗人内心的忧虑痛苦，映射着诗人在现实中遭遇的不公平：上皇不能体察我对国家的一片精诚，反说我是"杞人忧天"。权奸们像恶兽猰貐那样磨牙吮血、残害人民，庸碌之辈趾高气扬，有才之士却遭受排挤。诗人自信有足够的才能和勇气去整顿乾坤，就像古代能用左手接飞猱、右手搏雕虎的勇士那样，虽置身于危险的焦原仍不以为苦，但在现实中，却处处遭人算计被人轻视。

最后一段开头"梁甫吟，声正悲"直接呼应篇首两句，语气沉痛悲怆。现实遭遇不如人意，可诗人依然自信积极，他笔锋一转，自喻干将、莫邪二剑，不会久没尘土，与"明主"终有会合之时。本诗以思绪、气势统帅全篇，通过多个典故、神话等造成布局奇特、变化莫测的艺术效果，意境奇幻多姿，错落有致，语言节奏不断变化起伏，将强烈复杂的思想感情表现得淋漓尽致。

秋兴八首（其一）[①]

杜 甫

// 作者介绍 //

杜甫（712—770），字子美，河南巩县（今河南巩义）人，原籍襄阳（今属湖北），初唐诗人杜审言之孙，曾任检校工部员外郎，故世称"杜工部"。杜甫是唐代伟大的现实主义

图 2-5 杜甫

[①] 《秋兴八首》是唐代宗大历元年（766）杜甫漂泊寄居夔州（今四川奉节）时所作的八首七律组诗，这里选取的是其中第一首。秋兴，因秋色秋景而感发情怀。

诗人，他推崇儒家的仁政，有"致君尧舜上，再使风俗淳"的宏伟抱负，与李白合称"李杜"。他的诗歌反映了唐代由盛转衰过程中社会各阶层命运的变迁，被人称为"诗史"。著有《杜工部集》。

原文·注释

玉露凋伤枫树林①，巫山巫峡气萧森②。
江间波浪兼天涌③，塞上风云接地阴④。
丛菊两开他日泪⑤，孤舟一系故园心⑥。
寒衣处处催刀尺⑦，白帝城高急暮砧⑧。

作品解读

《秋兴八首》是一组连章的诗，八首诗蝉联一体，结构缜密精巧，声情格律臻于完美。第一首诗以夔州秋景起兴，是全组诗的序曲。诗歌总写巫山巫峡的秋声秋色，用萧森肃杀、动荡不安的景物环境衬托诗人焦虑抑郁、伤国伤时的心情，表现出唐王朝由盛转衰的苍凉气象和诗人关心国家命运的深挚感情。

安史之乱后，诗人曾在成都生活数年，后离蜀，拟走长江水路返回故乡。此时各地战火四起，藩镇拥兵割据，政局动荡不安，因故滞留夔州约三年。此诗写作于滞留夔州的第二年秋。

首联"玉露凋伤枫树林，巫山巫峡气萧森"开门见山，叙写景物并点明地点时间。"玉露"之白与"枫树林"之红形成鲜明对比，构成一种鲜艳、美丽的生命凋伤之境，"巫山巫峡"自上而下，包罗从高山到江流的广阔天地，一片凄凉肃杀，定下全诗感情基调。颔联用对偶句展开"气萧森"的悲壮景象。"江间"承"巫峡"，"塞上"承"巫山"，从下往上，滔滔江水涌上天边，从上往下，强风阴云从天上笼罩下来，写自然景物的同时，透露出时代的动荡不安，也写出作者胸中的不平。颈联与上两句交叉承接，"丛菊"承"塞上"句，"孤舟"承"江间"句，布局严密。"两开"二字，有双重理解，既可指菊开两度，又可指泪流两回，往昔曾见丛菊而流泪，今年又对菊流泪，足见羁留夔州之凄伤。孤舟与心相系，因为孤舟是回到故乡的唯一倚赖，将孤舟系于岸边，其实所系的不仅是一叶扁舟，更是欲回故园的一片乡心。尾联回到秋景，深秋时节，家家户户都要剪裁冬衣，诗

---

① 玉露：白露的美称。凋伤：指树木因霜打而凋残。
② 气萧森：气象萧索阴森。
③ 兼天涌：连天涌，即波浪滔天。
④ 塞：关隘险地曰塞。此处指峡两边的高山。一说指夔州。
⑤ "丛菊"句：意谓寄居夔州已经两年，东归之愿仍难实现，每见菊花绽放就流泪。杜甫于永泰元年（765）夏离开成都，次年三月至夔州，因无船出三峡而滞留两年。开，双关，既指花开，又有忆想往事而伤心落泪的深意。他日泪，因想往事而流泪。一说，"他日"指将来。
⑥ 系：双关，既指系船，滞留夔州，不得东归，又含牵系家国淤积思念的浓情。故园：此处指长安。
⑦ 寒衣：御寒的冬衣。催刀尺：急着赶制衣服。刀、尺，都是剪裁衣服的工具。
⑧ 白帝城：地名，在今四川奉节东面的白帝山上。砧（zhēn）：捣衣石。

人漂泊旅途，听到夔州最高的山上，白帝城内传来急促的砧杵之声，羁旅之情更见艰难。尾联关合全诗，构成"景——人——景"叙述结构，时序由白天推到日暮，空间由塞上推到故园，结上生下，一气蝉联。

全诗意境宏阔沉雄，笔调悲壮凄凉，词采华茂博丽，格律精致工整，结构严谨圆熟，读来令人荡气回肠，典型地表现了杜诗感性与理性兼长并美的风格，艺术成就极高。

经典诵读

微课

又呈吴郎①
杜 甫

原文·注释

堂前扑枣任西邻②，无食无儿一妇人。
不为困穷宁有此③？只缘恐惧转须亲④。
即防远客虽多事⑤，便插疏篱却甚真⑥。
已诉征求贫到骨⑦，正思戎马泪盈巾⑧。

作品解读

大历二年，即杜甫漂泊到夔州的第二年，他住在一座草堂中，堂前有几棵枣树，西邻有个妇人常来打枣充饥。后来，杜甫把草堂让给一位吴姓亲戚居住，这位亲戚却在草堂边插上篱笆，禁止妇人打枣。妇人向杜甫诉苦，因此杜甫写此诗去劝告这位吴郎，诗歌表达出对穷困人民的深切同情，极有人情味。

诗的首联开门见山，语重心长，似乎在以一个长者的身份劝说吴郎："你之前不给老妇人打枣是因为不了解情况，她并不是要强取你的东西，只是太过孤苦无依。我曾可怜她，让她随意打枣，她习惯了，现在也自然会去打。相信我告诉你这些，你肯定也会同情她，任她打枣的。"为打动吴郎，诗人在颔联进一步分析贫妇的内心活动：妇人也不想来扑枣，可是她实在太穷，不得不如此。其实她打枣时也是战战兢兢的，生怕主人驱赶她。

---

① 呈：呈送，尊敬的说法。这是用诗写的一封信，作者之前已写过《简吴郎司法》，所以说"又呈"。吴郎：系杜甫吴姓亲戚。杜甫将草堂让给他住，这位亲戚住下后，即有筑"篱"护"枣"之举。杜甫为此写诗劝阻。
② 扑枣：击落枣子。汉王吉之妻以扑东家枣实被遣归。扑：打。任：放任，不拘束。西邻：就是下句说的"妇人"。
③ 不为：要不是因为。困穷：艰难窘迫。宁有此：怎么会这样（扑枣）呢？宁：岂，怎么，难道。此：代词，指代贫妇人打枣这件事。
④ 只缘：正因为。恐惧：害怕。转须亲：反而更应该对她表示亲善。
⑤ 即：就。防远客：指贫妇人对新来的主人存有戒心。防：提防，心存戒备。一作"知"。远客：指吴郎。多事：多心，不必要的担心。
⑥ 使：一作"便"。插疏篱：是说吴郎修了一些稀疏的篱笆。甚：太。
⑦ 征求：指赋税征敛。《谷梁传·桓公十五年》："古者诸侯时献于天子，以其国之所有，故有辞让而无征求。"贫到骨：形容一贫如洗。
⑧ 戎马：兵马，指战争。杜甫《登岳阳楼》："戎马关山北，凭轩涕泗流。"盈：满。

52　　上编　国学鉴赏

因此，看在她打枣是为了活命的份上，我们不仅不应该驱赶她，反而应该亲切地对待她。

"即防远客虽多事"两句相互依赖、补充，"防"的主语是妇人，"插"的主语却是吴郎。两句从吴郎插篱给妇人的感受说起：本来老妇打枣就战战兢兢，新主人却插上篱笆，心中更怕。但紧接着，诗人表示，吴郎插篱笆是无心之举，并非针对老妇，只是这一举动，难免让旁人多想。这两句措辞十分委婉含蓄，诗人照顾吴郎的感情，唯恐教训意味太重，引起对方反感。最后，诗人借妇人的诉苦，指出了其困穷的社会根源（同时也是当时广大人民困穷的根源）。妇人已如此孤苦，还要应付官府剥削，枣子也许就是她赖以活命的食物。随后，诗人由点及面，看到"安史之乱"以来持续了十多年的战乱，受苦的何止是一个扑枣的妇人？

诗歌大量使用虚字，"不为""只缘""已诉""正思"，以及"即""便""虽""却"等字，在夹叙夹议中见出委婉曲折。同时，诗歌采用以小见大的手法，从邻里间的小事反映出战乱给人民带来的深重灾难，表现出战乱中善良人性的可贵。

▷ 图 2-6　又呈吴郎

长 恨 歌
白居易

// 作者介绍 //

白居易（772—846），字乐天，晚年号香山居士，又号醉吟先生。祖籍山西太原，到其曾祖父时迁居下邽。贞元进士，累迁至左拾遗及左赞善大夫。后因要求追查刺杀宰相武元衡的凶手得罪权贵，贬为江州司马。后官至刑部尚书。白居易与元稹共同倡导"新乐府运动"，主张"文章合为时而著，歌诗合为事而作"，世称"元白"。其诗题材广泛，形式多样，语言平易通俗，有《白氏长庆集》传世。

▷ 图 2-7　白居易

原文 · 注释

汉皇重色思倾国①，御宇②多年求不得。

① 汉皇：原指汉武帝刘彻，此处借指唐玄宗李隆基。唐人在文学创作中常以汉称唐。重色：爱好女色。倾国：绝色女子。汉代李延年歌："北方有佳人，绝世而独立。一顾倾人城，再顾倾人国。宁不知倾国与倾城，佳人难再得。"后来"倾国倾城"就成为美女的代称。
② 御宇：驾御宇内，即统治天下。汉贾谊《过秦论》："振长策而御宇内。"

杨家有女初长成，养在深闺人未识①。
天生丽质难自弃，一朝选在君王侧。
回眸一笑百媚生，六宫粉黛无颜色②。
春寒赐浴华清池③，温泉水滑洗凝脂④。
侍儿⑤扶起娇无力，始是新承恩泽时⑥。
云鬓花颜金步摇⑦，芙蓉帐暖度春宵⑧。
春宵苦短日高起，从此君王不早朝。
承欢侍宴无闲暇，春从春游夜专夜。
后宫佳丽三千人⑨，三千宠爱在一身。
金屋妆成娇侍夜⑩，玉楼宴罢醉和春。
姊妹弟兄皆列土，可怜光彩生门户⑪。
遂令天下父母心，不重生男重生女⑫。
骊宫⑬高处入青云，仙乐风飘处处闻。
缓歌慢舞凝丝竹⑭，尽日君王看不足。
渔阳鼙鼓动地来，惊破霓裳羽衣曲⑮。

---

① 杨家有女：蜀州司户杨玄琰，有女杨玉环，自幼由叔父杨玄珪抚养，十七岁（开元二十三年）被册封为玄宗之子寿王李瑁之妃。二十七岁被玄宗册封为贵妃。白居易此谓"养在深闺人未识"，是有意为帝王避讳的说法。

② 六宫粉黛：指宫中所有嫔妃。古代皇帝设六宫，正寝（日常处理政务之地）一，燕寝（休息之地）五，合称六宫。粉黛：粉黛本为女性化妆用品，粉以抹脸，黛以描眉。此代指六宫中的女性。无颜色：意谓相比之下，都失去了美好的姿容。

③ 华清池：即华清池温泉，在今西安市临潼区南的骊山下。唐贞观十八年（644）建汤泉宫，咸亨二年（671）改名温泉宫，天宝六载（747）扩建后改名华清宫。唐玄宗每年冬、春季都到此居住。

④ 凝脂：形容皮肤白嫩滋润，犹如凝固的脂肪。《诗经·卫风·硕人》："肤如凝脂。"

⑤ 侍儿：宫女。

⑥ 新承恩泽：刚得到皇帝的宠幸。

⑦ 云鬓：《木兰诗》："当窗理云鬓，对镜贴花黄。"形容女子鬓发盛美如云。金步摇：一种金首饰，用金银丝盘成花朵形状，上面缀着垂珠之类，插于发鬓，走路时摇曳生姿。

⑧ 芙蓉帐：绣着莲花的帐子，形容帐之精美。萧纲《戏作谢惠连体十三韵》："珠绳翡翠帷，绮幕芙蓉帐。"

⑨ 佳丽三千：《后汉书·皇后纪》："自武、元之后，世增淫费，至乃掖庭三千。"言后宫女子之多。据《旧唐书·宦官传》等记载，开元、天宝年间，长安大内、大明、兴庆三宫，皇子十宅院，皇孙百孙院，东都大内、上阳两宫，大率宫女四万人。

⑩ 金屋：《汉武故事》记载，武帝幼时，姑妈将他抱在膝上，问他要不要自己的女儿阿娇作妻子。他笑着回答说："若得阿娇，当以金屋藏之。"

⑪ 列土：分封土地。据《旧唐书·后妃传》等记载，杨贵妃有姊三人，玄宗并封国夫人之号。大姨，封韩国夫人。三姨，封虢国夫人。八姨，封秦国夫人。妃父玄琰，累赠太尉、齐国公。母封凉国夫人。叔玄珪，为光禄卿。再从兄铦，为鸿胪卿。锜，为侍御史。可怜：可爱，值得羡慕。

⑫ 不重生男重生女：陈鸿《长恨歌传》云，当时民谣有"生女勿悲酸，生男勿喜欢"，"男不封侯女作妃，看女却为门上楣"等。

⑬ 骊宫：骊山华清宫。骊山在今陕西省临潼。

⑭ 凝丝竹：指弦乐器和管乐器伴奏出舒缓的旋律。

⑮ 渔阳：郡名，辖今北京市平谷县和天津市的蓟县等地，当时属于平卢、范阳、河东三镇节度使安禄山的辖区。天宝十四载（755）冬，安禄山在范阳起兵叛乱。鼙鼓：古代骑兵用的小鼓，此借指战争。霓（ní）裳羽衣曲：舞曲名，据说为唐开元年间西凉节度使杨敬述所献，经唐玄宗润色并制作歌词，改用此名，乐曲着意表现虚无缥缈的仙境和仙女形象。

九重城阙烟尘生，千乘万骑西南行①。
翠华摇摇行复止，西出都门百余里②。
六军不发无奈何，宛转蛾眉马前死③。
花钿委地无人收，翠翘金雀玉搔头④。
君王掩面救不得，回看血泪相和流。
黄埃散漫风萧索，云栈萦纡登剑阁⑤。
峨嵋山⑥下少人行，旌旗无光日色薄。
蜀江水碧蜀山青，圣主朝朝暮暮情。
行宫⑦见月伤心色，夜雨闻铃肠断声⑧。
天旋日转回龙驭⑨，到此踌躇不能去。
马嵬坡下泥土中，不见玉颜空死处⑩。
君臣相顾尽沾衣，东望都门信马⑪归。
归来池苑皆依旧，太液芙蓉未央柳⑫。
芙蓉如面柳如眉，对此如何不泪垂。
春风桃李花开夜，秋雨梧桐叶落时。
西宫南苑⑬多秋草，宫叶满阶红不扫。

---

① 九重城阙：九重门的京城，此指长安。烟尘生：指发生战事。阙：为古代宫殿门前两边的楼，泛指宫殿或帝王的住所。《楚辞·九辩》："君之门以九重。"千乘万骑西南行：天宝十五载（756）六月，安禄山破潼关，逼近长安。玄宗带领杨贵妃等出延秋门向西南方向逃走。当时随行护卫并不多，"千乘万骑"是夸大之词。

② "翠华"两句：李隆基西奔至距长安百余里的马嵬驿（今陕西省兴平），扈从禁卫军发难，不再前行，请诛杨国忠、杨玉环兄妹以平民怨。玄宗为保自身，只得照办。翠华：用翠鸟羽毛装饰的旗帜，皇帝仪仗队用。司马相如《上林赋》："建翠华之旗，树灵鼍之鼓。"

③ 六军：指天子军队。据《新唐书》《旧唐书》《资治通鉴》等记载：天宝十五载（756）六月，哥舒翰至潼关，被其帐下火拔归仁执之降安禄山，潼关不守，京师大骇。玄宗谋幸蜀，乃下诏亲征，诏下后，士庶恐骇。乙未日凌晨，玄宗自延秋门出逃，扈从唯宰相杨国忠、韦见素，内侍高力士及太子；亲王、妃主、皇孙以下多从之不及。丙辰日，次马嵬驿，诸军不进。龙武大将军陈玄礼奏："逆胡指阙，以诛国忠为名，然中外群情，不无嫌怨。今国步艰阻，乘舆震荡，陛下宜徇群情，为社稷大计，国忠之徒，可置之于法。"会吐蕃使二十一人遮国忠告诉于驿门，众呼曰："杨国忠连蕃人谋逆！"兵士围驿四合，及诛杨国忠、魏方进一族，兵犹未解。玄宗令高力士诘之，回奏曰："诸将既诛国忠，以贵妃在宫，人情恐惧。"玄宗即命力士赐贵妃自尽。宛转：形容美人临死前哀怨缠绵的样子。蛾眉：古代美女的代称，此指杨贵妃。《诗经·卫风·硕人》："螓首蛾眉。"

④ 花钿：用金翠珠宝等制成的花朵形首饰。委地：丢弃在地上。翠翘：首饰，形如翡翠鸟尾。金雀：金雀钗，钗形似凤（古称朱雀）。玉搔头：玉簪。《西京杂记》卷二："武帝过李夫人，就取玉簪搔头。自此后宫人搔头皆用玉。"

⑤ 云栈：高入云霄的栈道。萦纡（yíngyū）：萦回盘绕。剑阁：又称剑门关，在今四川剑阁县北，是由秦入蜀的要道。此地群山如剑，峭壁中断处，两山对峙如门。诸葛亮相蜀时，凿石驾凌空栈道以通行。

⑥ 峨嵋山：在今四川峨眉山市。玄宗奔蜀途中，并未经过峨嵋山，这里泛指蜀中高山。

⑦ 行宫：皇帝离京出行在外的临时住所。

⑧ 夜雨闻铃：《明皇杂录·补遗》："明皇既幸蜀，西南行初入斜谷，属霖雨涉旬，于栈道雨中闻铃音与山相应。上既悼念贵妃，采其声为《雨霖铃曲》，以寄恨焉。"这里暗指此事。后《雨霖铃》成为词牌名。

⑨ 天旋日转：指时局好转。肃宗至德二年（757），郭子仪军收复长安。回龙驭：皇帝的车驾归来。

⑩ 不见玉颜空死处：据《旧唐书·后妃传》载："玄宗自蜀还，令中使祭奠杨贵妃，密令改葬于他所。初瘗时，以紫褥裹之，肌肤已坏，而香囊仍在，内官以献，上皇视之凄惋，乃令图其形于别殿，朝夕视焉。"

⑪ 信马：意思是无心鞭马，任马前进。

⑫ 太液：汉宫中有太液池。未央：汉有未央宫。此皆借指唐长安皇宫。

⑬ 西宫南苑：西宫即西内太极宫，南苑为兴庆宫。玄宗返京后，初居南苑。上元元年（760），权宦李辅国假借肃宗名义，胁迫玄宗迁往西内，并流贬玄宗亲信高力士、陈玄礼等人。

梨园弟子白发新，椒房阿监青娥老①。
夕殿萤飞思悄然，孤灯挑尽未成眠②。
迟迟钟鼓初长夜，耿耿星河欲曙天③。
鸳鸯瓦冷霜华重，翡翠衾寒谁与共④。
悠悠生死别经年，魂魄不曾来入梦。
临邛道士鸿都客，能以精诚致魂魄⑤。
为感君王辗转思，遂教方士殷勤觅⑥。
排空驭气⑦奔如电，升天入地求之遍。
上穷碧落下黄泉⑧，两处茫茫皆不见。
忽闻海上有仙山⑨，山在虚无缥缈间。
楼阁玲珑五云起⑩，其中绰约⑪多仙子。
中有一人字太真，雪肤花貌参差是⑫。
金阙西厢叩玉扃，转教小玉报双成⑬。
闻道汉家天子使，九华帐⑭里梦魂惊。
揽衣推枕起徘徊，珠箔银屏迤逦开⑮。
云鬓半偏新睡觉⑯，花冠不整下堂来。
风吹仙袂⑰飘飖举，犹似霓裳羽衣舞。

---

① 梨园弟子：指玄宗当年训练的乐工舞女。梨园：据《新唐书·礼乐志》载，唐玄宗时宫中教习音乐的机构，曾选"坐部伎"三百人教练歌舞，随时应诏表演，号称"皇帝梨园弟子"。椒房：后妃居住之所，因以花椒和泥抹墙，故称。阿监：宫中的侍从女官。青娥：年轻的宫女。据《新唐书·百官志》，内官宫正有阿监、副监，视七品。

② 孤灯挑尽：古时用油灯照明，为使灯火明亮，过了一会儿就要把浸在油中的灯草往前挑一点。挑尽，说明夜已深。按，唐时宫廷夜间燃烛而不点油灯，此处旨在形容玄宗晚年生活环境的凄苦。

③ 迟迟：迟缓。报更钟鼓声起止原有定时，这里用以形容玄宗长夜难眠时的心情。耿耿：微明的样子。欲曙天：长夜将晓之时。

④ 鸳鸯瓦：屋顶上俯仰相对合在一起的瓦。《三国志·魏书·方技传》载：文帝梦殿屋两瓦堕地，化为双鸳鸯。房瓦一俯一仰相合，称"阴阳瓦"，亦称"鸳鸯瓦"。霜华：霜花。翡翠衾：布面绣有翡翠鸟的被子。《楚辞·招魂》："翡翠珠被，烂齐光些。"言其珍贵。谁与共：与谁共。

⑤ 临邛（qióng）道士鸿都客：意谓有个从临邛来长安的道士。临邛：今四川邛崃县。鸿都：东汉都城洛阳的宫门名，这里借指长安。《后汉书·灵帝纪》："光和元年二月，始置鸿都门学士。"致魂魄：招来杨贵妃的亡魂。

⑥ 方士：有法术的人。这里指道士。殷勤：尽力。

⑦ 排空驭气：即腾云驾雾。

⑧ 穷：穷尽，找遍。碧落：即天空。黄泉：指地下。

⑨ 海上仙山：《史记·封禅书》："自威、宣、燕昭使人入海求蓬莱、方丈、瀛洲。此三神山者，其传在勃海中。"

⑩ 玲珑：华美精巧。五云：五彩云霞。

⑪ 绰约：体态轻盈柔美。《庄子·逍遥游》："藐姑射之山，有神人居焉，肌肤若冰雪，绰约若处子。"

⑫ 参差：仿佛，差不多。

⑬ 金阙：《太平御览》卷六引《大洞玉经》："上清宫门中有两阙，左金阙，右玉阙。"西厢：《尔雅·释宫》："室有东西厢曰庙。"西厢在右。玉扃（jiōng）：玉门。即玉阙之变文。转教小玉报双成：意谓仙府庭院重重，须经辗转通报。小玉：吴王夫差女。双成：传说中西王母的侍女。这里皆借指杨贵妃在仙山的侍女。

⑭ 九华帐：绣饰华美的帐子。九华：重重花饰的图案，言帐之精美。

⑮ 珠箔：珠帘。银屏：饰银的屏风。迤逦：接连不断地。

⑯ 新睡觉：刚睡醒。觉，醒。

⑰ 袂（mèi）：衣袖。

玉容寂寞泪阑干①，梨花一枝春带雨。
含情凝睇②谢君王，一别音容两渺茫。
昭阳殿③里恩爱绝，蓬莱宫④中日月长。
回头下望人寰⑤处，不见长安见尘雾。
唯将旧物⑥表深情，钿合金钗寄将去⑦。
钗留一股合一扇，钗擘黄金合分钿⑧。
但令心似金钿坚，天上人间会相见。
临别殷勤重寄词⑨，词中有誓两心知⑩。
七月七日长生殿，夜半无人私语时⑪。
在天愿作比翼鸟，在地愿为连理枝⑫。
天长地久有时尽，此恨绵绵⑬无绝期。

作品解读

《长恨歌》独特的艺术魅力，很大程度上来源于白居易新巧的艺术构思，他将唐明皇和杨贵妃波澜壮阔的爱情故事戏剧化分成三幕：开篇至"尽日君王看不足"是第一部分，"渔阳鼙鼓动地来"至"魂魄不曾来入梦"是第二部分，"临邛道士鸿都客"至结尾，是第三部分。

诗歌首句"汉皇重色思倾国"是全篇纲领，爱情悲剧起于此，由盛转衰的社会悲剧也起于此。围绕这一纲领，作者描写了李杨二人初遇、宴饮、专宠等经典场景，将整个故事带入第一个高潮，同时给出暗示：唐玄宗的迷色误国，是后面悲剧的根源。

第二部分，诗歌场景急转直下，鼙鼓一声，使李杨二人浓烈的爱情生活戛然而止，诗人用六句话对二人生离死别的场景进行了描写："六军不发无奈何，宛转蛾眉马前死。花钿委地无人收，翠翘金雀玉搔头。君王掩面救不得，回看血泪相和流。"至此，不仅爱情以死别收场，王朝的悲剧也由此开启。

---

① 玉容寂寞：此指神色黯淡凄楚。阑干：纵横交错的样子，这里形容泪痕满面。
② 凝睇（dì）：凝视。
③ 昭阳殿：汉成帝宠妃赵飞燕的寝宫。此借指杨贵妃住过的宫殿。
④ 蓬莱宫：传说中的海上仙山。这里指贵妃在仙山的居所。
⑤ 人寰（huán）：人间。
⑥ 旧物：指生前与玄宗定情的信物。
⑦ 寄将去：托道士带回。
⑧ "钗留"二句：把金钗、钿盒分成两半，自留一半。擘：分开。合分钿：将钿盒上的图案分成两部分。
⑨ 重寄词：贵妃在告别时又托他捎话。
⑩ 两心知：只有玄宗、贵妃二人心里明白。
⑪ 长生殿：在骊山华清宫内，天宝元年（742）造。按"七月"以下六句为作者虚拟之词。陈寅恪在《元白诗笺证稿·长恨歌》中云："长生殿七夕私誓之为后来增饰之物语，并非当时真确之事实。""玄宗临幸温汤必在冬季、春初寒冷之时节。今详检两唐书玄宗记无一次于夏日炎暑时幸骊山。"而所谓长生殿者，亦非华清宫之长生殿，而是长安皇宫寝殿之习称。
⑫ 比翼鸟：传说中的鸟名，据说只有一目一翼，雌雄并在一起才能飞。连理枝：两株树木树干相抱。古人常用此二物比喻情侣相爱、永不分离。
⑬ 恨：遗憾。绵绵：连绵不断。

第三部分是诗歌最长的一个部分，重点写杨贵妃死后唐玄宗的相思之苦。诗人抓住人物精神世界里揪心的"恨"，抒发婉转凄凉的相思之情。作者安排了重经马嵬坡、返京、求助道士三个典型环境：重经马嵬坡，唐玄宗回忆仓皇死别之景，不由得"到此踌躇不能去"；返京后，物是人非，触景伤情，只能寄希望于梦境，却是"魂魄不曾来入梦"；随后，在道士的帮助下，杨贵妃在仙境中再现，她含情脉脉，托物寄词，回应了唐玄宗的思念，二人重申前誓，进一步深化、渲染"长恨"的主题。

此外，本诗在叙事中有机融入写景和抒情，增强了诗歌的感染力，如唐玄宗西下途中，四处黄尘、日色暗淡、旌旗无光、秋景凄凉，以悲凉的秋景烘托人物的悲思，到了蜀地，面对着青山碧水，却心如死灰，美景反而更增添其内心的痛苦，透过美景来写哀情，倍增其哀。诗歌通过层层渲染，反复抒情，回环往复，让人物的思想感情蕴蓄得更深邃丰富，也更富有艺术感染力。

经典诵读

遣悲怀三首①（其一）

元 稹

// 作者介绍 //

元稹（779—831），字微之，别字威明，唐洛阳（今河南洛阳）人。父元宽，母郑氏，为北魏宗室鲜卑族拓跋部后裔。早年和白居易共同提倡"新乐府"，世人常把他和白居易并称"元白"。著有《白氏长庆集》

图 2-8 元稹

原文·注释

谢公最小偏怜女②，自嫁黔娄百事乖③。
顾我无衣搜荩箧④，泥他沽酒拔金钗⑤。
野蔬充膳甘长藿⑥，落叶添薪仰古槐⑦。
今日俸钱过十万，与君营奠复营斋⑧。

---

① 遣悲怀：这三首诗是元稹为怀念去世的原配妻子韦丛所作，约作于唐宪宗元和五年（810），时元稹在监察御史分务东台任上，一说作于唐穆宗长庆二年（822）。

② 谢公：东晋宰相谢安，他最偏爱侄女谢道韫。此以谢安借指韦丛的父亲韦夏卿。偏怜：偏爱。

③ 黔娄：战国时齐国的贫士。此处自喻。言韦丛以名门闺秀屈身下嫁。乖：不顺遂。

④ 顾：看到。荩箧（jìn qiè）：竹或草编的箱子。

⑤ 泥：软缠，央求。沽：买。

⑥ 野蔬：野菜。充：充当。膳：饮食。甘：此处为吃得香甜之意。藿（huò）：豆叶，嫩时可食。

⑦ 薪：柴。仰：依靠。

⑧ 营：筹办。奠：祭奠，设酒食而祭。斋：本指斋戒。此处当指延请僧、道，超度死者亡灵。

这首诗追忆往事，回顾妻子下嫁自己后，二人共同度过的七年艰苦却恩爱的岁月，抒发了诗人对亡妻与自己曾共患难却无法共富贵的遗憾和愧疚之情。

元稹的原配妻子韦丛是太子少保韦夏卿的幼女，于唐德宗贞元十八年（802）和官职卑微的元稹结婚，当时她二十岁。婚后元稹的官职一直不高，经济拮据，元和元年（806），元稹母亲去世，元稹又服丧三年，家中经济更加困难。元和四年（809），元稹任监察御史时，韦丛病故，年仅二十七岁。可以说，韦丛自与元稹结婚以来，从未享受过丰裕的物质生活，二人是真正的患难夫妻。韦丛不仅贤惠，对贫困生活从无怨言，而且与元稹十分恩爱。妻子亡故后，元稹悲痛万分，陆续写了不少情真意切的悼亡诗。据陈寅恪先生考证，悼念韦氏之作共计33首，其中《遣悲怀》三首大约作于韦氏去世两年时，是古代悼亡诗中的经典之作。

首联引用典故，点明韦丛大家闺秀的出身。"谢公最小偏怜女"，将岳父韦夏卿比作"谢公"，妻子韦丛比作才女"谢道韫"，描绘出韦丛的出身不凡、生活优裕、聪明灵秀。"黔娄"则是将自己比作死时衣不蔽体的贫士黔娄，暗指自己出身清贫，幼年丧父，靠亲人资助艰难度日的早年生活情境。韦丛屈身下嫁元稹后，物质生活并不如意，"百事乖"是对二人婚后七年艰苦生活的概括，引出下文。颔联中，"顾"表明了韦丛对元稹的关爱，"泥"则写出元稹对韦丛的依恋，尽管生活清贫，韦丛却尽己所能照顾元稹的衣食住行。颈联写到韦丛如何对豆叶之类的野菜甘之如饴，如何费尽心思解决家中柴米难题。四句刻写虽然简洁，却传神地写出"百事乖"的艰难处境，也表达了元稹对亡妻的贤良淑德的赞叹和怀念，将款款深情蕴藏在家庭琐事之下，真实动人。尾联中，当元稹仕途顺利"俸钱过十万"之时，妻子却不在人世，无法与他共享这份荣华富贵，给诗人留下无尽的遗憾和亏欠之情。因此，诗人只能用祭奠与超度的办法来寄托哀思。尾联二句虽言辞平淡，却充满着无限凄苦和遗憾。

经典诵读

题乌江亭[①]

杜 牧

// 作者介绍 //

杜牧（803—853），字牧之，号樊川居士，京兆万年（今陕西西安）人，宰相杜佑孙。唐文宗大和二年中进士，授弘文馆校书郎。后任黄州、池州、睦州刺史等职，官终中书舍人。杜牧是唐代杰出的诗人、散文家，诗歌多

图 2-9 杜牧

[①] 这首诗是作者于会昌元年（841）赴任池州刺史，路过乌江亭时所写。一说作于开成四年（839）。乌江亭：在今安徽和县东北的乌江浦，相传为西楚霸王项羽自刎之处。

指陈时弊，而其写景抒情的小诗则清丽生动。在晚唐成就颇高，与李商隐并称"小李杜"，著有《樊川文集》。

原文·注释

胜败兵家事不期①，包羞忍耻是男儿②。
江东子弟多才俊③，卷土重来未可知④。

作品解读

杜牧的咏史诗好做翻案文章，此诗与其《赤壁》一诗类似，都是评论已发生的历史战争，以怀疑旧论、独树一帜的观点来咏史，其别具一格的观点引人深思，为后世所称道。项羽的乌江自刎，是史书中浓墨重彩的一笔，古往今来无数文人墨客为之题咏，司马迁笔下项羽自评"天亡我，非战之罪"，写出了史家眼中项羽的执迷不悟，而杜牧则是凭着一股诗人的浪漫激情借题发挥，宣扬战争中的大将高瞻远瞩、百折不挠的精神，对项羽的自刎表达了失望和不满。

首句开门见山，"事不期"一词指出胜败乃兵家常事，无法预料，应该放宽胸怀、着眼大局，不争一城一地之得失，不计一朝一夕之荣辱。接下来一句，即强调真正的"男儿"应"包羞忍辱"，以期养精蓄锐、东山再起。对于"力拔山兮气盖世"的西楚霸王项羽来说，一时遭遇挫折便自觉无颜面对江东父老，灰心丧气、含羞自刎，轻易放弃了率领江东子弟卷土重来、复兴霸业的希望，令人扼腕叹息。写到这里，项羽曾经的叱咤风云、骁勇善战与末路之时的刚愎自用、自暴自弃形成鲜明对比。第三句巧妙化用典故，将《史记》中亭长对项羽的建议"江东虽小，地方千里，众数十万人，亦足王也"提炼为一句诗，暗含着诗人对项羽的期许：如果在最后关头，他能够采纳亭长的建议，把握机遇、忍辱负重、重振旗鼓，未必今后没有东山再起的机会，这就直接引出末句"卷土重来未可知"。在一二两句对项羽的抉择提出惋惜和批评之后，三四两句急转直下、一气呵成，用自己理想中的英雄项羽代替史书记载中的项羽，表达出一种永远不放弃绝处逢生的希望，其大胆乐观的精神感人至深。

历史的解读可以有多种角度，在本诗中，杜牧意图突出历史事件中的偶然因素和个人因素，用自己天马行空的想象探索历史发展的多重可能性，诗歌见解新颖独特，不落窠臼，境界宏阔，语言凝练有力，因此成为了千古流传的名作。

---

① 兵家：一作"由来"。事不期：一作"不可期"。不期，难以预料。
② 包羞忍耻：意谓大丈夫能屈能伸，应有忍受屈耻的胸襟气度。
③ 江东：自汉至隋唐称自安徽芜湖以下的长江南岸地区为江东。才俊：才能出众的人。才，一作"豪"。项羽自刎前，乌江亭长曾云："江东虽小，地方千里，众数十万人，亦足王也。"
④ 卷土重来：指失败以后，整顿以求再起。

无题二首（其一）

李商隐

// 作者介绍 //

李商隐（约813—约858），字义山，号玉谿生，又号樊南生，原籍怀州河内（今河南沁阳），祖辈迁荥阳（今河南荥阳市）。唐文宗开成二年登进士第，曾任秘书省校书郎、弘农尉等职。因卷入"牛李党争"受到排挤，一生困顿不得志。李商隐的诗歌构思新奇，风格秾丽，尤其是一些爱情诗和无题诗写得缠绵悱恻，但部分作品也有用典太多、晦涩难懂之病，与杜牧合称"小李杜"，与温庭筠合称为"温李"。著有《李义山诗集》。

▷ 图 2-10　李商隐

原文·注释

昨夜星辰昨夜风，画楼西畔桂堂东①。
身无彩凤双飞翼，心有灵犀一点通②。
隔座送钩春酒暖，分曹射覆蜡灯红③。
嗟余听鼓应官去④，走马兰台类转蓬⑤。

作品解读

这是李商隐的一首名作，其中"身无彩凤双飞翼，心有灵犀一点通"被当作有情人之间心意相通的经典传诵至今。诗歌写的是诗人回忆前夜在欢宴上与意中人相遇、相会的心情，与有情人欢会的情境是热闹而甜蜜的，但因种种原因有情人被迫分离，又令人感到无限惆怅、遗憾。

诗歌首联以旖旎的笔墨描写欢宴的环境氛围。在一个月明星稀，天朗气清的晚上，精美的楼阁西侧，女子与意中人在散发着清香的桂树东边相见。正所谓"一切景语皆情语"，环境的优美正映衬出两人约会时美好的心情。其下两句，直写昨夜欢聚两人的感受。这对

---

① 画楼、桂堂：都是比喻富贵人家的屋舍。
② 灵犀：旧说犀牛有神异，角中有白纹如线，直通两头。
③ 送钩：也称藏钩。古代腊日的一种游戏，分二组以较胜负。把钩互相传送后，藏于一人手中，令人猜。分曹：分组。射覆：在覆器下放着东西令人猜。分曹、射覆未必是实指，只是借喻宴会时的热闹。
④ 鼓：指更鼓。应官：犹上班。
⑤ 兰台：即秘书省，掌管图书秘籍。李商隐曾任秘书省正字。这句从字面看，是参加宴会后，随即骑马到兰台，类似蓬草之飞转，实则也隐含自伤飘零之意。

有情人的情感基础建立在心意相通之上，二人有共同的话题和志趣。"身无"与"心有"，一外一内、一悲一喜，矛盾而奇妙地完成了统一，痛苦中有甜蜜，寂寞中有期待，相思的苦恼与心心相印的欣慰融合在一起，将那种深深相爱而又不能长相厮守的恋人之间复杂微妙的心态刻画得细致入微、惟妙惟肖。因此，此联成为了千古名句。

后四句写出两人约会从兴致正浓到戛然而止的过程。"隔座送钩春酒暖，分曹射覆蜡灯红"是女子在回忆两人参加的宴会上的热闹。宴会上人们玩着各种游戏，觥筹交错，灯红酒暖，其乐融融。宴席上的人，因游戏有趣而感到欢乐，而这对情人的欢乐，却是和喜欢的人在一起。然而，"世间好物不坚牢，彩云易散琉璃脆"，很快，分别的鼓声响起，情郎听到鼓声便匆匆撇下女子去当差了。宴会之欢，正反衬出有情人分别之苦。

经典诵读

思考练习

1. 请举例分析，杜甫的诗歌在安史之乱前后有什么不一样？为什么？
2. 查找相关资料了解李白的生平和艺术风格，并就其具体某篇作品展开艺术分析。
3. 请举例分析唐代边塞诗有哪些艺术特点？又是如何体现盛唐气象的？
4. 了解白居易和元稹发起的"新乐府运动"并论述其意义。

扩展阅读

唐诗13首
与南京相关诗歌2首

春江花月夜

张若虚

春江潮水连海平，海上明月共潮生。
滟滟随波千万里，何处春江无月明！
江流宛转绕芳甸，月照花林皆似霰。
空里流霜不觉飞，汀上白沙看不见。
江天一色无纤尘，皎皎空中孤月轮。
江畔何人初见月？江月何年初照人？
人生代代无穷已，江月年年望相似。
不知江月待何人，但见长江送流水。
白云一片去悠悠，青枫浦上不胜愁。
谁家今夜扁舟子？何处相思明月楼？
可怜楼上月徘徊，应照离人妆镜台。
玉户帘中卷不去，捣衣砧上拂还来。

此时相望不相闻，愿逐月华流照君。
鸿雁长飞光不度，鱼龙潜跃水成文。
昨夜闲潭梦落花，可怜春半不还家。
江水流春去欲尽，江潭落月复西斜。
斜月沉沉藏海雾，碣石潇湘无限路。
不知乘月几人归，落月摇情满江树。

青　溪

王　维

言入黄花川，每逐青溪水。
随山将万转，趣途无百里。
声喧乱石中，色静深松里。
漾漾泛菱荇，澄澄映葭苇。
我心素已闲，清川澹如此。
请留盘石上，垂钓将已矣。

早寒江上有怀

孟浩然

木落雁南度，北风江上寒。
我家襄水曲，遥隔楚云端。
乡泪客中尽，孤帆天际看。
迷津欲有问，平海夕漫漫。

燕　歌　行

高　适

　　开元二十六年，客有从御史大夫张公出塞而还者，作《燕歌行》以示。适感征戍之事，因而和焉。

汉家烟尘在东北，汉将辞家破残贼。
男儿本自重横行，天子非常赐颜色。
摐金伐鼓下榆关，旌旆逶迤碣石间。
校尉羽书飞瀚海，单于猎火照狼山。
山川萧条极边土，胡骑凭陵杂风雨。
战士军前半死生，美人帐下犹歌舞！
大漠穷秋塞草腓，孤城落日斗兵稀。
身当恩遇常轻敌，力尽关山未解围。
铁衣远戍辛勤久，玉箸应啼别离后。
少妇城南欲断肠，征人蓟北空回首。
边庭飘飘那可度，绝域苍茫无所有！
杀气三时作阵云，寒声一夜传刁斗。
相看白刃血纷纷，死节从来岂顾勋？
君不见沙场征战苦，至今犹忆李将军！

侠 客 行
李 白

赵客缦胡缨，吴钩霜雪明。

银鞍照白马，飒沓如流星。

十步杀一人，千里不留行。

事了拂衣去，深藏身与名。

闲过信陵饮，脱剑膝前横。

将炙啖朱亥，持觞劝侯嬴。

三杯吐然诺，五岳倒为轻。

眼花耳热后，意气素霓生。

救赵挥金槌，邯郸先震惊。

千秋二壮士，烜赫大梁城。

纵死侠骨香，不惭世上英。

谁能书阁下，白首太玄经。

古风（其十九）
李 白

西上莲花山，迢迢见明星。

素手把芙蓉，虚步蹑太清。

霓裳曳广带，飘拂升天行。

邀我至云台，高揖卫叔卿。

恍恍与之去，驾鸿凌紫冥。

俯视洛阳川，茫茫走胡兵。

流血涂野草，豺狼尽冠缨。

哀 江 头
杜 甫

少陵野老吞声哭，春日潜行曲江曲。

江头宫殿锁千门，细柳新蒲为谁绿？

忆昔霓旌下南苑，苑中万物生颜色。

昭阳殿里第一人，同辇随君侍君侧。

辇前才人带弓箭，白马嚼啮黄金勒。

翻身向天仰射云，一笑正坠双飞翼。

明眸皓齿今何在？血污游魂归不得。

清渭东流剑阁深，去住彼此无消息。

人生有情泪沾臆，江水江花岂终极！

黄昏胡骑尘满城，欲往城南望城北。

登 楼
杜 甫

花近高楼伤客心，万方多难此登临。

锦江春色来天地，玉垒浮云变古今。

北极朝廷终不改，西山寇盗莫相侵。

可怜后主还祠庙，日暮聊为《梁甫吟》。

金铜仙人辞汉歌

李 贺

魏明帝青龙元年八月，诏宫官牵车西取汉孝武捧露盘仙人，欲立置前殿。宫官既拆盘，仙人临载，乃潸然泪下。唐诸王孙李长吉遂作《金铜仙人辞汉歌》。

茂陵刘郎秋风客，夜闻马嘶晓无迹。

画栏桂树悬秋香，三十六宫土花碧。

魏官牵车指千里，东关酸风射眸子。

空将汉月出宫门，忆君清泪如铅水。

衰兰送客咸阳道，天若有情天亦老。

携盘独出月荒凉，渭城已远波声小。

酬乐天扬州初逢席上见赠

刘禹锡

巴山楚水凄凉地，二十三年弃置身。

怀旧空吟闻笛赋，到乡翻似烂柯人。

沉舟侧畔千帆过，病树前头万木春。

今日听君歌一曲，暂凭杯酒长精神。

赠别二首（其二）

杜 牧

多情却似总无情，唯觉樽前笑不成。

蜡烛有心还惜别，替人垂泪到天明。

无 题

李商隐

飒飒东风细雨来，芙蓉塘外有轻雷。

金蟾啮锁烧香入，玉虎牵丝汲井回。

贾氏窥帘韩掾少，宓妃留枕魏王才。

春心莫共花争发，一寸相思一寸灰！

商 山 早 行

温庭筠

晨起动征铎，客行悲故乡。

鸡声茅店月，人迹板桥霜。

槲叶落山路，枳花明驿墙。

因思杜陵梦，凫雁满回塘。

跟南京相关的诗歌：

登金陵凤凰台

（唐）李白

凤凰台上凤凰游，凤去台空江自流。

吴宫花草埋幽径，晋代衣冠成古丘。

三山半落青天外，二水中分白鹭洲。
总为浮云能蔽日，长安不见使人愁。

台　城

（唐）韦庄

江雨霏霏江草齐，六朝如梦鸟空啼。
无情最是台城柳，依旧烟笼十里堤。

扩展阅读

第三单元 / 宋词

导 语

　　词是宋代盛行的一种文学体裁，代表了宋代文学的最高成就。因其句子有长有短并可以和乐而歌，又称曲子词、乐章、长短句、诗余等。词在唐朝时已经出现，最初流行于民间，经过五代到两宋，得到很大发展。词最初以描写艳情为主。张炎说："簸弄风月，陶写性情，词婉于诗。"（《词源》）由于词最初主要流行于民间，多为酒宴歌席间歌儿舞女佐酒助兴之用，因此题材集中在伤春悲秋、离愁别绪、风花雪月、男欢女爱等方面，如宋词前期著名作家晏殊父子、柳永等人的作品多属此类。

　　在词的发展史上，苏轼是特别值得瞩目的作家，他对词的内容进行了革新。苏轼对词的贡献主要如下：首先，苏轼词扩大了词的境界，刘熙载《艺概》概括说："东坡词颇似老杜诗，以其无意不可入，无事不可言也。"其次，苏轼词提高了词品。苏轼的"以诗入词"，把词家的"言情"与诗人的"言志"很好地结合起来。再次，苏轼改造了词风，他也被称为"豪放"词风的开创者。

　　从风格上分，词被分为婉约派（包括花间派）、豪放派两大类。婉约派的代表人物有柳永、晏殊、晏几道、周邦彦、李清照、秦观、姜夔、吴文英、李煜、欧阳修等。婉约派主要侧重男女之情，在艺术上呈现出结构深细缜密、音律谐婉、语言清丽圆润、清新绮丽的特点。豪放派的代表人物有苏轼、辛弃疾、陈亮、陆游、张孝祥、张元干、刘过等。创作视野较为广阔，气象恢弘雄放，语词宏博，用典较多，不拘音律。南宋时期由于时代巨变，悲壮慷慨的高亢之调应运发展，辛弃疾成为豪放词的典型代表作家之一。

　　宋词正如唐诗一样，一直为历代文人雅士喜爱，后世摹写也较多，如纳兰性德，便是清代著名的词作家。

蝶恋花·槛菊愁烟兰泣露[①]
晏 殊

// 作者介绍 //

　　晏殊（991—1055），字同叔，临川（今江西省抚州市）人。北宋著名文学家、政治家。晏殊少年聪慧，十四岁以神童入试，赐同进士出身，授秘书省正字。宋仁宗时官至同中书门下平章事兼枢密使。1055年病逝于京中，封临淄公，谥号元献，世称"晏元献"。晏殊喜好奖掖后进，当时名臣范仲淹、富弼、欧阳修和词人张先等均出其

▷ 图 3-1　晏殊

---

① 蝶恋花：又名"凤栖梧""鹊踏枝"等。唐教坊曲，后用为词牌。

门下。晏殊以词著于文坛，尤擅小令，风格含蓄婉丽。有《珠玉词》《晏元献遗文》等存世。

原文·注释

槛①菊愁烟兰泣露。罗幕②轻寒，燕子双飞去。明月不谙离恨苦③。斜光到晓穿朱户④。

昨夜西风凋碧树⑤。独上高楼，望尽天涯路。欲寄彩笺兼尺素⑥。山长水阔知何处！

作品解读

这首小词是深秋怀念远人的作品，语言洗净铅华，纯用白描，风格疏淡，境界较高。

本词主旨是离恨，作者另辟蹊径，写从白天到夜晚再到白天，离恨在主人公心中徘徊不去的感受。起句"槛菊愁烟兰泣露"，秋天的清晨，园中的景物都被笼罩在一层淡淡的轻烟薄雾中，花草上沾着晶莹的露珠，但是由于主人公心怀离恨，菊花看上去便脉脉含愁，兰花也似乎在默默饮泣。次句"罗幕轻寒，燕子双飞去"，写新秋清晨，罗幕之间荡漾着一缕轻寒，燕子双双穿过帘幕飞走了。燕子犹能比翼双飞，人却只能茕茕孑立、形影相吊。燕子双飞，离人远去，衬得人更为孤寂，此处的主人公，不仅身体感到初秋的轻寒，心里也荡漾着阵阵寒意。

随后两句，作者直接点明内心的"离恨"，情感也从隐微转为强烈。明月的升落圆缺不过是自然现象，此处被离恨折磨着的主人公却因其明亮，对明月心生不满，夜不能寐。"昨夜西风凋碧树，独上高楼，望尽天涯路。"上承"到晓"，表明主人公一夜无眠，天明后情绪更是难以排遣，只好登高远望，希望寻找到离人回程的踪迹。王国维《人间词话》："古今之成大事业、大学问者，必经过三种之境界：'昨夜西风凋碧树，独上高楼，望尽天涯路'，此第一境也。'衣带渐宽终不悔，为伊消得人憔悴'，此第二境也。'众里寻他千百度，蓦然回首，那人正在灯火阑珊处'，此第三境也。此等语皆非大词人不能道。""昨夜"三句固然有凭高望远的苍茫之感，也有不见所思的空虚怅惘，其境界从狭小的帘幕庭院推远到天涯路的广远境界，洗尽纤柔颓靡的气息，给人一种悲壮之感。

高楼骋望，不见所思，因而想到音书寄远："欲寄彩笺兼尺素，山长水阔知何处！"两句一纵一收，将主人公音书寄远的强烈愿望与音书无可寄的可悲现实两相对照，更突出了主人公离恨的深重，词也在无着落的怅惘中结束。

经典诵读

---

① 槛（jiàn）：古建筑于轩斋四面房基之上修筑的木质围栏。

② 罗幕：丝罗的帷幕，富贵人家所用。

③ 不谙（ān）：不了解，没有经验。谙：熟悉，精通。离恨：一作"离别"。

④ 朱户：犹言朱门，指大户人家。

⑤ 凋：衰落。碧树：绿树。

⑥ 彩笺：彩色的信笺。尺素：书信的代称。古人写信用素绢，通常长约一尺，故称"尺素"，语出《古诗十九首》："客从远方来，遗我双鲤鱼。呼儿烹鲤鱼，中有尺素书。"

凤栖梧·伫倚危楼风细细

柳　永

// 作者介绍 //

柳永（约984—约1053），原名三变，字景庄，后改名永，字耆卿，福建崇安人。因曾任屯田员外郎，世称"柳屯田"。北宋著名词人，婉约派代表人物。出身官宦世家，但一生仕途坎坷，暮年才得及第，历任睦州团练推官、余杭县令等职。柳永精通音律，词作音律谐婉、语言通俗。他创作了大量慢词，将敷陈其事的赋法移植于词，同时，将中下阶层的生活引入词中，对词进行了全面革新，创作影响深远。

▷ 图3-2　柳永

原文·注释

伫倚危楼风细细①，望极春愁，黯黯生天际②。草色烟光残照里，无言谁会凭阑意③。拟把疏狂图一醉④，对酒当歌，强乐还无味⑤。衣带渐宽终不悔，为伊消得人憔悴⑥。

作品解读

本词是一首羁旅怀人之作。全篇明白如话，将词人羁旅漂泊的落拓之感与相思怀人之情糅合在一起，情景交融、感情真挚。

上片，"伫倚危楼风细细"首先交代地点和人物，词人于高楼凭栏久倚，眺望远方，衣袂被微风吹起，静中有动、动静相宜。接下来，镜头由近景推到远景，当诗人极目天涯，却"望极春愁，黯黯生天际"。春天本是草木葱茏的季节，象征着生命勃发，但流水落花也常常引发诗人韶华易逝的感慨。此时，失意落魄的词人眼中，满目所望，草木皆笼罩着"黯黯"之色，这春愁铺天盖地而来，令人心绪沉重。"草色烟光残照里，无言谁会凭阑意"，此句中，"春愁"化为具体的意象"草色""烟光"和"残照"，词人在高楼独立，在草色烟光中久立到夕阳西下，在流逝的春光中想到自己年华老去、落拓无成、生命落空的悲哀，想到自己漂泊异乡、相思离别的悲哀，万种愁绪涌上心头，一时之间自然难以为

---

① 伫倚危楼：长时间依靠在高楼的栏杆上。伫倚，一作"独倚"。危楼，高楼。
② 望极：极目远望。黯黯：迷蒙不明，形容心情沮丧忧愁。生天际：从遥远无边的天际升起。
③ 烟光：飘忽缭绕的云霭雾气。会：理解。阑：同"栏"，栏杆。
④ 拟把：打算。疏狂：狂放不羁。
⑤ 强（qiǎng）乐：勉强欢笑。强，勉强。
⑥ 衣带渐宽：束衣的带子松了，指人逐渐消瘦。消得：值得。

旁人所理解，只能郁结心头，堆积成胸中块垒。

下片重点写相思离别之情。词人胸中郁结之气无法消除，只有苦中作乐，将疏解心结的希望寄托在酒中，借酒浇愁。饱满的感情在此处喷薄而出、倾泻而下，因此，"拟把"句似有江河决堤、一泻千里之势，试图将"春愁"远远掷开。为达到这一目的，词人还试图"对酒当歌"，强颜欢笑。但无论是疏狂饮酒，还是对酒高歌，都无法带来内心的解脱。"春愁"犹如一片大海，无边无际、深不可测，在词人的内心波澜起伏、翻滚汹涌，令他"衣带渐宽"、形销骨立。末两句，词人直抒胸臆，用直白、简洁的语言，表达出执着热烈的情感。此二句意承《古诗十九首·行行重行行》中"相去日已远，衣带日已缓"，在平白舒缓的语句中，表达出不同寻常的坚定和忠贞。词人甘心为情所困，不留任何回环之余地，其热烈直接的情感表达令人动容。

全词缓缓铺陈，由景入情，从表及里，从平淡到热烈，直至最后两句，词人将相思感情推到最高潮，又戛然而止，激情回荡，大大增强了词作的感染力。

经典诵读

兰陵王·柳①
周邦彦

// 作者介绍 //

周邦彦（1056—1121），字美成，号清真居士，钱塘（今浙江杭州）人。官历太学正、庐州教授等职。精通音律，徽宗时提举大晟府（中央音乐机关）。词作格律严谨，语言典丽精雅，长调尤善铺叙。王国维在《人间词话》卷上评价道："美成深远之致，不及欧、秦，唯言情体物，穷极工巧，故不失为第一流之作者。但恨创调之才多，创意之才少耳。"

▷ 图 3-3　周邦彦

原文·注释

柳阴直，烟里丝丝弄碧②。隋堤③上、曾见几番，拂水飘绵送行色④。登临望故国，谁识京华倦客⑤？长亭⑥路，年去岁来，应折柔条过千尺⑦。

---

① 兰陵王：词牌名，首见于周邦彦词。一百三十字，分三段。
② 烟：薄雾。丝丝弄碧：细长轻柔的柳条随风飞舞，舞弄其嫩绿的姿色。弄：飘拂。
③ 隋堤：汴京附近汴河之堤，隋炀帝时所建，故称。
④ 拂水飘绵：柳枝轻拂水面，柳絮在空中飞扬。行色：行人出发前的景象、情状。
⑤ 故国：指故乡。京华倦客：作者自谓。作者长久客居京师，有厌倦之感。
⑥ 长亭：古时驿路上十里一长亭，五里一短亭，是供人休息、送别的地方。
⑦ 古人有折柳送别的习俗。柔条：柳枝。过千尺：极言折柳之多。

闲寻旧踪迹①，又酒趁哀弦②，灯照离席。梨花榆火催寒食③。愁一箭风快，半篙波暖④，回头迢递便数驿，望人⑤在天北。

悽恻，恨堆积。渐别浦萦回⑥，津堠岑寂⑦，斜阳冉冉春无极⑧。念月榭携手，露桥闻笛⑨。沉思前事，似梦里、泪暗滴。

作品解读

古代有折柳送别的习俗，所以诗词里常用柳来渲染别情。这首词的题目是"柳"，内容是借咏柳而咏离别。

上片，作者站在隋堤上，看到碧柳排列成行，在春日的薄烟微风中轻轻摆动。一个"直"字既写出日悬中天，柳树的阴影不偏不倚直铺在地上，又写出柳树成行，柳荫沿长堤一道线般伸展开来的状态。新生的柳枝细长柔嫩，像丝一样，它们仿佛也知道自己碧色可人，故意飘拂以显示自己的美。这美景触动了诗人的乡情，作为京华倦客，词人对这幅图画并不陌生，在这隋堤上，自己曾折柳送人，也有人折柳送给自己，被折过的枝条估计已经超过千尺了吧？这几句表面看来是惜柳，深层的含义却是感叹人间离别的频繁。

中片抒写自己的别情。这段采用倒叙的手法，热闹的送别场面之后，诗人解船登舟，很快就离送别之地很远了。诗人站在船上回忆离别前的种种，想起"又酒趁哀弦，灯照离席。梨花榆火催寒食"，寒食节前的一晚，哀伤的音乐中，送别的宴席进行到很晚，虽有万分不舍，还是不得不分别，如今已是"望人在天北"，这五个字包含着无限的怅惘与凄惋。

下片紧承中片，时间是连续的，感情却又有波澜。"凄恻，恨堆积"，船行愈远，遗憾愈重，一层一层堆积在心上难以排遣，偏偏这时又到傍晚，渡口冷冷清清，空阔的背景越发衬出自身的孤单，能温暖诗人的只有对往事的回忆："念月榭携手，露桥闻笛。"然而，回忆不仅无法遣散离别的哀伤，反而更加重了痛苦的心境："沉思前事，似梦里，泪暗滴。"

全词情深意挚，萦回曲折，情景交融，似浅实深，似有吐不尽的心事流荡其中，耐人寻味。

---

① 旧踪迹：指过去登堤饯别的地方。
② 又：又逢。酒趁哀弦：饮酒时奏着离别的乐曲。趁：逐，追随。哀弦：哀怨的乐声。
③ 唐宋时期朝廷在清明日取榆柳之火以赐百官，故有"榆火"之说。寒食：清明前一天为寒食。
④ 指撑船的竹篙没入水中，时令已近暮春，故曰"波暖"。
⑤ 望人：送行人。
⑥ 渐：正当。别浦：送行的水边。萦回：水波回旋。
⑦ 津堠（hòu）：渡口附近供瞭望歇宿的守望所。津：渡口。堠：哨所。岑寂：冷清寂寞。
⑧ 冉冉：慢慢移动的样子。春无极：春色一望无边。
⑨ 念：想到。月榭：月光下的亭榭。榭，建在高台上的敞屋。露桥：布满露珠的桥梁。

临江仙①·夜归临皋②

苏 轼

// 作者介绍 //

苏轼（1037—1101），字子瞻，号东坡居士。眉州眉山（今属四川省眉山市）人，北宋著名文学家、书法家、画家。嘉祐二年（1057）进士及第，元丰三年（1080）因"乌台诗案"受诬陷被贬黄州任团练副使，晚年被贬惠州、儋州，宋徽宗时获大赦北还，途中于常州病逝。苏轼在诗、词、散文、书、画等方面都取得了很高的成就。词开豪放一派，与辛弃疾同是豪放派代表，并称"苏辛"，著有诗文集《东坡集》词集《东坡乐府》等。

▷ 图3-4 苏轼

原文·注释

夜饮东坡醒复醉③，归来仿佛三更。家童鼻息已雷鸣。敲门都不应，倚杖听江声。

长恨此身非我有，何时忘却营营④。夜阑⑤风静縠纹⑥平。小舟从此逝，江海寄余生。

作品解读

本词写作于神宗元丰五年（1082），即苏轼被贬黄州的第三年。在北宋新旧党争的漩涡中遭受了一系列沉重的打击之后，苏轼困顿黄州，内心备受煎熬。一个深秋之夜，苏轼在东坡雪堂痛饮醉归，回到临皋住所，即兴感怀，写下这首词，表达出强烈的自我主体失落感和希望退隐人间、彻底解脱的出世意念，风格清旷而飘逸。

上片起笔即是"夜饮"并"醒复醉"，表明这并非一般的饮酒，而是由醒入醉，醉而又醒的状态。词人为何如此，也许因为他长期情绪低落、心情沉重，不愿回到痛苦的现实。因此"归来仿佛三更"，他半醉半醒，不知何时归家，"仿佛"二字，十分形象。当他醉眼朦胧地回到自家寓所，却陷入有家不能入的困境，因为"家童鼻息已雷鸣"。在寂静幽深的午夜，家童的酣眠无忧与词人的借酒解忧形成鲜明对比。也许出于无奈，也许出于体谅，在"敲门都不应"之后，词人决定不再扰人清梦，而是"倚杖听江声"。走笔至此，

---

① 临江仙：唐教坊曲名，后用作词牌名。此词双调六十字，平韵格。

② 临皋：湖北黄冈县南，长江北岸。苏轼曾寓居于此。

③ 东坡：原是黄州一片荒地，苏轼谪贬黄州时，亲自披荆斩棘，清除瓦砾，开垦荒地，筑"东坡雪堂"数间。后以"东坡"为号。

④ 营营：周旋、忙碌，内心躁急之状，形容为利禄钻营。

⑤ 夜阑：夜尽。

⑥ 縠（hú）：有皱纹的纱。縠纹，像绸缎面子，此指长江江面风平浪静。

一位襟怀旷达、遗世独立的"幽人"形象跃然纸上，呼之欲出。

下片转为议论和抒情。在深夜江水的滔滔之声中，词人长叹"长恨此身非我有，何时忘却营营"，上句化用《庄子·知北游》"汝身非汝有也"句，下句化用《庄子·庚桑楚》"全汝形，抱汝生，无使汝思虑营营"句。在宦海浮沉中，词人忧惧苦恼，在老庄哲学中寻求解脱的途径，借以对抗巨大的现实压力。两句深沉的喟叹，以议论入词，既颇富哲理，又直抒胸臆，完美融合情与理，让人陷入沉思，感受到生命的苍凉。思考让词人逐渐清醒，他心与景会、神与物游，欣赏眼前的江上景致——"夜阑风静縠纹平"，只有在静谧美好的大自然中，才能够全身免祸，寻找失落的自我。因此，他希望能够遁身江湖之中，乘舟退隐，悠游洒脱，委心任运。

这首词写出了谪居中苏轼的真性情，也体现出苏轼以议论入词的独特风格，他化用哲学语言入词，扩大了词的表现力。

微课

青玉案·凌波不过横塘路①
贺　铸

// 作者介绍 //

贺铸（1052—1125），字方回，原籍浙江山阴，生长于河南卫州。出身没落贵族，为人豪侠尚气。早年为武官，后转文职，曾任泗州通判，晚年退居苏州，自号庆湖遗老。他的词内容与辞藻并重，善于化前人成句，兼具婉约与豪放的风格，为北宋后期重要词家。

原文·注释

凌波不过横塘路②，但目送、芳尘去。锦瑟华年谁与度③？月桥花院，琐窗朱户④，只有春知处。

碧云冉冉蘅皋暮⑤，彩笔新题断肠句⑥。试问闲愁都几许⑦？一川烟草，满城风絮，梅子黄时雨⑧。

---

① 青玉案：词牌名。汉张衡《四愁诗》："美人赠我锦绣段，何以报之青玉案。"因取以为调名。又名"横塘路"。双调六十七字，前后片各五仄韵，也有第五句不用韵者。

② "凌波"两句：凌波，曹植《洛神赋》："凌波微步，罗袜生尘。"后人即以凌波形容美人的步履轻盈。横塘，在苏州市盘门之南十余里，贺铸所居之处。

③ 锦瑟华年：美好年华，语出李商隐《锦瑟》："锦瑟无端五十弦，一弦一柱思华年。"

④ 月桥花院：一作"月台花榭"。月桥，像月亮似的小拱桥。花院，花木环绕的庭院。琐窗：雕绘连琐花纹的窗子。朱户：朱红的大门。

⑤ "碧云"句：冉冉，流动貌。蘅皋（hénggāo）：生长着杜蘅的水边高地。杜蘅：香草。此句化用江淹《拟休上人怨别》中的"日暮碧云合，佳人殊未来"，暗承上片语意。

⑥ 彩笔：《南史·江淹传》："淹少以文章显，晚节才思微退。……尝宿于冶亭，梦一丈夫自称郭璞，谓淹曰：'吾有笔在卿处多年，可以见还。'淹乃探怀中得五色笔一以授之。尔后为诗，绝无美句。时人谓之才尽。"

⑦ 都几许：总计为多少。

⑧ "一川"三句：一川：满川，满地。梅子黄时雨：江南一带初夏梅熟时多连绵之雨，俗称"梅雨"。

贺铸一生并不得意，虽身在官场，却沉抑下僚、怀才不遇。此词作于他在苏州隐退之时，是一首幽居怀人之词。暮春时节，词人在横塘附近见到佳人，引发诗情，借美人迟暮之悲，抒发自己心中的穷愁岑寂。

上片起笔三句"凌波不过横塘路，但目送、芳尘去"写佳人的离去，化用曹植《洛神赋》中"凌波微步，罗袜生尘"形容佳人步履轻盈。偶遇佳人，却无缘相见，不知其所往，不免一路目送，生起眷慕怅惘之情。接下来，词人想到佳人孤寂自守的情态，"锦瑟华年谁与度"一句，既像是在问佳人，又像是在问自己：年华易逝、红颜易老，如何才算不虚度光阴？"月桥花院，琐窗朱户，只有春知处"三句，则是回答：佳人所居之处，无论是外面的月桥花院，还是里面的琐窗朱户，都无人与之共度，幽雅清冷，只有春风聊相慰藉。表面写美人迟暮之不幸，实际暗中自比，含蓄地流露出对自己仕途坎坷的感慨。

下片承接上片词意，时光已随着碧云流转至日暮，"碧云冉冉蘅皋暮"暗用江淹"日暮碧云合，佳人殊未来"的典故，暗指春日迟暮，美人久久不再出现，词人伫立良久才蓦然醒觉，于是"彩笔新题断肠句"。遥望不得，词人归来命笔题诗，想到伊人已远，伤心断肠、悲苦不胜。这种断肠之思由万种闲愁引起，故接着写闲愁，这是一种漫无边际、飘飘渺渺、捉摸不定，却又无处不在、无时不有的愁，这种抽象的、难以琢磨的感情如何描述？词人巧妙地运用博喻，以一川烟草、满城风絮、梅子黄时雨三种具体的景物作比，"烟草"连天，如"闲愁"般无处不在，"风絮"乱舞，如"闲愁"般纷繁杂乱，"梅雨"连绵，如"闲愁"般无穷无尽……抽象的"闲愁"被描写得丰富、形象、真切，显示出词人超人的艺术才华和高超的艺术表现力，将一种可望而不可即的怅惘、郁郁不得志的心理状态表现得十分高妙。

全词虚写相思之情，实抒悒悒不得志的"闲愁"，立意新奇、想象丰富，寓情于景、情景交融，尤其是末三句，兴中有比，意味深长，为贺铸赢得了"贺梅子"之称。

经典诵读

永遇乐·落日熔金
李清照

// 作者介绍 //

李清照（1084—1155），号易安居士，齐州章丘（今山东章丘）人。宋代婉约词派代表人物。李清照出生于书香门第，早期生活优裕，其父李格非是当时著名的学者，丈夫赵明诚是宰相赵挺之之子，夫妻二人婚后生活优裕、志趣相投，共同致力于书画金石的搜集整理。南渡后，丈夫赵明诚病死，李清照流寓南方，境

▷ 图 3-5 李清照

遇孤苦。其词前期多写贵妇闺情，后期多悲叹身世，情调感伤，语言清丽，音律工稳，著《漱玉词》。

原文·注释

落日熔金，暮云合璧①，人在何处？染柳烟浓，吹梅笛怨②，春意知几许？元宵佳节，融和天气，次第岂无风雨③？来相召，香车宝马，谢他酒朋诗侣④。

中州盛日⑤，闺门多暇，记得偏重三五。铺翠冠儿⑥，撚金雪柳⑦，簇带争济楚⑧。如今憔悴，风鬟霜鬓，怕见夜间出去。不如向，帘儿底下，听人笑语。

作品解读

本词是李清照晚年避难江南临安时的作品。北宋时，元宵节是普天同庆的盛大节日，词人选择以欢庆热闹的元宵灯节为背景，抒写南渡之悲，意味深长。

上片首二句"落日熔金，暮云合璧"，色彩浓重、意境开阔，却因"人在何处"一句，显出衰飒之气。景色绝美，人却无心，只因其国破家亡、飘泊异乡。"染柳烟浓，吹梅笛怨"二句对仗，正值初春天气，柳绿梅红、春意盎然，词人却只能听到《梅花落》的哀怨笛声。"春意知几许"之问，上承"人在何处"，再次将宜人美景与凄恻心境进行对比，以乐景写哀情，倍增其哀。佳节美景之中，词人却无端生出惴惴不安之感："次第岂无风雨"。经历了国家动乱、家破人亡，词人再难相信"好景常在"。上片前三个小节，采用了相似的结构：前两句实写佳节美景，后一句虚写凄怆心境，突出"好景不常"的心境。因此，虽有"酒朋诗侣"来邀，有"香车宝马"可乘，有花灯明月可赏，词人却早已失去赏玩之心。佳节、花灯、明月、春色都没有变，人却变了。

下片首先回忆昔日汴京的元宵节。"中州"即北宋都城汴京，当时北宋国运中兴，元宵节十分热闹，词人生于富贵之家，"闺门多暇"，自然会与好友相约盛装出游。"铺翠冠儿，撚金雪柳，簇带争济楚"三句，描绘出词人当年如何精心装扮、纵情享乐。当年的欢愉有多难忘，如今的悲戚就有多深刻。当词人眼见金兵入侵、朝廷腐败、国土沦陷，自己落得飘流异地、丈夫亡逝、鬓鬟狼藉，即便再逢元宵佳节，即便城内依然是车水马龙、游人云集、笙箫悠扬，词人却再没有心情梳妆，她"怕见夜间出去"，选择了"帘儿底下，

---

① "落日"两句：形容落日光焰如同熔化了的金子一样火红炽热。杜牧《金陵》："日落水浮金。"璧：圆而中有孔的玉环。《汉书·律历志上》："日月如合璧，五星如连珠。"

② 吹梅笛怨：吹奏出《梅花落》哀怨的曲调。《梅花落》，汉乐府《横吹曲》之一。李白《与史郎中钦听黄鹤楼上吹笛》："黄鹤楼中吹玉笛，江城五月落梅花。"

③ 次第：转眼。

④ "来相召"句：韦应物《长安道》："宝马横来下建章，香车却转避驰道。"柳永《归去来》："持杯谢，酒朋诗侣。"

⑤ 中州：今河南开封，指北宋的都城汴京。

⑥ 铺翠：以翡翠羽毛为妆饰。

⑦ 撚（niǎn）金：一做"捻金"。雪柳：绢或纸花。孟元老《东京梦华录》卷六："市人卖玉梅、夜蛾、蜂儿、雪柳、菩提叶、科头圆子、拍头焦锤。"

⑧ 簇带：宋时方言，插戴满头。济楚：齐整。

听人笑语"。帘外的人尽情观赏、寻欢作乐，而帘内的人，再也回不到原来的心境。

这首词将浅显平易的口语与锤炼工致的书面语交错融合，通过种种对比描写表现出今昔佳节的不同，使丽景与哀情相映，抒发出跌宕多姿、迂回深蕴的京华之忆、家国之愁，艺术感染力十分强烈。

鹧鸪天·壮岁旌旗拥万夫
辛弃疾

// 作者介绍 //

辛弃疾（1140—1207），字幼安，号稼轩，山东历城（今济南市历城区）人，南宋豪放派词人，与苏轼合称"苏辛"。少年时曾参加抗金起义，后南归，曾任江西安抚使等职，所到之处采取积极措施利国安民，但因主张抗金为权臣所忌，赋闲多年。辛词反映了南宋时期尖锐的民族矛盾和上层矛盾，同时也表达了他抗金到底的决心，风格以豪放为主，同时兼有沉郁明快、俊爽流利、飘逸闲适等风格，使词的内容和意境有了进一步拓展。著有《稼轩长短句》等。

▷ 图 3-6　辛弃疾

原文·注释

有客慨然谈功名，因追念少年时事，戏作。

壮岁旌旗拥万夫①，锦襜突骑渡江初②。燕兵夜娖银胡䩡③，汉箭朝飞金仆姑④。

追往事，叹今吾，春风不染白髭须⑤。却将万字平戎策⑥，换得东家种树书⑦。

---

① "壮岁"句：指词人年轻时领导起义军抗金事。他在《美芹十论》里说："臣尝鸠众二千，隶耿京，为掌书记，与图恢复，共藉兵二十五万，纳款于朝。"壮岁：少壮之时。

② 锦襜（chān）突骑渡江初：指词人南归前统领部队和敌人战斗之事。锦襜突骑：穿锦绣短衣的精锐骑兵。襜：衣服遮蔽前胸的部分。渡江初：指的是作者率兵投奔南宋时。

③ "燕兵"句：意谓金兵在夜晚枕着箭袋小心防备。燕兵：此处指金兵。娖（chuò）：整理的意思。银胡䩡：银色或镶银的箭袋。

④ "汉箭"句：意谓清晨宋军便万箭齐发，向金兵发起进攻。汉：代指宋。金仆姑：箭名。

⑤ 髭（zī）须：胡子。唇上曰髭，唇下曰须。

⑥ 平戎策：论述平定外患的方略。此指词人南归后向朝廷提出的《美芹十论》《九议》等在政治上、军事上都很有价值的抗金意见书。

⑦ 东家：东邻。种树书：表示退休归耕农田。

作品解读

这首词前面有小序，是说因客人感慨壮志难酬，引发词人对一生的追忆，虽自称"戏作"，实际上寓庄于谐，抒发了岁月蹉跎、英雄迟暮的悲愤情怀。

上片首二句，回忆词人在北方沦陷区率领军马，身着盔甲护膝作战的壮举。22岁的辛弃疾，曾召集北方沦陷区的忠义之士两千余人结成义勇军抗金，后归附拥兵十万的义勇军统领耿京，成为其掌书记，为起义出谋划策。后叛国贼张安国害死耿京，率军降金。辛弃疾听闻，带领人马冲入金营，活捉与金人饮酒庆功的张安国，将其连夜押回建康，在南宋都城斩首示众，大快人心。"燕兵夜娖银胡䩮，汉箭朝飞金仆姑"二句，词人回忆自己率领南归部队与金兵战斗，表现出两军对峙之下战争的紧张激烈。上句刻画出金兵遭遇义勇军突袭，战战兢兢的状态，下句则突出义勇军的英武不凡。

下片转入现实。起笔三句，写词人身怀报国之心南渡，却始终得不到重用。南宋君臣苟且偷安、各怀私心，词人之志无法实现，残酷的现实使他抱憾无穷。一"追"一"叹"之间，便是一生。昔日的青年英雄，已成"春风不染白髭须"的老人，春风有情，年年将枯草染绿，却无法将老人的须发染黑。此句，表面感慨韶华易逝、岁月蹉跎，暗中却表达出词人"老骥伏枥，志在千里"的期盼。"却将万字平戎策"句中的"平戎策"，是指词人向朝廷献出的《美芹十论》等计策。词人有勇有谋，却生不逢时，呕心沥血写就的"平戎策"无人赏识，词人这时感慨与其使之湮没在灰尘中，不如"换得东家种树书"。

这首小令短短五十五个字，却极具分量，概括了一位爱国志士不幸的一生。上片气势恢宏，下片悲凉如冰，个人的忠义奋发始终受制于政治环境的逸毁罢黜，内在奋发气概与外在压抑力量激荡盘旋，《词苑丛谈》评："激昂排宕，不可一世。"作品具有极强的艺术感染力。

卜算子·咏梅
陆 游

// 作者介绍 //

陆游（1125—1210），字务观，号放翁，晚号龟堂老人。越州山阴（今浙江绍兴）人。孝宗时赐进士出身，历任镇江、隆兴通判。四十六岁入蜀，曾被四川宣抚使王炎辟为干办公事，一度亲历南郑军事前线；出蜀后任提举福建常平茶事、军器少监等职。被劾罢归，闲居山阴达二十年，八十六岁辞世。陆游平生志在恢复失地，坚持抗金救国之志百折不挠。诗作数量众多，至今存世9 000余首。著有《剑南诗稿》《渭南文集》《南唐书》等。

▷ 图 3-7 陆游

驿外断桥边①，寂寞开无主②。已是黄昏独自愁，更着风和雨③。

无意苦争春④，一任群芳妒。零落成泥碾作尘，只有香如故。

作品解读

这首词是一首典型的咏物词，既是吟咏梅花的高洁志趣，也是借梅花自比，抒写个人的胸怀人格。

上片首句点明梅花生长的地方——"驿外断桥边"，驿站之外，远离城郭，人烟稀少，桥是断桥，无法载人、为人所弃。这一株梅花，没有生长在亭台楼阁之畔，而是寂寥荒寒的野外，生死荣枯全凭自己，因此"寂寞开无主"。"无主"既指无人照管，又指无人欣赏。"已是黄昏独自愁"一句的"黄昏"意象内蕴丰富：一方面，夕阳西下、暮霭沉沉，万物都处于凄情冷寂之中，孤独寂寞感尤为强烈，另一方面，正如屈原在《离骚》中所写"日月忽其不淹兮，春与秋其代序"，夕阳的坠落，极易令人想到生命的易逝。梅花如人，既开在早春郊寒之地，日暮之后，犹为寒冷，难免孤独幽愁，更何况深夜"更着风和雨"，寒风刺骨、冷雨伤身，这一株野梅当处于内外交困、身心俱损的状态中。

下片刻画梅花不同凡俗的坚贞品质。"无意苦争春，一任群芳妒"二句，对比了梅花的清高自守和群芳的争奇斗艳，表面写花，暗中写人。高洁如梅之人，不会趋炎附势、攀附春色，然而"木秀于林，风必摧之"，争春的"群芳"往往嫉贤害能，令其处境愈加艰难。"零落成泥碾作尘"一句，承接上片"更着风和雨"之句，揭示出梅花的结局：在雨骤风狂的摧残中，无人看护的梅花片片凋零，遭人践踏，碾碎入泥化尘。陨落的悲剧令人扼腕，但此句的作用并非博取同情，而是为最后一句铺垫蓄势。末句"只有香如故"仅仅五个字，却力能扛鼎、振起全篇。"香"即是梅花的傲骨，孤独艰难的处境、寒风苦雨的侵袭、争春群芳的嫉妒……所有外界打击即便摧残了梅花的生命，却无法征服其精神。前面所描述的处境越是不幸，最后一句反衬出的梅花的精神力量就越是强大与不可征服，花身入泥化尘，花香却无处不在，永远不可磨灭。

这首词是古今咏梅绝唱，语浅情遥，重其标格，成功地表现出一种坚贞不屈、死而无悔的情操，塑造出一种民族的崇高而永生的精神之美。

思考练习

1. 苏轼早年多写诗，中年后词作渐多，请结合苏轼的生平经历探究其原因，并举

---

① 驿：驿站，古代供传递文书的人中途更换马匹或休息住宿的地方，后泛指旅馆。断桥，倾塌不能通行的桥。

② 无主：指无人培护、欣赏。

③ 更着（zhuó）：又遭到，加上。

④ 争春：在春天里争奇斗艳。

例说明苏词的特点。

2. 李清照作为南渡词人，前半生在北宋度过，词风平和绮丽，后半生多抒写家国之恨，其南渡前后词风有哪些具体的差异，请选择两首进行对比分析。

3. 王国维在《人间词话》说："古今之成大事业、大学问者，必经过三种之境界：'昨夜西风凋碧树，独上高楼，望尽天涯路'，此第一境也。'衣带渐宽终不悔，为伊消得人憔悴'，此第二境也。'众里寻他千百度，蓦然回首，那人却在灯火阑珊处'，此第三境也。"请找到三种境界分别出自哪首词，并阐述你对这段话的理解。

4. 请分析比较辛弃疾与苏轼词风的异同。

扩展阅读

词 13 首
与南京相关的词 2 首

忆秦娥·箫声咽
（唐）李白

箫声咽，秦娥梦断秦楼月。秦楼月，年年柳色，灞陵伤别。

乐游原上清秋节，咸阳古道音尘绝。音尘绝，西风残照，汉家陵阙。

浪淘沙令
（南唐）李煜

帘外雨潺潺，春意阑珊。罗衾不耐五更寒。梦里不知身是客，一晌贪欢。

独自莫凭栏，无限江山。别时容易见时难。流水落花春去也，天上人间。

渔家傲·秋思
（宋）范仲淹

塞下秋来风景异，衡阳雁去无留意。四面边声连角起，千嶂里，长烟落日孤城闭。

浊酒一杯家万里，燕然未勒归无计，羌管悠悠霜满地。人不寐，将军白发征夫泪。

浣溪沙
（宋）晏殊

一曲新词酒一杯，去年天气旧亭台。夕阳西下几时回？

无可奈何花落去，似曾相识燕归来。小园香径独徘徊。

蝶恋花
（宋）欧阳修

庭院深深深几许，杨柳堆烟，帘幕无重数。玉勒雕鞍游冶处，楼高不见章台路。

雨横风狂三月暮，门掩黄昏，无计留春住。泪眼问花花不语，乱红飞过秋千去。

江城子·密州出猎

（宋）苏轼

老夫聊发少年狂，左牵黄，右擎苍，锦帽貂裘，千骑卷平冈。为报倾城随太守，亲射虎，看孙郎。

酒酣胸胆尚开张，鬓微霜，又何妨？持节云中，何日遣冯唐？会挽雕弓如满月，西北望，射天狼。

望 江 南

（宋）苏轼

春未老，风细柳斜斜。试上超然台上望，半壕春水一城花。烟雨暗千家。

寒食后，酒醒却咨嗟。休对故人思故国，且将新火试新茶。诗酒趁年华。

满 庭 芳

（宋）秦观

山抹微云，天连衰草，画角声断谯门。暂停征棹，聊共引离尊。多少蓬莱旧事，空回首、烟霭纷纷。斜阳外，寒鸦数点，流水绕孤村。

销魂当此际，香囊暗解，罗带轻分。谩赢得、青楼薄幸名存。此去何时见也？襟袖上、空惹啼痕。伤情处，高城望断，灯火已黄昏。

满 江 红

（宋）岳飞

怒发冲冠，凭栏处、潇潇雨歇。抬望眼，仰天长啸，壮怀激烈。三十功名尘与土，八千里路云和月。莫等闲，白了少年头，空悲切！

靖康耻，犹未雪。臣子恨，何时灭！驾长车，踏破贺兰山缺。壮志饥餐胡虏肉，笑谈渴饮匈奴血。待从头、收拾旧山河，朝天阙。

声 声 慢

（宋）李清照

寻寻觅觅，冷冷清清，凄凄惨惨戚戚。乍暖还寒时候，最难将息。三杯两盏淡酒，怎敌他、晚来风急？雁过也，正伤心，却是旧时相识。

满地黄花堆积。憔悴损，如今有谁堪摘？守着窗儿，独自怎生得黑？梧桐更兼细雨，到黄昏、点点滴滴。这次第，怎一个愁字了得！

诉 衷 情

（宋）陆游

当年万里觅封侯，匹马戍梁州。关河梦断何处？尘暗旧貂裘。

胡未灭，鬓先秋，泪空流。此生谁料，心在天山，身老沧洲。

水龙吟·过南剑双溪楼

（宋）辛弃疾

举头西北浮云，倚天万里须长剑。人言此地，夜深长见，斗牛光焰。我觉山高，潭空水冷，月明星淡。待燃犀下看，凭栏却怕，风雷怒，鱼龙惨。

峡束苍江对起，过危楼，欲飞还敛。元龙老矣！不妨高卧，冰壶凉簟。千古兴亡，百年悲笑，一时登览。问何人又卸，片帆沙岸，系斜阳缆？

扬州慢

（宋）姜夔

淳熙丙申至日，予过维扬。夜雪初霁，荠麦弥望。入其城，则四顾萧条，寒水自碧，暮色渐起，戍角悲吟。予怀怆然，感慨今昔，因自度此曲。千岩老人以为有黍离之悲也。

淮左名都，竹西佳处，解鞍少驻初程。过春风十里，尽荠麦青青。自胡马窥江去后，废池乔木，犹厌言兵。渐黄昏，清角吹寒，都在空城。

杜郎俊赏，算而今重到须惊。纵豆蔻词工，青楼梦好，难赋深情。二十四桥仍在，波心荡、冷月无声。念桥边红药，年年知为谁生？

跟南京相关的词：

六州歌头

（宋）张孝祥

长淮望断，关塞莽然平。征尘暗，霜风劲，悄边声。黯销凝。追想当年事，殆天数，非人力。洙泗上，弦歌地，亦膻腥。隔水毡乡，落日牛羊下，区脱纵横。看名王宵猎，骑火一川明，笳鼓悲鸣，遣人惊。

念腰间箭，匣中剑，空埃蠹，竟何成！时易失，心徒壮，岁将零。渺神京。干羽方怀远，静烽燧，且休兵。冠盖使，纷驰骛，若为情。闻道中原遗老，常南望、翠葆霓旌。使行人到此，忠愤气填膺，有泪如倾。

水龙吟·登建康赏心亭

（宋）辛弃疾

楚天千里清秋，水随天去秋无际。遥岑远目，献愁供恨，玉簪螺髻。落日楼头，断鸿声里，江南游子。把吴钩看了，栏杆拍遍，无人会，登临意。

休说鲈鱼堪脍，尽西风，季鹰归未？求田问舍，怕应羞见，刘郎才气。可惜流年，忧愁风雨，树犹如此！倩何人唤取，红巾翠袖，揾英雄泪！

扩展阅读

第四单元 / 古代戏曲

导 语

党的二十大报告指出"中华优秀传统文化源远流长、博大精深，是中华文明的智慧结晶"。中国传统戏曲艺术是世界三大古老戏剧艺术之一，与古希腊戏剧、印度梵剧一样有着悠久的历史和鲜明的民族特色。在漫长曲折的发展历程中，戏曲形成了繁多的声腔系统，造就出灿若群星的艺术家，积累了数以万计的剧目，形成了唱、念、做、打，手、眼、身、步、法"四功五法"等独特的表现手段和独树一帜的美学特征。舞台小世界，世界大舞台。观众沉浸在戏曲艺术世界里，感受到现实人生的人情百态，在娱乐的同时也接受到了无形的教化。可以说，戏曲艺术不仅是中国传统艺术的重要构成部分，也是中国传统历史文化的重要载体。直到今天，全国仍有300多个剧种活跃在戏曲舞台上。

牡丹亭·游园
汤显祖

// 作者介绍 //

汤显祖（1550—1616），字义仍，号若士，又号清远道人，晚年自号茧翁，江西临川人。明代戏曲家、文学家。万历十一年（1583）中进士，在南京先后任太常寺博士、詹事府主簿和礼部祠祭司主事。万历十九年（1591）因上书《论辅臣科臣疏》，引起了皇帝与申时行等人的极大愤怒，汤显祖随后被贬为徐闻典史，后调任浙江遂昌县知县。万历二十六年（1598），汤显祖弃官归故里。其代表作《牡丹亭》《南柯记》《邯郸记》《紫钗记》，被合称为"临川四梦"，又称"玉茗堂四梦"。

原文·注释

【绕池游】（旦上）梦回莺啭，乱煞年光遍①。人立小庭深院。（贴）炷尽沉烟②，抛残绣线，恁今春关情似去年？［乌夜啼］（旦）晓来望断梅关③，宿妆残④。（贴）你侧着宜春髻子恰凭阑⑤。（旦）剪不断，理还乱⑥，闷无端。（贴）已分付催花莺燕借春看。（旦）春香，可曾叫人扫除花径？（贴）分付了。（旦）取镜台衣服来。（贴取镜台衣服上）云髻罢梳还对镜，罗衣欲

---

① 乱煞年光遍：缭乱的春光随处可见。
② 沉烟：沉水香，熏香用的香料。
③ 梅关：即大庾岭，宋代在这里设有梅关。在本剧故事发生地点江西省南安府（大庾）的南面。
④ 宿妆：隔夜的残妆。
⑤ 宜春髻子：相传立春那天，妇女剪彩作燕子状，戴在髻上，上贴"宜春"二字，见《荆楚岁时记》。
⑥ 剪不断，理还乱：南唐后主李煜词《相见欢》中的两句。

换更添香。① 镜台衣服在此。

【步步娇】（旦）袅晴丝吹来闲庭院②，摇漾春如线。停半晌、整花钿。没揣菱花③，偷人半面，迤逗的彩云偏④。（行介）步香闺怎便把全身现！（贴）今日穿插的好。

【醉扶归】（旦）你道翠生生出落的裙衫儿茜⑤，艳晶晶花簪八宝填⑥，可知我常一生儿爱好是天然⑦。恰三春好处无人见⑧。不堤防沉鱼落雁鸟惊喧，则怕的羞花闭月花愁颤。（贴）早茶时了，请行。（行介）你看：画廊金粉半零星，池馆苍苔一片青。踏草怕泥新绣袜⑨，惜花疼煞小金铃⑩。（旦）不到园林，怎知春色如许！

【皂罗袍】原来姹紫嫣红开遍⑪，似这般都付与断井颓垣。良辰美景奈何天，赏心乐事谁家院⑫！恁般景致，我老爷和奶奶再不提起。（合）朝飞暮卷⑬，云霞翠轩；雨丝风片，烟波画船——锦屏人忒看的这韶光贱⑭！（贴）是花都放了⑮，那牡丹还早。

【好姐姐】（旦）遍青山啼红了杜鹃⑯，荼蘼外烟丝醉软⑰。春香呵，牡丹虽好，他春归怎占的先⑱！（贴）成对儿莺燕呵。（合）闲凝眄，生生燕语明如剪，呖呖莺歌溜的圆。（旦）去罢。（贴）这园子委是观之不足也⑲。（旦）提他怎的！（行介）

▷ 图 4-1　牡丹亭·游园

---

① "罗衣欲换更添香"两句：薛逢诗《宫词》中的两句，见《全唐诗》卷二十。此处指春香服侍丽娘梳妆更衣，服饰发髻烘托出丽娘娇艳飘逸的少女妆扮。

② 晴丝：游绳、飞丝，也即后文所说的烟丝，虫类所吐的丝缕，常在空中飘游。在春天晴朗的日子最易看见。

③ 没揣：不意，没想到。菱花，镜子。古时用铜镜，背面所铸花纹一般为菱花，因此称菱花镜，或用菱花作镜子的代称。

④ 迤逗的彩云偏：迤逗，引惹，挑逗。彩云，美丽的发式的代称。全句，想不到镜子偷偷地照见了她。害得她羞答答地把发髻也弄歪了。这几句写出一个少女的含情脉脉的微妙心理，连看见镜子里自己的影子也有些不好意思。

⑤ 翠生生出落的裙衫儿茜（qiàn）：翠生生，极言彩色鲜艳。出落的，显出，衬托出。茜，茜红色。

⑥ 艳晶晶花簪八宝填：镶嵌着多种宝石的光灿灿的簪子。

⑦ 天然：天性使然。上文爱好，犹言爱美。

⑧ 三春好处：比喻自己的青春美貌。

⑨ 泥：沾污。这里作动词用。

⑩ 惜花疼煞小金铃：《开元天宝遗事》："天宝初，宁王……于后花园中纫红丝为绳，密缀金铃，系于花梢之上。每有鸟鹊翔集，则令园吏掣铃索以惊之。盖惜花之故也。"疼，为惜花常常掣铃，连小金铃都被拉得疼煞了。这是夸张的拟人化描写。

⑪ 姹紫嫣红：花色鲜艳貌。

⑫ 谁家：哪一家。一说作"甚么"解，见张相《诗词曲语辞汇释·谁家》条。全句本谢灵运《拟魏太子邺中集诗序》："天下良辰美景赏心乐事，四者难并。"

⑬ 朝飞暮卷：唐王勃《滕王阁诗》："画栋朝飞南浦云，朱帘暮卷西山雨。"

⑭ 锦屏人：深闺中人，包括自己在游园前。

⑮ 是：凡是、所有的。

⑯ 啼红了杜鹃：开遍了红色的杜鹃花。此句从杜鹃（鸟）泣血联想起来的。

⑰ 荼蘼：花名，晚春时开放。

⑱ 牡丹虽好，他春归怎占的先：《诚斋乐府·牡丹品》第三折《喜迁莺》："花索让牡丹先。"

⑲ 观之不足：看不厌。

【隔尾】观之不足由他缱①，便赏遍了十二亭台是枉然。到不如兴尽回家闲过遣。（作到介）（贴）开我西阁门，展我东阁床②。瓶插映山紫③，炉添沉水香。小姐，你歇息片时，俺瞧老夫人去也。（下）

作品解读

《牡丹亭》表现了"情"与"理"的矛盾冲突，描写了"情"对"理"的反抗，满腔热情地歌颂"情"并赋予其异乎寻常的神奇力量。

《牡丹亭》全剧共五十五出，《游园》是第十出《惊梦》中的前半部分。这一出戏通过长期幽居深闺的杜丽娘对美好春色的观赏，以及对春光短暂的感叹，表现出她对大自然的热爱和青春意识的觉醒，以及对自己美好青春被耽误的不满，反映了在宋明理学等封建礼教桎梏下青年女子的苦闷，揭露了扼杀人性的封建礼教对青年人的摧残和造成的不幸，表现了鲜明的反封建精神。

【绕池游】【步步娇】【醉扶归】三曲描写了杜丽娘游园前的心情，既写出了她对美好春光的向往与对青春的热爱，同时也形象地表现了她初出深闺所产生的彷徨与娇羞。妙龄少女被禁锢在小庭深院，黄莺的歌声唤醒了少女的春梦，春天的晴丝勾起了她内心的"情"丝，对镜梳妆，"停半晌、整花钿。没揣菱花，偷人半面，迤逗的彩云偏"，十分细腻形象地刻画了杜丽娘欲行又止、彷徨犹豫的心理状态。她内心经过一番斗争后，"情"终于战胜了"理"，走出深闺，来到了后花园。这三支曲子，先写孤锁深院，韶华虚度，春光撩人；再写对镜梳妆，欲行又止，顾影自怜，情丝摇漾，刻画了杜丽娘的心理活动，思春、迎春、伤春，感情回旋，把杜丽娘内心的曲径通幽生动地描绘出来了。

接着，在春香陪同下，杜丽娘来到后花园，戏也正式进入游园部分。杜丽娘见到满园春色，不禁发出了"不到园林，怎知春色如许"的深沉感慨。【皂罗袍】【好姐姐】【隔尾】三曲是杜丽娘游园时所唱，既描写了明媚烂漫的春色，也表现了杜丽娘内心的感伤之情以及对封建礼教束缚的强烈不满。

杜丽娘初到园林观赏春光，心情很是激动。先是一"惊"，惊叹"姹紫嫣红"的喜人景色，更惊"似这般都付与断井颓垣"的衰败景象。接着便是"怨"，埋怨爹娘向她瞒着"恁般景致"。最后又是"叹"，感叹这"锦屏人忒看的这韶光贱！"这是春心的萌动，更是追求美好生活和自由人性的觉醒。杜丽娘游园，原只为消愁解闷，但游园所见无不增其烦闷，哀怨之情更无法排遣，这也就为下半出的"惊梦"作了铺垫。作者运用了寓情于景、以景衬情的表现手法，明写春景，暗寓春情，情景交融，细腻地展现了杜丽娘的心理层次：惊诧、感叹、幽叹、哀怨。这几支曲子抒情色彩极浓，于浓艳中饱含凄郁。春情与春景结合得天衣无缝，含蓄委婉，产生了摄魂荡魄的艺术效果，生动地展现了杜丽娘内心对美好爱情的向往和对封建礼教的强烈怨恨。

汤显祖在《牡丹亭·题词》中说道："情不知所起，一往而深。生者可以死，死可以生。生而不可与死，死而不可复生者，皆非情之至也。"可以说，这段话将汤显祖的"至

---

① 缱：留恋、牵绊。
② 开我西阁门，展我东阁床：《木兰诗》："开我东阁门，坐我西阁床。"
③ 映山紫：映山红（杜鹃花）的一种。

情"论表达得淋漓尽致。汤显祖认为那种一往情深、超越生死的感情不同于普通的男女恋情，而是"情之至"。所谓"情不知所起"，是指这种"情"与生俱来，不需要任何具体缘由；而"生者可以死，死可以生"，则是指这种"情"具有超越生死的绝对自由性。这种不能"以理相格"的"情"，即是所谓的"至情"。

汤显祖的"至情"论主要源于泰州学派，大致表现在三个方面。

从宏观上看，世界是有情世界，人生是有情人生。"世总为情"（《耳伯麻姑游诗序》），"人生而有情"（《宜黄县戏神清源师庙记》），"情"与生俱来并始终伴随着生命进程。而且"万物之情，各有其志"（《董解元西厢记题词》），各有其秉性和追求。"思欢怒愁"等表象、感伤宣泄等渠道，都是情感流程中的不同环节。世间之事，非理所能尽释，但一定都伴随着情感的旋律。

从程度上看，有情人生的最高境界是"至情"，《牡丹亭》便是"至情"的演绎。上文所引《题词》正表明这种贯通于生死虚实之间、如影随形的"至情"，呼唤着精神的自由与个性的解放。

从途径上看，最有效的"至情"感悟方式是借戏剧来表达。戏剧表演可以"生地生天生鬼生神""极人物之万途，攒古今之千变"，使得观众在戏剧审美活动中无故而喜，无故而悲，将旁观者的冷漠与麻木不仁的状态调整过来，"无情者可使有情，无声者可使有声……人有此声，家有此道，疫疠不作，天下和平"，人们最终在"至情"的照耀下，于戏剧的弦歌声中，把世界变成美好的人间（《宜黄县戏神清源师庙记》）。①

微课

思考练习

1. 这出戏表达了怎样的主题？
2. 由本出戏分析杜丽娘的性格特征。

桃花扇·骂筵
孔尚任

// 作者介绍 //

孔尚任（1648—1718），字聘之，又字季重，号东塘，自称云亭山人，孔子六十四代孙，清初诗人、戏曲家。

孔尚任自幼聪慧，熟读经史，虽高才博识，但屡试不中，便捐纳了国子监生。后康熙帝谒孔庙，因讲经而受到康熙帝称赏，破格授予国子监博士。康熙三十八年（1699），经过他十余年苦心创作的传奇《桃花扇》定稿，该剧以复社名士侯方域与

---

① 部分选摘自袁行霈《中国文学史》。

秦淮名妓李香君的爱情故事为主线，广泛而深刻地反映了南明王朝灭亡的历史，以巨大的艺术感染力，吸引了众多的读者和观众。

▷ 图 4-2 孔尚任 ①

原文·注释

乙酉正月

（副净扮阮大铖吉服上）

【缕缕金】风流代，又遭逢，六朝金粉样，我偏得。管领烟花，衔名供奉②。簇新新帽乌衫袍红，皂皮靴绿缝，皂皮靴绿缝。

（笑介）我阮大铖，亏了贵阳相公破格提挈，又取在内庭供奉。今日到任回来，好不荣耀。且喜今上性喜文墨，把王铎补了内阁大学士，钱谦益补了礼部尚书③。区区不才，同在文学侍从之班。天颜日近，知无不言。前日进了四种传奇，圣心大悦，立刻传旨，命礼部采选宫人，要将《燕子笺》被之声歌，为中兴一代之乐。我想这本传奇，精深奥妙，倘被俗手教坏，岂不损我文名。因而乘机启奏："生口不如熟口，清客强似教手。"圣上从谏如流，就命广搜旧院，大罗秦淮，拿了清客妓女数十余人，交与礼部拣选。前日验他色艺，都只平常，还有几个有名的，都是杨龙友旧交，求情免选，下官只得勾去。昨见贵阳相公说道："教演新戏是圣上心事，难道不选好的，倒选坏的不成？"只得又去传他，尚未到来。今乃乙酉新年人日④佳节，下官约同龙友，移樽赏心亭⑤，邀俺贵阳师相，饮酒看雪。早已吩咐把新选的妓女，带到席前验看。正是：花柳笙歌隋事业，谈谐裙屐晋风流。（下。老旦扮卞玉京道妆背包急上）

【黄莺儿】家住蕊珠宫⑥，恨无端业海风⑦，把人轻向烟花送。喉尖唱肿，裙腰舞松，一生魂在巫山洞⑧。俺卞玉京，今日为何这般打扮？只因朝廷要搜拿歌妓，逼俺断了尘

---

① 此邮票为 2015 年 4 月 4 日，中国邮政发行的以明清文学家为主题的《中国古代文学家（四）》纪念邮票之一。
② 衔名供奉：供奉是指以文学、技艺供奉内庭的官。衔，指官衔。
③ 王铎：字觉斯，孟津（今河南孟县）人。书法名家，明弘光元年（1644）补大学士，后降清。钱谦益，字受之，号牧斋，常熟人。弘光时官礼部尚书。南京陷，降清。
④ 乙酉新年人日：乙酉为南明弘光二年，即 1645 年。人日是阴历正月初七日。
⑤ 赏心亭：在江苏省南京市，下水城门上，下临秦淮，北宋丁谓出镇金陵时建造。
⑥ 家住蕊珠宫：意说她本与神仙有缘，表现她这时要出家入道的心情。蕊珠宫，传说神仙居住的地方。后指道观。
⑦ 业海风：业海是佛经上的话，意说世人造成种种罪业，无量无边，有如大海。业海风指从业海吹来的风。
⑧ 一生魂在巫山洞：宋玉《高唐赋》："妾在巫山之阳，高丘之阻。朝为行云，暮为行雨，朝朝暮暮，阳台之下。"后人因用巫山、云雨、高唐、阳台等来形容男女情爱。这里是卞玉京自怨自己的生活。

心。昨夜别过姊妹，换上道妆，飘然出院，但不知那里好去投师？望城东云山满眼，仙界路无穷。

（飘飐下。副净、外、净扮丁继之、沈公宪、张燕筑三清客上）

【皂罗袍】（副净）正把秦淮箫弄，看名花好月，乱上帘栊。凤纸①金名唤乐工，南朝天子春心动。我丁继之年过六旬，歌板久抛，前日托过杨老爷，免我前往，怎的今日又传起来了？（外、净）俺两个也都是免过的，不知又传，有何话说？（副净拱介）两位老弟，大家商量，我们一班清客，感动皇爷，召去教歌，也不是容易的。（外、净）正是。（副净）二位青年上进，该去走走，我老汉多病年衰，也不望甚么际遇②了。今日我要躲过，求二位遮盖一二。（外）这有何妨？太公钓鱼③，愿者上钩。（净）是，是！难道你犯了王法定要拿去审问不成？（副净）既然如此，我老汉就回去了。（回行介）急忙回首，青青远峰；逍遥寻路，森森乱松。（顿足介）若不离了尘埃，怎能免得牵绊？（袖出道巾，黄绦换介。转头呼介）二位看俺打扮罢，道人醒了扬州梦④。

（摇摆下。外）咦！他竟出家去了，好狠心也。（净）我们且坐廊下晒暖，待他姊妹到来，同去礼部过堂。（坐地介。小旦扮寇白门，丑扮郑妥娘，杂扮差役跟上。小旦）桃片随风不结子。（丑）柳绵浮水又成萍⑤。（望介）你看老沈、老张不约俺一声儿，先到廊下向暖，我们走去，打他个耳刮子。（相见混介。外问杂介）又传我们到那里去？（杂）传你们到礼部过堂，送入内庭教戏。（外）前日免过俺们了。（杂）内阁大老爷不依，定要借重你们几个老清客哩。（净）是那几个？（杂）待我瞧瞧票子。（取票看介）丁继之、沈公宪、张燕筑。（问介）那姓丁的如何不见？（外）他出家去了。（杂）既出了家，没处寻他，待我回官罢！（向净、外介）你们到了的，竟往礼部过堂去。（净）等他姊妹们到齐着。（杂）今日老爷们秦淮赏雪，吩咐带着女客，席上验看哩。（外、净）既是这等，我们先去了。正是：传歌留乐府，抹笛傍宫墙⑥。（下。杂看票问小旦介）你是寇白门么？（小旦）是。（杂问丑介）你是卞玉京么？（丑）不是，我是老妥。（杂）是郑妥娘了。（问介）那卞玉京呢？（丑）他出家去了。（杂）咦！怎么出家的都配成对儿？（问介）后边还有一个脚小走不上来的，想是李贞丽了？（小旦）不是，李贞丽从良去了！（杂）我方才拉他下楼，他说是李贞丽，怎的又不是？（丑）想是他女儿顶名替来的。（杂）母子总是一般，只少不了数儿就好了。（望介）他早赶上来也。

【忒忒令】（旦）下红楼残腊雪浓，过紫陌早春泥冻。不惯行走，脚儿十分痛。传凤诏，选蛾眉；把丝鞭，骑骄马，催花使乱拥。

奴家香君，被捉下楼，叫去学歌，是俺烟花本等，只有这点志气，就死不磨。（杂喊介）快些走动！（旦到介。小旦）你也下楼了，屈尊，屈尊。（丑）我们造化，就得服侍皇帝了。（旦）情愿奉让罢。（同行介。杂）前面是赏心亭了，内阁马老爷、光禄阮老

---

① 凤纸：即凤诏，皇帝的诏书。

② 际遇：机遇。

③ "太公钓鱼"二句：相传姜太公（吕望）曾在渭水边用无饵的直钩钓鱼，说"负命者上钩来"。见《武王伐纣平话》。

④ 道人醒了扬州梦：意说他已从歌舞繁华中清醒过来。唐杜牧《遣怀》诗："十年一觉扬州梦，赢得青楼薄幸名。"

⑤ 柳绵浮水又成萍：我国古来传说，以为浮萍是柳绵入水所化的。

⑥ 抹（yè）笛傍宫墙：据传唐代乐工李謩爱好音乐，他在宫墙外偷听宫内御乐，把曲调都记了下来。抹笛，即用手指按笛子。

爷、兵部杨老爷，少刻即到。你们各人整理伺候。（杂同小旦、丑下。旦私语介）难得他们凑来一处，正好吐俺胸中之气。

【前腔】赵文华陪着严嵩①，抹粉脸席前趋奉。丑腔恶态，演出真《鸣凤》②。俺做个女祢衡③，挝渔阳，声声骂，看他懂不懂？

（净扮马士英，副净扮阮大铖，末扮杨文骢，外、小生扮从人喝道上。旦避下。副净）琼瑶楼阁朱微抹④。（末）金碧峰峦粉细勾。（净）好一派雪景也。（副净）这座赏心亭，原是看雪之所。（净）怎么原是看雪之所？（副净）宋真宗曾出周昉雪图，赐与丁谓⑤。说道："卿到金陵，可选一绝景处张之。"因建此亭。（净看壁介）这壁上单条，想是周昉雪图了。（末）非也。这是画友蓝瑛新来见赠的。（净）妙，妙！你看雪压钟山，正对图画，赏心胜地，无过此亭矣。（末吩咐介）就把炉、榼、游具摆设起来。（外、小生设席坐介。副净向净介）荒亭草具，特爱高攀，着实得罪了。（净）说那里话？可笑一班小人，奉承权贵，费千金盛设，十分丑态，一无所取，徒传笑柄。（副净）晚生今日扫雪烹茶，清谈侍教，显得老师相高怀雅量，晚生辈也免了几笔粉抹。（净）呵呀！那戏场粉笔，最是利害⑥，一抹上脸，再洗不掉，虽有孝子慈孙，都不肯认做祖父的。（末）虽然利害，却也公道，原以儆戒无忌惮之小人，非为我辈而设。（净）据学生看来，都吃了奉承的亏。（末）为何？（净）你看前辈分宜相公严嵩，何尝不是一个文人？现今《鸣凤记》里抹了花脸，着实丑看。岂非赵文华辈奉承坏了？（副净打恭介）是！是！老师相是不喜奉承的，晚生惟有心悦诚服而已。（末）请酒！（同举杯介。副净问外介）选的妓女，可曾叫到了么？（外禀介）叫到了。（杂领众妓叩头介。净细看介。吩咐介）今日雅集，用不着他们，叫他礼部过堂去罢。（副净）特令到此伺候酒席的。（净）留下那个年少的罢。（众下。净问介）他唤什么名字？（杂禀介）李贞丽。（净笑介）丽而未必贞也。（笑向副净介）我们扮过陶学士了⑦，再扮一折党太尉何如？（副净）妙，妙！（唤介）贞丽过来斟酒唱曲。（旦摇头介。净）为何摇头？（旦）不会。（净）呵呀！样样不会，怎称名妓？（旦）原非名妓。（掩泪介。净）你有甚心事？容你说来。

【江儿水】（旦）妾的心中事，乱似蓬，几番要向君王控。拆散夫妻惊魂迸，割开母子鲜血涌，比那流贼还猛。做哑装聋，骂着不知惶恐。

---

① "赵文华陪着严嵩"四句：以《鸣凤记》的赵文华、严嵩故事比喻阮大铖阿谀奉承马士英，丑态百出。《鸣凤记》写嘉靖中夏言、杨继盛等"双忠八义"对权奸严嵩的斗争。剧中写赵文华卖身投靠严嵩，认严嵩为干爹，极尽阿谀奉承之能事。严嵩，明代人，弘治进士，累官至太子太师，和儿子严世蕃、私党赵文华等恃宠揽权。

② 鸣凤：即《鸣凤记》，相传是明朝王世贞所撰。

③ 祢衡：汉末，曹操为屈辱祢衡，叫他作鼓吏。试鼓时，祢衡击《渔阳》三挝，声音悲壮，听者都受到感动。后人将之谱成《渔阳三弄》曲。

④ "琼瑶楼阁朱微抹"二句：琼瑶是美玉，琼瑶楼阁形容雪后楼台。金碧是金黄、碧绿两种颜色。抹、勾都是画家的笔法。这两句是赞美雪后的楼台、山景像图画一样。

⑤ 宋真宗曾出周昉雪图，赐与丁谓：此故事见《渑水燕谈录》及《湘山野录》。真宗赐给丁谓的是周昉画的《袁安卧雪图》。周昉，唐京兆人，以善画人物著名。

⑥ 那戏场粉笔，最是利害：我国戏曲里演曹操、严嵩等奸臣的，要用粉笔画大白脸，因此马士英说它利害。

⑦ "我们扮过陶学士了"两句：陶学士即陶谷，字秀实，历仕晋、汉，至周为翰林学士。入宋历任礼、刑、户三部尚书。他曾得宋太尉党进的家姬，一天陶谷掏雪水烹茶，问家姬说："党家有这样的风味吗？"家姬答道："他是粗人，只知道在销金帐下浅斟低唱，饮羊羔美酒，那有这种风味？"这里引用这个典故，以陶学士和党太尉代表雅、俗不同的两种生活。

（净）原来有这些心事。（副净）这个女子却也苦了。（末）今日老爷们在此行乐，不必只是诉冤了。（旦）杨老爷知道的，奴家冤苦，也值当不的①一诉。

【五供养】堂堂列公，半边南朝，望你峥嵘②。出身希贵宠，创业选声容，《后庭花》③又添几种。把俺胡撮弄④，对寒风雪海冰山，苦陪觞咏⑤。

（净怒介）哇！这妮子胡言乱道，该打嘴了。（副净）闻得李贞丽，原是张天如、夏彝仲辈品题之妓，自然是放肆的。该打，该打！（末）看他年纪甚小，未必是那个李贞丽。（旦恨介）便是他待怎的！

【玉交枝】东林伯仲⑥，俺青楼皆知敬重。干儿义子从新用，绝不了魏家种。（副净）好大胆，骂的是那个？快快采去丢在雪中。（外采旦推倒介。旦）冰肌雪肠原自同，铁心石腹何愁冻！（副净）这奴才，当着内阁大老爷，这般放肆，叫我们都开罪了。可恨，可恨！（下席踢旦介。末起拉介。净）罢，罢！这样奴才，何难处死？只怕妨了俺宰相之度。（末）是，是！丞相之尊，娼女之贱，天地悬绝，何足介意？（副净）也罢！启过老师相，送入内庭，拣着极苦的脚色，叫他去当。（净）这也该的。（末）着人拉去罢！（杂拉旦介。旦）奴家已拼一死。吐不尽鹃血⑦满胸，吐不尽鹃血满胸。

（拉旦下。净）好好一个雅集，被这奴才搅乱坏了。可笑，可笑！（副净、末连三揖介）得罪，得罪！望乞海涵⑧，另日竭诚罢。（净）兴尽宜回春雪棹⑨。（副净）客羞应斩美人头⑩。（净、副净从人喝道下。末吊场介）可笑香君才下楼来，偏撞两个冤对⑪，这场是非免不了的；若无下官遮盖，香君性命也有些不妥哩。罢，罢！选入内庭，倒也省了几日悬挂；只是媚香楼无人看守，如何是好？（想介）有了，画友蓝瑛托俺寻寓，就接他暂住楼上。待香君出来，再作商量。

赏心亭上雪初融，煮鹤烧琴宴巨公⑫；

恼杀秦淮歌舞伴，不同西子⑬入吴宫。

作品解读

《桃花扇》是一部借离合之情写兴亡之感的历史剧，而作者的兴亡之感与民族感情也

---

① 值当不的：即值不得。
② 峥嵘：原指山峰高耸险峻，此处有强盛、振作之意。
③ 后庭花：歌曲名，南朝陈后主所作。陈后主经常和贵妃、学士、狎客写诗听曲，不理国事，以至亡国。因此后人一般以《后庭花》指亡国之音。
④ 胡撮弄：任意摆布玩弄之意。
⑤ 觞咏：饮酒赋诗。
⑥ 伯仲：本指兄弟，这里意指朋党。
⑦ 鹃血：传说杜鹃的啼声很凄苦，甚至啼到口里流出血来。
⑧ 海涵：敬辞，多用于请人原谅。
⑨ 兴尽宜回春雪棹：东晋时，王子猷在雪夜乘船到剡溪访友，船将要到时，他忽然又叫船夫把船开回去。船夫问他，他说："乘兴而来，兴尽而返。"
⑩ 客羞应斩美人头：《史记·平原君列传》：平原君的美人在楼上看见一个跛子，不觉大笑，跛子告诉了平原君，平原君没有理他，门下食客以为他"爱色而贱士"，稍稍散去，平原君为此斩了美人的头，送给跛子谢罪。
⑪ 冤对：冤家对头。
⑫ 煮鹤烧琴宴巨公：煮鹤烧琴指杀风景的事情。巨公指大官。
⑬ 西子：即西施。

在剧中的女主角李香君这一人物形象身上得到强烈反映。《骂筵》这出戏通过女主角李香君的拼死骂筵，与腐朽邪恶势力代表人物马士英、阮大铖展开直接交锋，集中地揭示全剧政治批判主题，把情节冲突推向全剧的高潮，在尖锐的戏剧冲突中完成了李香君这一光辉妇女形象的创造。

从整场戏的情节来看，以李香君的出场为界，可分为前后两个部分，前一部分既是交代这场戏发生的背景，又是为李香君的出场渲染气氛；后一部分则淋漓尽致地表现李香君痛骂权奸的情景。

前半部分，通过佞臣阮大铖踌躇满志的自白，简单地道出了"广搜旧院，大罗秦淮"的"选优"之举，具体交代了事件发生的时间、地点和即将登场的人物。接下来，众妓女、乐工登场。先写妓女卞玉京、乐工丁继之不甘为马、阮点缀升平，决心遁世出家，飘然而逝。只有寥寥几人被迫赴诏。次写主角李香君被强捉下楼，代替养母李贞丽登场应选，她暗下决心，要在席前拼死痛骂权奸马、阮。

后半部分，主角李香君在筵前酣畅淋漓、正气凛然地痛斥了昏君佞臣祸国殃民的罪行，并表示了自己宁死不屈的意志和决心。

【沁沁令】曲是在正面交锋前所唱的，可以说是"骂"的前奏曲。在这支曲文中，李香君先把马士英、阮大铖比作前朝的严嵩和赵文华一伙。阮大铖勾结马士英迎立福王，对马士英献媚趋奉，两人狼狈为奸，卖官鬻爵，祸国殃民。他们的所作所为，正如当年的严嵩和赵文华。

从【江儿水】曲开始，便是面对面的痛骂了。李香君先从自身的不幸遭遇开始，痛骂阉党余孽给她带来的苦难。

【五供养】和【玉交枝】是本出也是全剧的精华所在，李香君从国家的兴亡来痛斥马、阮一伙祸国殃民的罪恶行径，将马、阮一伙阉党的干儿义子与代表进步势力的"东林伯仲"相比较，褒忠贬奸，充分表现出李香君嫉恶如仇的可贵品质和疾风劲草的高尚风操。

《桃花扇》的主题是"借离合之情，写兴亡之感"。具体说来，即以男女主人公侯方域和李香君悲欢离合的爱情故事的曲折发展为中心线索，展开了南明弘光王朝兴亡历史场景的敷演，揭示明代宗社覆亡的原因，达到总结一代历史教训，惩创人心的目的，寄托作者深沉的黍离之悲和亡国之痛。作为代表古代历史剧最高成就的《桃花扇》，在艺术上同样有着显著的创造性。

首先，《桃花扇》体现了高超的结构艺术。作者以侯、李爱情悲欢离合作为贯穿全剧的线索，即"一生一旦为全本纲领，而南朝之治乱系焉"。侯、李爱情悲欢离合又以一柄桃花扇来穿插联络。侯、李定情以扇为信物；李香君拒嫁田仰以扇防身；血溅诗扇而成桃花扇；李香君寄扇给侯生，中经几多磨难；久离则合，桃花扇相认，张道士撕碎诗扇斩断情恨，二人又由合而离。此外，作者还以人物来牵合情节，即以副末老赞礼点明剧情、牵合情节。又加上杨龙友在复社、阉党中往来，起着联络剧情的作用。

其次，表现在人物形象的塑造上。《桃花扇》虽然描写的多是真人真事，并且以忠于史实而为一大特色，但是在人物塑造上，尤其是在突出人物性格特征的情节与细节描写上，作者充分发挥了集中提炼、虚构和想象的创造才能，从而使人物形象血肉丰满、性格鲜明地站立在舞台上。最成功的当然要数女主人公李香君。她作为秦淮名妓，受到明末东南士大夫关心朝政的风气影响，在政治上有着鲜明的是非观念。恰好她又结识了反对阉党余孽的复社文人侯方域，这就使她摆脱了由原来身份带来的屈辱感，反而在爱情上实现了才子佳人的美满结合，并且由于政治倾向上的一致性促使她对爱情更加忠贞，对误国权奸更加痛恨。

其三，充满着浓厚的悲剧意蕴。《桃花扇》描写的是南明兴亡的历史，悲剧的历史必然产生历史的悲剧。尊重历史的孔尚任很好地完成了这一创作使命，因而也就有力地打破了古代戏剧常见的大团圆程式，给人们留下了比历史的目的更富于哲理性的思考。剧作最后写侯、李双双入道，虽是虚构的，却典型地概括了明末清初许多进步人士报国无力，不愿投降，只能遁入山林、消极反抗的普遍现象。他们的爱情悲剧正体现了整个时代的悲剧。这种浓厚的悲剧意蕴正是《桃花扇》对前人剧作的突破和超越，从而形成了本剧的一大特色。

思考练习

1. 根据《桃花扇·骂筵》，试分析李香君的人物形象。
2. 简述《桃花扇》的主题思想。

扩展阅读

单刀会·第四折

单刀会·第四折
关汉卿

（鲁肃上，云）欢来不似今朝，喜来那逢今日。小官鲁子敬是也。我使黄文执书去请关公欣喜。许今日赴会。荆襄地合归还俺江东。英雄甲士已暗藏壁衣之后。令江上相候，见舡到便来报我知道。

（正末关公引周仓上，云）周仓。将到那里也？（周云）来到大江中流也。（正末云）看了这大江是一派好水呵！（唱）

【双调新水令】大江东去浪千叠，引着这数十人驾着这小舟一叶，又不比九重龙凤阙，可正是千丈虎狼穴。大丈夫心别。我觑这单刀会似赛村社。

（云）好一派江景也呵！（唱）

【驻马听】水涌山叠，年少周郎何处也？不觉的灰飞烟灭！可怜黄盖转伤嗟，破曹的樯橹一时绝。鏖兵的江水犹然热。好教我情惨切！（云）这也不是江水。（唱）二十年流不尽的英雄血！

（云）却早来到也，报伏去。（卒报科）（做相见科）（鲁云）江下小会，酒非洞里之长春，乐乃尘中之菲艺，猥劳君侯屈高就下，降尊临卑，实乃鲁肃之万幸也。（正末云）量某有何德能，着大夫置酒张筵？既请必至。（鲁云）黄文将酒来。二公子满饮一杯。（正末云）大夫饮此杯。（把盏科）（正末云）想古今，咱这人过日月好疾也呵！（鲁云）过日月是好疾也。光阴似骏马加鞭，浮世似落花流水。（正末唱）

【胡十八】想古今立勋业，那里也舜五人，汉三杰，两朝相隔数年别。不付能见者，却又早老也！开怀的饮数杯。（云）将酒来（唱）尽心儿待醉一夜。

（把盏科）（正末云）你知道以德报德，以直报怨么？（鲁云）既然将军言以德报德，以直报怨，借物不还者为之怨。想君侯文武全才，通练兵书，习《春秋》《左传》，济拔颠危，匡扶社稷，可不谓之仁乎？待玄德如骨肉，觑曹操若仇雠，可不谓之义乎？辞曹归汉，弃印封金，可不谓之礼乎？坐服于禁，水淹七军，可不谓之智乎？且将军仁义礼智俱足，惜乎止少个信字，欠缺未完。再若得全个信字，无出君侯之右也。（正末云）我怎生失信？（鲁云）非将军失信，皆因令兄玄德公失信。（正末云）我哥哥怎生失信来？（鲁云）想昔日玄德公败于当阳之上，身无所归，因鲁肃之故，屯军三江夏口。鲁肃又与孔明同见我主公，即日兴师拜将，破曹兵于赤壁之间。江东所费巨万，又折了首将黄盖。因将军贤昆玉无尺寸地，暂借荆州以为养军之资。数年不还，今日鲁肃低情曲意，暂取荆州，以为救民之急。待仓廪丰盈，然后再献于将军掌领。鲁肃不敢自专，君侯台鉴不错。（正末云）你请我吃筵席来那是索荆州来？（鲁云）没没没，我则这般道：孙刘结亲，以为唇齿，两国正好和谐。（正末唱）

【庆东原】你把我真心儿待，将筵席设，你这般攀今揽古，分甚枝叶？我跟前使不着你之乎者也、诗云子曰，早该豁口截舌！有意说孙、刘，你休目下翻成吴、越。

（鲁云）将军原来傲物轻信。（正末云）我怎么傲物轻信？（鲁云）当日孔明亲言，破曹之后，荆州即还江东。鲁肃亲为担保。不思旧日之恩，今日恩变为仇，犹自说以德报德，以直报怨。圣人道："信近于义，言可复也。""去食去兵，不可去信。""大车无輗，小车无軏，其何以行之哉？"今将军全无仁义之心，枉作英雄之辈。荆州久借不还，却不道"人无信不立"！（正末云）鲁子敬，你听的这剑界么？（鲁云）剑界怎么？（正末云）我这剑界，头一遭诛了文丑，第二遭斩了蔡阳。鲁肃呵，莫不第三遭到你也？（鲁云）没、没，我则这般道来。（正末云）这荆州是谁的？（鲁云）这荆州是俺的。（正末云）你不知，听我说。（唱）

【沉醉东风】想着俺汉高皇图王霸业，汉光武秉正除邪，汉献帝将董卓诛，汉皇叔把温侯灭：俺哥哥合情受汉家基业。则你这东吴国的孙权，和俺刘家却是甚枝叶？请你个不克己先生自说。

（鲁云）那是什么响？（正末云）这剑界二次也。（鲁云）却怎么说？（正末云）这剑按天地之灵，金火之精，阴阳之气，日月之形；藏之则鬼神遁迹，出之则魑魅潜踪；喜则恋鞘沉沉而不动，怒则跃匣铮铮而有声。今朝席上，倘有争锋，恐君不信，拔剑施呈。吾当摄剑，鲁肃休惊。这剑，果有神威不可当，庙堂之器岂寻常；今朝索取荆州事，一剑先教鲁肃亡！（唱）

【雁儿落】则为你三寸不烂舌，恼犯我三尺无情铁。这剑饥餐上将头，渴饮仇人血。

【得胜令】则是条龙向鞘中蛰，虎在坐间趔。今日故友每才相见，休着俺弟兄每相间别。鲁子敬听者：你心内休乔怯；畅好是随邪，吾当酒醉也。

（鲁云）臧官动乐。（臧官上，云）天有五星，地攒五岳，人有五德，乐按五音。五星者金、木、水、火、土。五岳者常、恒、泰、华、嵩。五德者温、良、恭、俭、让。五音者宫、商、角、徵、羽。（甲士拥上科）（鲁云）埋伏了者！（正末击案，怒云）有埋伏也无埋伏？（鲁云）并无埋伏。（正末云）若有埋伏，一剑挥之两断。（做击案科）（鲁云）你击碎菱花。（正末云）我特来破镜。（唱）

【揽筝琶】却怎生闹炒炒军兵列，休把我当拦者。（云）当着我的，呵呵！（唱）我着他剑下身亡，目前流血。便有那张仪口、蒯通舌，休那里躲闪藏遮。好生的送我到船上者，我和你慢慢的相别。

（鲁云）你去了，倒是一场伶俐。（黄文云）将军，有埋伏里！（鲁云）迟了我的也。（关平领众将上，云）请父亲上舡，孩儿每来迎接里。（正末云）鲁肃，休惜殿后。（唱）

【离亭宴带歇拍煞】我则见紫袍银带公人列，晚天凉风冷芦花谢。我心中喜悦。昏惨惨晚霞收，冷飕飕江风起，急飐飐帆招惹。承管待、承管待，多承谢、多承谢。唤艄公慢者，缆解开岸边龙，舡分开波中浪，棹搅碎江心月。正欢娱有甚进展，且谈笑不分明夜。说与你两件事，先生记者：百忙里趁不了老兄心，急且里倒不了俺汉家节。

第五单元 / 古代小说

　　中国古典小说的历史源远流长，一般认为上古神话即是小说的摇篮。先秦两汉时期可以说是古代小说的萌芽时期，当时社会上出现的神话传说、寓言故事、史传文学等成为中国古代小说叙事的源头。

　　魏晋南北朝时期，我国小说初具规模，出现了以东晋干宝《搜神记》为代表的志怪小说和以南朝宋刘义庆《世说新语》为代表的志人小说，二者合称为"笔记小说"。到了唐代，古代小说进入了成熟阶段，唐传奇的出现标志着中国短篇小说的成熟。由此，我国的小说脱离了历史领域而成为文学创作。宋元时期，商品经济的发展和市井文化的兴起，为小说的创作提供了深厚的土壤，出现了"话本小说"，从此以文言短篇小说为主流的中国古代小说，渐渐转变为以白话小说为主流的小说形式。

　　到了明清时期，叙事艺术已经趋向成熟。从明朝开始，小说开始走上了文人独立创作的道路，小说作家的主体意识增强，从而使小说充分表现出其社会作用和文学价值，也逐渐打破了正统诗文的垄断，在文学史上取得了举足轻重的地位。明代出现了长篇小说创作的热潮，涌现了大量的章回小说。清代则是我国古代小说的黄金时代，作品的思想性和艺术性都达到了全新的高度，曹雪芹《红楼梦》的问世，更标志着中国古代小说走到了它的巅峰。

　　在中国古代小说的宝库中，我们可以找到很多精彩绝伦的经典之作，这些经典的意义在于它们能够穿越时空"活"在当下。在其中，有许多对于我们今天的职场、生活产生启示的内容。

曹操煮酒论英雄

（选自《三国演义》第二十一回）

罗贯中

// 作者介绍 //

　　罗贯中（约1330—1400），名本，字贯中，号湖海散人，祖籍东原（今山东省东平县），流寓杭州，元末明初小说家。他所写的小说很多，相传有数十种，现在留存下来题其名的，除《三国演义》之外，还有《隋唐志传》《残唐五代史演义》《三遂平妖传》等，此外，他也是《水浒传》的编写者之一。除小说外，罗贯中也创作过词曲、杂剧等文学形式。

　　《三国演义》大约成书于明朝初期，是我国第一部白话长篇历史演义小说，也是我国章回小说的开山之作，是我国古代历史演义成就最高、影响最大的一部小说。它展现了184—280年近百年间生动的历史画卷，取材自东汉末年和魏、蜀、吴三国的历史，集中反映了当时各封建统治集团之间在军事、政治、外交等方面的斗争。

《三国演义》取得了多方面的艺术成就。在创作风格上，作者按照一定的美学理想重塑历史，虚实结合。在掌握大量史料的基础上，对历史进行艺术加工，把自己的理想、感情熔铸于历史事实之中，塑造了大批性格鲜明、栩栩如生的人物。在战争描写上，《三国演义》堪称我国军事文学的开山之作与典范性作品，作者笔下大大小小的战役被描写得张弛有度，扣人心弦，千变万化，各具特色。小说语言半文半白，"文不甚深，言不甚俗"，雅俗共赏，简洁明快，往往寥寥数语即见精神。

▷ 图 5-1　曹操煮酒论英雄

原文·注释

　　玄德也防曹操谋害，就下处后园种菜，亲自浇灌，以为韬晦①之计。关、张二人曰："兄不留心天下大事，而学小人②之事，何也？"玄德曰："此非二弟所知也。"二人乃不复言。

　　一日关、张不在，玄德正在后园浇菜，许褚、张辽引数十人入园中曰："丞相有命，请使君便行。"玄德惊问曰："有甚紧事？"许褚曰："不知。只教我来相请。"玄德只得随二人入府见操。操笑曰："在家做得好大事！"吓得玄德面如土色。操执玄德手，直至后园曰："玄德学圃③不易。"玄德方才放心，答曰："无事消遣耳！"操曰："适见枝头梅子青青，忽感去年征张绣时道上缺水，将士皆渴，吾心生一计，以鞭虚指曰：'前面有梅林。'军士闻之，口皆生唾，由是不渴。今见此梅，不可不赏。又值煮酒正熟，故邀使君小亭一会。"玄德心神方定。随至小亭，已设樽俎④，盘置青梅，

----

① 韬（tāo）晦：把光芒收敛起来。有意隐蔽才能和意图，避免人注意和猜疑。
② 小人：指平民百姓。
③ 学圃：学习种菜。
④ 樽俎：樽，酒器。俎，盛肉器皿。樽俎同"尊俎"，常用为宴席的代称。

一樽煮酒。二人对坐，开怀畅饮。

酒至半酣，忽阴云漠漠，骤雨将至。从人遥指天外龙挂①，操与玄德凭栏观之。操曰："使君知龙之变化否？"玄德曰："未知其详。"操曰："龙能大能小，能升能隐，大则兴云吐雾，小则隐介藏形，升则飞腾于宇宙之间，隐则潜伏于波涛之内。方今春深，龙乘时变化，犹人得志而纵横四海。龙之为物，可比世之英雄。玄德久历四方，必知当世英雄。请试指言之。"玄德曰："备肉眼安识英雄！"操曰："休得过谦。"玄德曰："备叨②恩庇，得仕于朝。天下英雄，实有未知。"操曰："既不识其面，亦闻其名。"玄德曰："淮南袁术兵粮足备，可为英雄。"操笑曰："冢中枯骨，吾早晚必擒之！"玄德曰："河北袁绍四世三公，门多故吏，今虎踞冀州之地，部下能事者极多，可为英雄。"操笑曰："袁绍色厉胆薄，好谋无断，干大事而惜身，见小利而忘命，非英雄也。"玄德曰："有一人，名称八俊，威镇九州，刘景升可为英雄。"操曰："刘表虚名无实，非英雄也。"玄德曰："有一人，血气方刚，江东领袖，孙伯符乃英雄也。"操曰："孙策借父之名，非英雄也。"玄德曰："益州刘季玉，可为英雄乎？"操曰："刘璋虽系宗室，乃守户之犬耳，何足为英雄！"玄德曰："如张绣、张鲁、韩遂等辈，皆何如？"操鼓掌大笑曰："此等碌碌小人，何足挂齿！"玄德曰："舍此之外，备实不知。"操曰："夫英雄者，胸怀大志，腹有良谋，有包藏宇宙之机，吞吐天地之志者也。"玄德曰："谁能当之？"操以手指玄德，后自指曰："今天下英雄，惟使君与操耳！"玄德闻言，吃了一惊，手中所执匙箸不觉落于地下。时正值天雨将至，雷声大作，玄德乃从容俯首拾箸曰："一震之威，乃至于此。"操笑曰："丈夫亦畏雷乎？"玄德曰："圣人迅雷风烈必变③，安得不畏！"将闻言失箸缘故轻轻掩饰过了，操遂不疑玄德。后人有诗赞曰：

勉从虎穴暂趋身，说破英雄惊杀人。

巧借闻雷来掩饰，随机应变信如神。

天雨方住，见两个人撞入后园，手提宝剑，突至亭前，左右拦挡不住。操视之，乃关、张二人也。原来二人从城外射箭方回，听得玄德被许褚、张辽请将去了，慌忙来相府打听。闻说在后园，只恐有失，故冲突而入。却见玄德与操对坐饮酒。二人按剑而立。操问："二人何来？"云长曰："听知丞相和兄饮酒，特来舞剑，以助一笑。"操笑曰："此非鸿门会④，安用项庄、项伯乎？"玄德亦笑。操命："取酒，与二樊哙压惊。"关、张拜谢。须臾席散，玄德辞操而归，云长曰："险些惊杀我两个。"玄德以落箸事说与关、张，关、张问是何意？玄德曰："吾之学圃，正欲使操知我无大志。不意操竟指我为英雄，我故失惊落箸。又恐操生疑，故借惧雷以掩饰之耳。"关、张曰："兄真高见。"

---

① 龙挂：即龙卷风。远看积雨云下呈漏斗状舒卷下垂，古人缺乏科学的了解，以为是施雨的龙在下挂吸水。

② 叨（tāo）：受到（好处）。

③ 迅雷风烈必变：语出《论语·乡党》，孔子遇到疾雷暴风，必定要改变容色，表示对上天的敬畏。迅雷风烈，即迅雷烈风。

④ 鸿门会：指充满阴谋和杀机的宴会。秦汉之际刘邦和项羽争霸，二人曾在鸿门（今陕西省临潼东）相会，宴间，范增使项庄舞剑，意欲刺杀刘邦；而项伯也起而舞剑，意在保护刘邦。后樊哙闯入，救刘邦得免于难。

　　本文所述故事发生在曹操于白门楼勒杀吕布之后，带着刘备、关羽、张飞三人回到许昌，刘备说自己是中山靖王之后、孝景皇帝玄孙，汉献帝和刘备论上了亲戚，并称刘备为皇叔。谋臣劝说曹操早日杀掉刘备，以免他的势力日后壮大，曹操嘴上说："实在吾掌握之内，吾何惧哉？"实际上心中还是有所顾虑，刘备的仁义是天下皆知的，而其身边的关羽、张飞都是虎狼之将，于是就发生了曹操对刘备的这次考验，出现在小说第二十一回中的这一精彩片断。

　　那一天，风雨变化，天外龙挂，发生了龙卷天气，于是曹操就指天为题，以龙的变化、升隐来暗指英雄的行为。曹操所指正中刘备的痛处，刘备正担心曹操把他当作对手或英雄。于是在曹操追问他天下英雄时，刘备假装糊涂，处处小心提防，甚至用一些其他人物来进行搪塞，比如袁绍、袁术、刘表、孙策等人。而刘备的这些搪塞之语都被曹操寥寥简略的评价——驳回，可谓是针针见血。

　　短文的高潮发生在宴席的最后，刘备在曹操面前韬光养晦，避开自己谈论其他人乃当世英雄之时，曹操却不买他的账，用手一指刘备，再指自己，说："今天下英雄，惟使君与操耳！"一言而石破天惊，这一句话立刻让小心翼翼的刘备也变了颜色，匙箸落地。能如此看透刘备的胸怀抱负，天下没有第二个人。然而忽然传来惊雷之声，刘备这才掩饰说："一震之威，乃至于此。"此时假如没有惊雷，可能曹操就立刻洞察到刘备的内心世界。

　　这段描写，篇幅虽然短小，但是却把两个人物形象刻画得栩栩如生，跃然纸上。其一是曹操，宛如升龙，跃于云上，纵览天下，他长歌当啸，豪气冲天，指点群雄。其二则是刘备，似如潜龙，藏于波涛之下，暗藏胸中丘壑。曹操的措辞是何等张扬，"吾早晚必擒之""非英雄也""何足为英雄""此等碌碌小人，何足挂齿"，等等。而刘备韬光养晦，只是因为时机没到，自己羽翼未丰，还需要借助他人的力量，所以在谈吐中步步后退，在危急关头又能够急中生智，巧渡难关，亦不愧为曹操所指的英雄人物。

　　《三国演义》为我们再现了广阔的历史图景，刻画了形形色色的人物。今天，我们读《三国演义》，看到的不仅仅是东汉末年到三国时期的那一段历史，我们更可以从群雄争霸过程中各位英雄的表现当中得到一些职场启示。

　　刘备韬光养晦、弘毅宽厚，知人待士、机权干略，从落魄的皇族后裔到后来的一方霸主，由编织草鞋为生到转战大江南北。刘备传奇的一生，他的为人之道，对我们今天走进职场有很多借鉴意义。

　　从刘备的身上，我们不难看出，一个人要想成功，首先要有明确的自我定位和目标，并且按部就班地加以实施。其次，要正视并积极面对自我的职场起伏，不要因为一时的挫败就丧失信心，也不能因为一时的成功而得意忘形。

　　曹操是一位杰出的军事和政治领袖，他求贤若渴、自信乐观、傲视群雄，面对失败不气馁，这样的积极心态对于曹魏的稳固和发展有着难以估量的影响。面对绝境，他也往往表现出败而不馁的顽强精神，身处逆境时不颓唐，面临危机时坚定而不动摇，这也是推动

曹魏军事政权不断强大的主要原因。

在《三国演义》中，还有很多著名的英雄，在他们的身上我们仍有很多可以学习和借鉴的地方，有时通过对他们行为的反思，也可以知道自己在职场上有哪些需要注意避免的误区。

微课

思考练习

1. 你是如何评价曹操、刘备这两个人物形象的？
2. 对于《曹操煮酒论英雄》中曹操的"英雄观"，你是否认同？为什么？
3. 结合具体作品，谈谈你心目中的三国英雄，他给你带来了怎样的职场启示？

王熙凤协理宁国府

（选自《红楼梦》第十三、十四回）

曹雪芹

// 作者介绍 //

曹雪芹（约1715—1763），名霑，字梦阮，号雪芹，又号芹溪、芹圃。清代伟大的小说家。其曾祖、祖父、父亲均极受康熙宠信，雍正五年，曹家被查抄，从此日渐没落。

《红楼梦》是我国古代四大名著之一，属于章回体长篇小说，其原名有《石头记》《情僧录》《风月宝鉴》《金陵十二钗》等，是一部具有高度思想性和艺术性的伟大作品。《红楼梦》以贾、史、王、薛四大家族为背景，以贾宝玉、林黛玉二人的爱情悲剧为主线，着重描写了贾家荣国府、宁国府由盛到衰的过程，从多方面对封建社会和封建礼教进行了深刻的揭露和批判，客观上展现了中国封建社会走向没落的必然趋势，全面地描写了封建社会末世的人情世态及种种无法调和的矛盾。

小说规模宏大，结构严谨，情节缜密，细节真实，语言优美。曹雪芹善于刻画人物，塑造了一系列生动鲜明的人物形象。整部小说无论是在思想内容或是艺术技巧上都具有极高的价值，取得了极高的成就，把中国古代小说从俗文学提升到雅文学的高度，是中国古典长篇小说的高峰。

▷ 图 5-2 王熙凤协理宁国府

只是贾珍虽然心意满足，但里面尤氏又犯了旧疾，不能料理事务，惟恐各诰命^①来往，亏了礼数，怕人笑话，因此心中不自在。当下正忧虑时，因宝玉在侧，便问道："事事都算安贴了，大哥哥还愁什么？"贾珍便将里面无人的话告诉了他。宝玉听说，笑道："这有何难，我荐一个人与你，权理这一个月的事，管保妥当。"贾珍忙问："是谁？"宝玉见坐间还有许多亲友，不便明言，走向贾珍耳边说了两句。贾珍听了，喜不自胜，笑道："这果然妥贴，如今就去。"说着，拉了宝玉，辞了众人，便往上房里来。

可巧这日非正经日期^②，亲友来的少，里面不过几位近亲堂客，邢夫人、王夫人、凤姐并合族中的内眷陪坐。闻人报："大爷进来了。"唬的众婆娘"唿"的一声，往后藏之不迭，独凤姐款款站了起来。

贾珍此时也有些病症在身，二则过于悲痛，因拄个拐踱了进来。邢夫人等因说道："你身上不好，又连日事多，该歇歇才是，又进来做什么？"贾珍一面拄拐，扎挣^③着要蹲身跪下请安道乏；邢夫人等忙叫宝玉搀住，命人挪^④椅子来与他坐。贾珍不肯坐，因勉强陪笑道："侄儿进来有一件事要求二位婶婶并大妹妹。"邢夫人等忙问："什么事？"贾珍忙忙道："婶婶自然知道，如今孙子媳妇没了^⑤，侄儿媳妇又病倒，我看里头着实不成体统。要屈尊大妹妹一个月，在这里料理料理，我就放心了。"邢夫人笑道："原来为这个。你大妹妹现在你二婶婶家，只和你二婶婶说就是了。"王夫人忙道："他一个小孩子，何曾经过这些事，倘或料理不清，反叫人笑话，倒是再烦别人好。"贾珍笑道："婶婶的意思侄儿猜着了，是怕大妹妹劳苦了。若说料理不开，从小儿大妹妹玩笑时就有杀伐决断，如今出了阁，在那府里办事，越发历练老成了。我想了这几日，除了大妹妹再无人可求了。婶婶不看侄儿与侄儿媳妇面上，只看死的分上罢！"说着流下泪来。

王夫人心中为的是凤姐未经过丧事，怕他料理不起，被人见笑；今见贾珍苦苦的说，心中已活了几分，却又眼看着凤姐出神。那凤姐素日最喜揽事，好卖弄能干，今见贾珍如此央他，心中早已允了；又见王夫人有活动之意，便向王夫人道："大哥说得如此恳切，太太就依了罢。"王夫人悄悄的问道："你可能么？"凤姐道："有什么不能！算外面的大事，已经大哥哥料理清了，不过是里面照管照管，便是我有不知的，问太太就是了。"王夫人见说得有理，便不出声。贾珍见凤姐允了，又陪笑道："也管不得许多了，横竖要求大妹妹辛苦辛苦。我这里先与大妹妹行礼，等完了事，我再到那府里去谢。"说着就作揖下去，凤姐连忙还礼不迭。

贾珍便命人取了宁国府对牌^⑥来，命宝玉送与凤姐，说道："妹妹爱怎么就怎么样

---

① 诰命：本指皇帝赐爵授官的诏令，受皇帝封赠的贵妇，也称"诰命"。
② 正经日期：丧礼诵经期间吊祭死者的日子。经：指诵经。
③ 扎挣：又作"拃挣""挣扎"。意谓勉强支持。
④ 挪（nǔ）：挪动。
⑤ 没了：死的讳语。
⑥ 对牌：用木或竹制成的支领财物的凭证，上有标记，从中劈作两半。支领财物时，以两半标记相合为凭。

办，要什么，只管拿这个取去，也不必问我。只求别存心替我省钱，要好看为上；二则也同那府里一样待人才好，不要存心怕人抱怨。只这两件外，我再没不放心的了。"凤姐不敢就接牌，只看着王夫人，王夫人道："你大哥既这么说，你就照看照看罢了。只是别自作主意，有了事打发人问你哥哥嫂子一声儿要紧。"宝玉早向贾珍手里接过对牌来，强递与凤姐了。贾珍又问："妹妹还是住在这里，还是天天来呢？若是天天来，越发辛苦了。我这里赶着收拾出一个院落来，妹妹住过这几日，倒安稳。"凤姐笑说："不用，那边也离不得我，倒是天天来的好。"贾珍说："也罢，也罢。"然后又说了一回闲话，方才出去。

一时女眷散后，王夫人因问凤姐："你今儿怎么样？"凤姐道："太太只管请回去；我须得先理出一个头绪来才回得去呢。"王夫人听说，便先同邢夫人回去，不在话下。

这里凤姐来至三间一所抱厦内坐了，因想：头一件是人口混杂，遗失东西；二件，事无专管，临期推委；三件，需用过费，滥支冒领；四件，任无大小，苦乐不均；五件，家人豪纵，有脸者不服钤束①，无脸者不能上进。此五件实是宁府中风俗，不知凤姐如何处治，且听下回分解。

话说宁国府中知总管来升闻知里面委请了凤姐，因传齐同事人等说道："如今请了西府里琏二奶奶管理内事，倘或他来支取东西，或是说话，须小心伺候。每日大家早来晚散，宁可辛苦这一个月，过后再歇息，不要把老脸面丢了。那是个有名的烈货，脸酸心硬，一时恼了，不认人的。"众人都道："有理。"又有一个笑道："论理，我们里面也该得他来整治整治，都忒不像了。"正说着，只见来旺媳妇拿了对牌来领呈文经榜②纸札③，票上开着数目。众人连忙让坐倒茶，一面命人按数取纸；来旺抱着同来旺媳妇一路来至仪门，方交与来旺媳妇自己抱进去了。

凤姐即命彩明定造册簿；即时传了来升媳妇，要家口花名册查看；又限明日一早传齐家人媳妇进府听差。大概点了一点数目单册，问了来升媳妇几句话，便坐车回家。

至次日卯正二刻，便过来了。那宁国府中婆子媳妇闻得到齐，只见凤姐正与来升媳妇分派众人执事，不敢擅入，在窗外打听。听见凤姐和来升媳妇道："既托了我，我就说不得要讨你们嫌了。我可比不得你们奶奶好性儿，由着你们去。再不要说你们'这府里原是这么样'的话，如今可要依着我行，错我半点儿，管不得谁是有脸的，谁是没脸的，一例清白处治。"

说罢，便吩咐彩明念花名册，按名一个一个叫进来看视。一时看完，又吩咐道："这二十个分作两班，一班十个，每日在内单管人客来往倒茶，别事不用他们管。这二十个也分作两班，每日单管本家亲戚茶饭，也不管别事。这四十个人也分作两班，单在灵前上香添油，挂幔守灵，供饭供茶，随起举哀④，也不管别事。这四个人专在内茶房收管杯碟茶器，若少了一件，四人分赔。这四个人单管酒饭器皿，少一件也是分

---

① 钤（qián）束：约束、管制的意思。钤：锁。
② 呈文、经榜：都是纸的名称。呈文纸是一种质地较结实、价钱较便宜的纸，旧时书写呈文及商店簿记多用之；因其含有麻质，又称麻呈文。经榜是一种比较高级的榜纸，因其多作为书写榜文之用，故名。
③ 纸札：也作"纸扎""纸劄"。这里是"纸张"的意思。札：古代无纸，字写在小木板上，叫"札"。
④ 随起举哀：这里指分派奴仆随同死者亲眷一起号哭。举哀本是孝眷的事，但旧时有钱人家为了装潢门面，也令奴仆或专门雇人来一同哭丧，以示悲痛。

赔。这八个单管收祭礼。这八个单管各处灯油、蜡烛、纸札，我总支了来，交与你八个人，然后按我的定数再往各处分派。这二十个每日轮流各处上夜，照管门户，监察火烛，打扫地方。这下剩的按房分开，某人守某处，某处所有桌椅古玩起，至于痰盒掸帚，一草一苗，或丢或坏，就问这看守之人赔补。来升家的每日揽总查看，或有偷懒的，赌钱吃酒打架拌嘴的，立刻来回我。你要徇情，经我查出，三四辈子的老脸，就顾不成了。如今都有了定规，以后那一行乱了，只和那一行说话。素日跟我的人，随身俱有钟表，不论大小事，皆有一定时刻，横竖你们上房里也有时辰钟：卯正二刻我来点卯，巳正吃早饭，凡有领牌回事的，只在午初二刻。戌初烧过黄昏纸①，我亲到各处查一遍，回来上夜的交明钥匙。第二日仍是卯正二刻过来。说不得咱们大家辛苦这几日罢，事完了，你们大爷自然赏你们。"

说罢，又吩咐按数发与茶叶、油烛、鸡毛掸子、笤帚等物，一面又搬取家伙：桌围、椅搭、坐褥、毡席、痰盒、脚踏之类，一面交发，一面提笔登记，某人管某处，某人领物件，开得十分清楚。众人领了去，也都有了投奔，不似先时只拣便宜的做，剩下苦差没个招揽。各房中也不能趁乱迷失东西。便是人来客往，也都安静了，不比先前荒乱无头绪，一切偷安窃取等弊，一概都蠲②了。

凤姐自己威重令行，心中十分得意。因见尤氏犯病，贾珍也过于悲哀，不大进饮食，自己每日从那府中熬了各样细粥，精美小菜，令人送来劝食。贾珍也另外吩咐每日送上等菜到抱厦内，单与凤姐。凤姐不畏勤劳，天天按时刻过来，点卯理事，独在抱厦内起坐，不与众姊娌合群，便有亲客来往，也不迎送。

这日乃五七正五日上，那应佛僧③正开方破狱④，传灯照亡⑤，参阎君，拘都鬼，延请地藏王⑥，开金桥⑦，引幢幡⑧；那道士们正伏章申表⑨，朝三清⑩，叩玉帝⑪，禅僧们行香，放焰口⑫，拜水忏⑬；又有十二众青年尼僧，搭绣衣，靸红鞋，在灵前默诵接引诸咒⑭，十分热闹。

那凤姐知道今日人客不少，寅正便起来梳洗，及收拾完备，更衣盥手，喝了几口

---

① 黄昏纸：旧时人家有丧，每天家人会按一定时间在灵前烧纸钱。日落黄昏时烧的那一次，叫"黄昏纸"。
② 蠲（juān）：减去，免除。
③ 应佛僧：也叫"应付僧""应赴僧"，专门支应佛事的和尚。
④ 开方破狱：一种民间习俗在人死后邀僧尼、道士大作超度亡灵的活动。开方（放）：即开度。
⑤ 传灯照亡：旧时认为人死后走向冥途，黑暗无边，而佛法能破除黑暗，犹如明灯。
⑥ 地藏王：菩萨名。据佛教传说，他于释迦既灭之后，弥勒未生之前，在"人天地狱"之中救苦救难。
⑦ 开金桥：迷信传说，"善人"死后鬼魂所走的是金桥。为死者开金桥，使他来世能"托生"于福禄之地。
⑧ 幢幡（chuáng fān）：都是旗子一类的东西。幢：竿头安装宝珠，竿身饰以锦帛的旗子。幡：一种垂直悬挂在高竿上的窄长旗子。
⑨ 伏章申表：道士俯首屈身恭读表章。这里章与表皆系向上帝奏告的文书。
⑩ 三清：道教合称该教的最高境界"玉清""上清""太清"为"三清"；也称居住在其中的"玉清元始天尊""上清灵宝天尊""太清太上老君"三位尊神为"三清"。
⑪ 玉帝：即玉皇大帝，是道教所尊奉的最高天神。
⑫ 放焰口：和尚替丧事人家念"焰口经"及施舍饮食于众鬼神，为饿鬼超度，为死者祈福的活动。焰口：据佛教传说，地狱中的饿鬼，腹大如山，喉细似针，一切饮食到了口边即化为火炭，故称"焰口"。
⑬ 拜水忏：和尚念"水忏经"来为死者祈求免除冤孽灾祸的活动。水忏：又叫慈悲水忏，佛教经文之一。据说唐代悟达禅师遇异僧用水替他洗好人面疮后，他为报恩而作。见元代觉岸《释氏稽古略》。
⑭ 接引咒：接引死者至"极乐世界"的咒语。

奶子，漱口已毕，正是卯正二刻了。来旺媳妇率领众人伺候已久。凤姐出至厅前，上了车，前面一对明角灯①，上写"荣国府"三个大字，来至宁府大门首，门灯朗挂，两边一色蠹灯②，照如白昼，白汪汪穿孝家人两行侍立。请车至正门上，小厮退去，众媳妇上来揭起车帘。凤姐下了车，一手扶着丰儿，两个媳妇执着手把灯照着，撮拥凤姐进来。宁府诸媳妇迎着请安。凤姐款步走入会芳园中登仙阁灵前，一见棺材，那眼泪恰似断线之珠，滚将下来。院中多少小厮垂手侍立，伺候烧纸。凤姐吩咐一声："供茶烧纸。"只听一棒锣鸣，诸乐齐奏，早有人端过一张大圈椅来，放在灵前，凤姐坐了放声大哭。于是里外上下男女都接声嚎哭。

一时贾珍、尤氏令人劝止，凤姐方止住。来旺媳妇倒茶漱口毕，凤姐方起身，别了族中诸人，自入抱厦来。按名查点，各项人数，俱已到齐，只有迎送亲客上的一人未到，即令传来。那人惶恐，凤姐冷笑道："原来是你误了！你比他们有体面，所以不听我的话。"那人回道："小的天天都来的早，只有今儿来迟了一步，求奶奶饶过初次。"正说着，只见荣国府中的王兴媳妇来了，在前探头。凤姐且不发放这人，却问："王兴媳妇来作什么？"王兴媳妇近前说："领牌取线，打车轿网络③。"说着，将个帖儿递上去，凤姐令彩明念道："大轿两顶，小轿四顶，车四辆，共用大小络子若干根，每根用珠儿线若干斤。"凤姐听了数目相合，便命彩明登记，取荣国对牌掷下。王兴家的去了。

凤姐方欲说话，只见荣国府的四个执事人进来，都是要支取东西领牌的。凤姐命他们要个帖念过，听了一共四件，因指两件道："这个开销错了，再算清了来领。"说着将帖子掷下。那二人扫兴而去。

凤姐因见张材家的在旁，因问："你有什么事？"张材家的忙取帖子回道："就是方才车轿围做成，领取裁缝工银若干两。"凤姐听了，收了帖子，命彩明登记。待王兴交过，得了买办的回押相符，然后与张材家的去领。一面又命念那一件，是为宝玉外书房完竣，支领买纸料糊裱。凤姐听了，即命收帖儿登记，待张材家的缴清再发。

凤姐便说道："明儿他也来迟了，后儿我也来迟了，将来都没有人了。本来要饶你，只是我头一次宽了，下次就难管别人了，不如开发的好。"登时放下脸来，命带出去打二十板子，众人见凤姐动怒，不敢怠慢，拉出去照数打了，进来回复；凤姐又掷下宁府对牌："说与来升革他一月银米。"吩咐："散了罢。"众人方各自办事去了。那时被打之人亦含羞饮泣而去。彼时荣宁两处领牌交牌人往来不绝，凤姐又一一开发了。于是宁府中人才知凤姐利害。自此各兢兢业业，不敢偷安，不在话下。

作品解读

这一部分选自《红楼梦》第十三回后半部分、第十四回前半部分。在秦可卿仙逝后，

---

① 明角灯：又叫羊角灯，灯罩用羊角胶制成，半透明，能防风雨。
② 蠹灯：又名戳灯。是一种竖在地上的灯笼，有长柄，可插在底座上，也可扛着行走。
③ 车轿网络：车轿上用丝线编织成的网状装饰品。

贾珍请王熙凤帮忙协理宁国府。但是王夫人心里担心凤姐没有经办过丧事，因此予以了拒绝。凤姐平日里最喜欢揽事来办以卖弄自己的才干，心里巴不得揽下这件事情，于是在察言观色后主动向王夫人说道："大哥说得如此恳切，太太就依了罢。"同时更进一步解释说："算外面的大事，已经大哥哥料理清了，不过是里面照管照管，便是我有不知的，问太太就是了。"王夫人见说的有道理，便默许了。但是，当贾珍取出宁国府对牌时，凤姐却"不敢就接牌，只看着王夫人"，为的是进一步将王夫人的默许变成公开许可。果然，王夫人当着贾珍及众人就丧事料理的原则和要求等对凤姐进行了一番吩咐。最后，宝玉从贾珍的手里接过对牌，递给了凤姐。其实，协理宁国府是凤姐内心非常愿意去做的一件事情，为的是在众人面前展现自己的才能。

王熙凤在《红楼梦》中是一位极具管理才能的女子，她是贾府的大管家，其过人之处在协理宁国府这一章中表现得淋漓尽致。在王熙凤正式管理之前，她首先对宁国府管理中存在的五件弊端进行了分析。接下来，就在宁国府开始了她的"对症下药"，并且基本上做到了"药到病除"。通过王熙凤的帮忙协理，原本乱成一团的宁国府变得井井有条，王熙凤的管家之才也充分展现了出来。

从王熙凤的管理才能中我们可以得到一些启示：

她对宁国府的弊端进行分析，对症下药，建立起切实可行的规章制度，雷厉风行，通过监督和制约，将制度落到实处，并且以身作则，起到表率作用。这些对于今天的职场都有借鉴意义。

除了王熙凤，《红楼梦》中的其他人物，也能给我们带来很多职场启示。例如紫鹃，作为林黛玉的贴身丫鬟，在一些大是大非的原则性问题上，永远和林黛玉保持高度的一致性，但是在具体问题的处理和方式方法的选择上，又极具灵活性和变通性。

一部《红楼梦》为我们展现了一幅恢宏壮阔的社会、人生图景，就好像是一部生动的历史教科书，其中蕴藏着很多领导艺术、政治智慧、职场经验和生存法则，值得我们细细品读。

思考练习

1. 分析王熙凤的人物形象，她具有怎样的性格特点？
2. 这篇作品艺术表现最成功的地方在哪里？请结合具体内容进行分析。
3. 试分析《红楼梦》中其他的人物形象，说说他（她）给你带来了怎样的职场启示？

扩展阅读

世说新语（十则）
鲍文卿整理旧生涯

世说新语（十则）

［南朝宋］刘义庆

顾荣在洛阳，尝应人请，觉行炙人有欲炙之色，因辍己施焉。同坐嗤之。荣曰："岂有终日执之，而不知其味者乎？"后遭乱渡江，每经危急，常有一人左右己，问其所以，乃受炙人也。（选自《世说新语·德行第一》）

孔文举年十岁，随父到洛。时李元礼有盛名，为司隶校尉，诣门者，皆俊才清称及中表亲戚乃通。文举至门，谓吏曰："我是李府君亲。"既通，前坐。元礼问曰："君与仆有何亲？"对曰："昔先君仲尼与君先人伯阳有师资之尊，是仆与君奕世为通好也。"元礼及宾客莫不奇之。太中大夫陈韪后至，人以其语语之。韪曰："小时了了，大未必佳！"文举曰："想君小时，必当了了！"韪大踧踖。（选自《世说新语·言语第二》）

孔融被收，中外惶怖。时融儿大者九岁，小者八岁。二儿故琢钉戏，了无遽容。融谓使者曰："冀罪止于身，二儿可得全不？"儿徐进曰："大人岂见覆巢之下，复有完卵乎？"寻亦收至。（选自《世说新语·言语第二》）

过江诸人，每至美日，辄相邀新亭，藉卉饮宴。周侯中坐而叹曰："风景不殊，正自有山河之异！"皆相视流泪。唯王丞相愀然变色曰："当共戮力王室，克复神州，何至作楚囚相对？"（选自《世说新语·言语第二》）

陈太丘与友期行，期日中。过中不至，太丘舍去，去后乃至。元方时年七岁，门外戏。客问元方："尊君在不？"答曰："待君久不至，已去。"友人便怒，曰："非人哉！与人期行，相委而去。"元方曰："君与家君期日中。日中不至，则是无信；对子骂父，则是无礼。"友人惭，下车引之。元方入门不顾。（选自《世说新语·方正第五》）

郗太傅在京口，遣门生与王丞相书，求女婿。丞相语郗信："君往东厢，任意选之。"门生归，白郗曰："王家诸郎，亦皆可嘉，闻来觅婿，咸自矜持。唯有一郎，在床上坦腹卧，如不闻。"郗公云："正此好！"访之，乃是逸少，因嫁女与焉。（选自《世说新语·雅量第六》）

魏武将见匈奴使，自以形陋，不足雄远国，使崔季珪代，帝自捉刀立床头。既毕，令间谍问曰："魏王何如？"匈奴使答曰："魏王雅望非常，然床头捉刀人，此乃英雄也。"魏武闻之，追杀此使。（选自《世说新语·容止第十四》）

潘岳妙有姿容，好神情。少时挟弹出洛阳道，妇人遇者，莫不连手共萦之。左太冲绝丑，亦复效岳游遨，于是群妪齐共乱唾之，委顿而返。（选自《世说新语·容止

第十四》）

王子猷居山阴，夜大雪，眠觉，开室命酌酒，四望皎然。因起仿徨。咏左思《招隐诗》，忽忆戴安道。时戴在剡，即便夜乘小船就之。经宿方至，造门不前而返。人问其故，王曰："吾本乘兴而行，兴尽而返，何必见戴！"（选自《世说新语·任诞第二十三》）

石崇与王恺争豪，并穷绮丽，以饰舆服。武帝，恺之甥也，每助恺。尝以一珊瑚树高二尺许赐恺，枝柯扶疏，世罕其比。恺以示崇。崇视讫，以铁如意击之，应手而碎。恺既惋惜，又以为疾己之宝，声色甚厉。崇曰："不足恨，今还卿。"乃命左右悉取珊瑚树，有三尺、四尺，条干绝世，光彩溢目者六七枚，如恺许比甚众。恺惘然自失。（选自《世说新语·汰侈第三十》）

鲍文卿整理旧生涯
（《儒林外史》第二十四回节选）
吴敬梓

这南京乃是太祖皇帝建都的所在，里城门十三，外城门十八，穿城四十里，沿城一转足有一百二十多里。城里几十条大街，几百条小巷，都是人烟凑集，金粉楼台。城里一道河，东水关到西水关，足有十里，便是秦淮河。水满的时候，画船箫鼓，昼夜不绝。城里城外，琳宫梵宇，碧瓦朱甍，在六朝时，是四百八十寺；到如今，何止四千八百寺！大街小巷，合共起来，大小酒楼有六七百座，茶社有一千余处。不论你走到一个僻巷里面，总有一个地方悬着灯笼卖茶，插着时鲜花朵，烹着上好的雨水。茶社里坐满了吃茶的人。到晚来，两边酒楼上明角灯，每条街上足有数千盏，照耀如同白日，走路人并不带灯笼。那秦淮到了有月色的时候，越是夜色已深，更有那细吹细唱的船来，凄清委婉，动人心魄。两边河房里住家的女郎，穿了轻纱衣服，头上簪了茉莉花，一齐卷起湘帘，凭栏静听。所以灯船鼓声一响，两边帘卷窗开。河房里焚的龙涎、沉、速，香雾一齐喷出来，和河里的月色烟光合成一片，望着如阆苑仙人，瑶宫仙女。还有那十六楼官妓，新妆袨服，招接四方游客。真乃"朝朝寒食，夜夜元宵"！

这鲍文卿住在水西门。水西门与聚宝门相近。这聚宝门，当年说每日进来有百牛千猪万担粮；到这时候，何止一千个牛，一万个猪，粮食更无其数。鲍文卿进了水西门，到家和妻子见了。他家本是几代的戏行，如今仍旧做这戏行营业。他这戏行里，淮清桥是三个总寓，一个老郎庵；水西门是一个总寓，一个老郎庵。总寓内都挂着一班一班的戏子牌，凡要定戏，先几日要在牌上写一个日子。鲍文卿却是水西门总寓挂牌。他戏行规矩最大，但凡本行中有不公不法的事，一齐上了庵，烧过香，坐在总寓那里品出不是来，要打就打，要罚就罚，一个字也不敢拗的。还有洪武年间起首的班子，一班十几个人，每班立一座石碑在老郎庵里，十几个人共刻在一座碑上。比如有祖宗的名字在这碑上的，子孙出来学戏，就是"世家子弟"，略有几岁年纪，就称为

"老道长"。凡遇本行公事，都向老道长说了，方才敢行。鲍文卿的祖父的名字却在那第一座碑上。

他到家料理了些柴米，就把家里笙箫管笛，三弦琵琶，都查点了出来，也有断了弦，也有坏了皮的，一总尘灰寸壅。他查出来放在那里，到总寓傍边茶馆内去会会同行。才走进茶馆，只见一个人，坐在那里，头戴高帽，身穿宝蓝缎直裰，脚下粉底皂靴，独自坐在那里吃茶。鲍文卿近前一看，原是他同班唱老生的钱麻子。钱麻子见了他来，说道："文卿，你从几时回来的？请坐吃茶。"鲍文卿道："我方才远远看见你，只疑惑是那一位翰林、科、道老爷错走到我这里来吃茶，原来就是你这老屁精！"当下坐了吃茶。钱麻子道："文卿，你在京里走了一回，见过几个做官的，回家就拿翰林、科、道来吓我了！"鲍文卿道："兄弟，不是这样说。像这衣服、靴子，不是我们行事的人可以穿得的。你穿这样衣裳，叫那读书的人穿甚么？"钱麻子道："而今事，那是二十年前的讲究了！南京这些乡绅人家，寿诞或是喜事，我们只拿一副蜡烛去，他就要留我们坐着一桌吃饭。凭他甚么大官，他也只坐在下面。若遇同席有几个学里酸子，我眼角里还不曾看见他哩！"鲍文卿道："兄弟，你说这样不安本分的话，岂但来生还做戏子，连变驴变马都是该的！"钱麻子笑着打了他一下。茶馆里拿上点心来吃。

吃着，只见外面又走进一个人来，头戴浩然巾，身穿酱色绸直裰，脚下粉底皂靴，手执龙头拐杖，走了进来。钱麻子道："黄老爹，到这里来吃茶。"黄老爹道："我道是谁，原来是你们二位！到跟前才认得。怪不得，我今年已八十二岁了，眼睛该花了。文卿，你几时来的？"鲍文卿道："到家不多几日，还不曾来看老爹。日子好过的快，相别已十四年，记得我出门那日，还在国公府徐老爷里面看着老爹妆了一出'茶博士'才走的。老爹而今可在班里了？"黄老爹摇手道："我久已不做戏子了。"坐下添点心来吃，向钱麻子道："前日南门外张举人家请我同你去下棋，你怎么不到？"钱麻子道："那日我班里有生意。明日是鼓楼外薛乡绅小生日，定了我徒弟的戏，我和你明日要去拜寿。"鲍文卿道："那个薛乡绅？"黄老爹道："他是做过福建汀州知府，和我同年，今年八十二岁，朝廷请他做乡饮大宾了。"鲍文卿道："像老爹拄着拐杖，缓步细摇，依我说，这'乡饮大宾'就该是老爹做！"又道："钱兄弟，你看老爹这个体统，岂止像知府告老回家，就是尚书、侍郎回来，也不过像老爹这个排场罢了！"那老畜生不晓的这话是笑他，反忻忻得意。当下吃完了茶，各自散了。

鲍文卿虽则因这些事看不上眼，自己却还要寻几个孩子起个小班子，因在城里到处寻人说话。那日走到鼓楼坡上，遇着一个人，有分教：

邂逅相逢，旧交更添气色；

婚姻有分，子弟亦被恩光。

毕竟不知鲍文卿遇的是个甚么人，且听下回分解。

第六单元 / 现当代文学

中国现当代文学是中国现代文学和中国当代文学的合称。就其性质来说，是指用现代的语言和文学形式，表达现当代中国人的思想情感、审美情趣的文学。从时间上来看，是指从新文化运动前后至当下，包括一百年左右的新文学。中国的新文学是在轰轰烈烈的新文化运动中诞生的。中国新文学伴随着社会的剧烈变化而不断发展，出现了各种形式的文学作品。

中国现代文学的第一个十年（1917—1927）是从文学改良运动开始的。反对文言文，提倡白话文；反对旧文学，提倡新文学的主张，很快波及整个文坛，在当时产生了极其广泛的社会效应。在20世纪20年代，出现了流派纷呈、社团蓬勃发展的景象。在文学创作领域，各种文学样式都取得了丰硕的成果。

现代文学的第二个十年（1928—1937）是多元美学形态并存的文学时期，各文学流派都有很多杰出的作家和作品。这一时期的小说、戏剧、诗歌、散文等都取得了很高的成就。

现代文学的第三个十年（1937—1949）囊括了全面抗战以及解放战争时期的文学。此时中国社会步入了大转折前的动荡时期。这一时期是文学走向大众、回归社会的时期，大量的文学作品体现出强烈的民族解放意识和人民解放意识。

中华人民共和国成立以后，由于社会形态的变化，中国当代文学呈现出了新的内容和形式。改革开放以后，文学再一次呈现出了新的面貌。

从现当代文学作品中，我们看到的不仅仅是某一时期思想潮流的反映，我们更可以从中感受到作者的人生态度和价值取向，那些融入了深厚的中华文化的文学作品更让我们对中华传统文化有了全新的认识。

伤逝（节选）
——涓生的手记

鲁　迅

// 作者介绍 //

鲁迅（1881—1936），20世纪中国伟大的思想家与文学家，原名周树人，"鲁迅"是他1918年发表《狂人日记》时所用的笔名。鲁迅从小就受到传统文化与民间文化的熏陶，在南京求学（1898—1902）及日本留学（1902—1909）期间，又广泛接触了西方文化，在经历了从19世纪末开始的中国社会、思想、文化的巨大变迁后，逐渐形成了自己的独立思想。鲁迅笔耕一生，留下了大量著述，主要有短篇小说集《呐喊》《彷徨》《故事新编》，散文诗集《野草》，散文集《朝花夕拾》，以及《热风》《坟》《华盖集》《华盖集续编》《而已集》《南腔北调集》《三闲集》《二心集》《准风月谈》《伪自由书》《集外集》《花边文学》《且介亭杂文》《且介亭杂文二集》《且介亭杂文末编》《集外集拾遗》等杂文集和书信集《两地书》。此外，鲁迅还写有《中国小说史略》《汉文学史纲要》等学术著作。

▷ 图 6-1　鲁迅

原文·注释

　　如果我能够，我要写下我的悔恨和悲哀，为子君，为自己。

　　会馆里的被遗忘在偏僻里的破屋是这样地寂静和空虚。时光过得真快，我爱子君，仗着她逃出这寂静和空虚，已经满一年了。事情又这么不凑巧，我重来时，偏偏空着的又只有这一间屋。依然是这样的破窗，这样的窗外的半枯的槐树和老紫藤，这样的窗前的方桌，这样的败壁，这样的靠壁的板床。深夜中独自躺在床上，就如我未曾和子君同居以前一般，过去一年中的时光全被消灭，全未有过，我并没有曾经从这破屋子搬出，在吉兆胡同创立了满怀希望的小小的家庭。

　　不但如此。在一年之前，这寂静和空虚是并不这样的，常常含着期待；期待子君的到来。在久待的焦躁中，一听到皮鞋的高底尖触着砖路的清响，是怎样地使我骤然生动起来呵！于是就看见带着笑涡的苍白的圆脸，苍白的瘦的臂膊，布的有条纹的衫子，玄色的裙。她又带了窗外的半枯的槐树的新叶来，使我看见，还有挂在铁似的老干上的一房一房的紫白的藤花。

　　然而现在呢，只有寂静和空虚依旧，子君却决不再来了，而且永远，永远地！

……

　　"我是我自己的，他们谁也没有干涉我的权利！"

　　这是我们交际了半年，又谈起她在这里的胞叔和在家的父亲时，她默想了一会之后，分明地，坚决地，沉静地说了出来的话。其时是我已经说尽了我的意见，我的身世，我的缺点，很少隐瞒；她也完全了解的了。这几句话很震动了我的灵魂，此后许多天还在耳中发响，而且说不出的狂喜，知道中国女性，并不如厌世家所说那样的无法可施，在不远的将来，便要看见辉煌的曙色的。

　　送她出门，照例是相离十多步远；照例是那鲇鱼须的老东西的脸又紧帖在脏的窗玻璃上了，连鼻尖都挤成一个小平面；到外院，照例又是明晃晃的玻璃窗里的那小东西的脸，加厚的雪花膏。她目不邪视地骄傲地走了，没有看见；我骄傲地回来。

　　"我是我自己的，他们谁也没有干涉我的权利！"这彻底的思想就在她的脑里，比我还透澈，坚强得多。半瓶雪花膏和鼻尖的小平面，于她能算什么东西呢？

　　我已经记不清那时怎样地将我的纯真热烈的爱表示给她。岂但现在，那时的事后便已模胡，夜间回想，早只剩了一些断片了；同居以后一两月，便连这些断片也化作无可追踪的梦影。我只记得那时以前的十几天，曾经很仔细地研究过表示的态度，排列过措辞的先后，以及倘或遭了拒绝以后的情形。可是临时似乎都无用，在慌张中，身不由己地竟用了在电影上见过的方法了。后来一想到，就使我很愧恧，但在记忆上却偏只有这一点永远留遗，至今还如暗室的孤灯一般，照见我含泪握着她的手，一条腿跪了下去……。

不但我自己的，便是子君的言语举动，我那时就没有看得分明；仅知道她已经允许我了。但也还仿佛记得她脸色变成青白，后来又渐渐转作绯红，——没有见过，也没有再见的绯红；孩子似的眼里射出悲喜，但是夹着惊疑的光，虽然力避我的视线，张皇地似乎要破窗飞去。然而我知道她已经允许我了，没有知道她怎样说或是没有说。

她却是什么都记得：我的言辞，竟至于读熟了的一般，能够滔滔背诵；我的举动，就如有一张我所看不见的影片挂在眼下，叙述得如生，很细微，自然连那使我不愿再想的浅薄的电影的一闪。夜阑人静，是相对温习的时候了，我常是被质问，被考验，并且被命复述当时的言语，然而常须由她补足，由她纠正，像一个丁等的学生。

这温习后来也渐渐稀疏起来。但我只要看见她两眼注视空中，出神似的凝想着，于是神色越加柔和，笑窝也深下去，便知道她又在自修旧课了，只是我很怕她看到我那可笑的电影的一闪。但我又知道，她一定要看见，而且也非看不可的。

然而她并不觉得可笑。即使我自己以为可笑，甚而至于可鄙的，她也毫不以为可笑。这事我知道得很清楚，因为她爱我，是这样地热烈，这样地纯真。

去年的暮春是最为幸福，也是最为忙碌的时光。我的心平静下去了，但又有别一部分和身体一同忙碌起来。我们这时才在路上同行，也到过几回公园，最多的是寻住所。我觉得在路上时时遇到探索，讥笑，猥亵和轻蔑的眼光，一不小心，便使我的全身有些瑟缩，只得即刻提起我的骄傲和反抗来支持。她却是大无畏的，对于这些全不关心，只是镇静地缓缓前行，坦然如入无人之境。

寻住所实在不是容易事，大半是被托辞拒绝，小半是我们以为不相宜。起先我们选择得很苛酷，——也非苛酷，因为看去大抵不像是我们的安身之所；后来，便只要他们能相容了。看了二十多处，这才得到可以暂且敷衍的处所，是吉兆胡同一所小屋里的两间南屋；主人是一个小官，然而倒是明白人，自住着正屋和厢房。他只有夫人和一个不到周岁的女孩子，雇一个乡下的女工，只要孩子不啼哭，是极其安闲幽静的。

我们的家具很简单，但已经用去了我的筹来的款子的大半；子君还卖掉了她唯一的金戒指和耳环。我拦阻她，还是定要卖，我也就不再坚持下去了；我知道不给她加入一点股分去，她是住不舒服的。

和她的叔子，她早经闹开，至于使他气愤到不再认她做侄女；我也陆续和几个自以为忠告，其实是替我胆怯，或者竟是嫉妒的朋友绝了交。然而这倒很清静。每日办公散后，虽然已近黄昏，车夫又一定走得这样慢，但究竟还有二人相对的时候。我们先是沉默的相视，接着是放怀而亲密的交谈，后来又是沉默。大家低头沉思着，却并未想着什么事。我也渐渐清醒地读遍了她的身体，她的灵魂，不过三星期，我似乎于她已经更加了解，揭去许多先前以为了解而现在看来却是隔膜，即所谓真的隔膜了。

子君也逐日活泼起来。但她并不爱花，我在庙会时买来的两盆小草花，四天不浇，枯死在壁角了，我又没有照顾一切的闲暇。然而她爱动物，也许是从官太太那里传染的罢，不一月，我们的眷属便骤然加得很多，四只小油鸡，在小院子里和房主人的十多只在一同走。但她们却认识鸡的相貌，各知道那一只是自家的。还有一只花白的叭儿狗，从庙会买来，记得似乎原有名字，子君却给它另起了一个，叫作阿随。我就叫它阿随，但我不喜欢这名字。

这是真的，爱情必须时时更新，生长，创造。我和子君说起这，她也领会地点点头。

唉唉，那是怎样的宁静而幸福的夜呵！

……

我所豫期的打击果然到来。双十节的前一晚，我呆坐着，她在洗碗。听到打门声，我去开门时，是局里的信差，交给我一张油印的纸条。我就有些料到了，到灯下去一看，果然，印着的就是：

奉

局长谕史涓生着毋庸到局办事

秘书处启　十月九号

这在会馆里时，我就早已料到了；那雪花膏便是局长的儿子的赌友，一定要去添些谣言，设法报告的。到现在才发生效验，已经要算是很晚的了。其实这在我不能算是一个打击，因为我早就决定，可以给别人去钞写，或者教读，或者虽然费力，也还可以译点书，况且《自由之友》的总编辑便是见过几次的熟人，两月前还通过信。但我的心却跳跃着。那么一个无畏的子君也变了色，尤其使我痛心；她近来似乎也较为怯弱了。

"那算什么。哼，我们干新的。我们……。"她说。

她的话没有说完；不知怎地，那声音在我听去却只是浮浮的；灯光也觉得格外黯淡。人们真是可笑的动物，一点极微末的小事情，便会受着很深的影响。我们先是默默地相视，逐渐商量起来，终于决定将现有的钱竭力节省，一面登"小广告"去寻求钞写和教读，一面写信给《自由之友》的总编辑，说明我目下的遭遇，请他收用我的译本，给我帮一点艰辛时候的忙。

"说做，就做罢！来开一条新的路！"

我立刻转身向了书案，推开盛香油的瓶子和醋碟，子君便送过那黯淡的灯来。我先拟广告；其次是选定可译的书，迁移以来未曾翻阅过，每本的头上都满漫着灰尘了；最后才写信。

我很费踌躇，不知道怎样措辞好，当停笔凝思的时候，转眼去一瞥她的脸，在昏暗的灯光下，又很见得凄然。我真不料这样微细的小事情，竟会给坚决的，无畏的子君以这么显著的变化。她近来实在变得很怯弱了，但也并不是今夜才开始的。我的心因此更缭乱，忽然有安宁的生活的影像——会馆里的破屋的寂静，在眼前一闪，刚刚想定睛凝视，却又看见了昏暗的灯光。

许久之后，信也写成了，是一封颇长的信；很觉得疲劳，仿佛近来自己也较为怯弱了。于是我们决定，广告和发信，就在明日一同实行。大家不约而同地伸直了腰肢，在无言中，似乎又都感到彼此的坚忍崛强的精神，还看见从新萌芽起来的将来的希望。

外来的打击其实倒是振作了我们的新精神。局里的生活，原如鸟贩子手里的禽鸟一般，仅有一点小米维系残生，决不会肥胖；日子一久，只落得麻痹了翅子，即使放出笼外，早已不能奋飞。现在总算脱出这牢笼了，我从此要在新的开阔的天空中翱翔，趁我还未忘却了我的翅子的扇动。

……

这是冬春之交的事，风已没有这么冷，我也更久地在外面徘徊；待到回家，大概已经昏黑。就在这样一个昏黑的晚上，我照常没精打采地回来，一看见寓所的门，也照常更加丧气，使脚步放得更缓。但终于走进自己的屋子里了，没有灯火；摸火柴点起来时，是异样的寂寞和空虚！

正在错愕中，官太太便到窗外来叫我出去。

"今天子君的父亲来到这里，将她接回去了。"她很简单地说。

这似乎又不是意料中的事，我便如脑后受了一击，无言地站着。

"她去了么？"过了些时，我只问出这样一句话。

"她去了。"

"她，——她可说什么？"

"没说什么。单是托我见你回来时告诉你，说她去了。"

我不信；但是屋子里是异样的寂寞和空虚。我遍看各处，寻觅子君；只见几件破旧而黯淡的家具，都显得极其清疏，在证明着它们毫无隐匿一人一物的能力。我转念寻信或她留下的字迹，也没有；只是盐和干辣椒，面粉，半株白菜，却聚集在一处了，旁边还有几十枚铜元。这是我们两人生活材料的全副，现在她就郑重地将这留给我一个人，在不言中，教我借此去维持较久的生活。

我似乎被周围所排挤，奔到院子中间，有昏黑在我的周围；正屋的纸窗上映出明亮的灯光，他们正在逗着孩子玩笑。我的心也沉静下来，觉得在沉重的迫压中，渐渐隐约地现出脱走的路径：深山大泽，洋场，电灯下的盛筵，壕沟，最黑最黑的深夜，利刃的一击，毫无声响的脚步……。

心地有些轻松，舒展了，想到旅费，并且嘘一口气。

……

我要离开吉兆胡同，在这里是异样的空虚和寂寞。我想，只要离开这里，子君便如还在我的身边；至少，也如还在城中，有一天，将要出乎意表地访我，像住在会馆时候似的。

然而一切请托和书信，都是一无反响；我不得已，只好访问一个久不问候的世交去了。他是我伯父的幼年的同窗，以正经出名的拔贡，寓京很久，交游也广阔的。

大概因为衣服的破旧罢，一登门便很遭门房的白眼。好容易才相见，也还相识，但是很冷落。我们的往事，他全都知道了。

"自然，你也不能在这里了，"他听了我托他在别处觅事之后，冷冷地说，"但那里去呢？很难。——你那，什么呢，你的朋友罢，子君，你可知道，她死了。"

我惊得没有话。

"真的？"我终于不自觉地问。

"哈哈。自然真的。我家的王升的家，就和她家同村。"

"但是，——不知道是怎么死的？"

"谁知道呢。总之是死了就是了。"

我已经忘却了怎样辞别他，回到自己的寓所。我知道他是不说谎话的；子君总不会再来的了，像去年那样。她虽是想在严威和冷眼中负着虚空的重担来走所谓人生的路，也已经不能。她的命运，已经决定她在我所给与的真实——无爱的人间死灭了！

自然，我不能在这里了；但是，"那里去呢？"

四围是广大的空虚，还有死的寂静。死于无爱的人们的眼前的黑暗，我仿佛一一看见，还听得一切苦闷和绝望的挣扎的声音。

我还期待着新的东西到来，无名的，意外的。但一天一天，无非是死的寂静。

我比先前已经不大出门，只坐卧在广大的空虚里，一任这死的寂静侵蚀着我的灵魂。死的寂静有时也自己战栗，自己退藏，于是在这绝续之交，便闪出无名的，意外的，新的期待。

一天是阴沉的上午，太阳还不能从云里面挣扎出来，连空气都疲乏着。耳中听到细碎的步声和咻咻的鼻息，使我睁开眼。大致一看，屋子里还是空虚；但偶然看到地面，却盘旋着一匹小小的动物，瘦弱的，半死的，满身灰土的……。

我一细看，我的心就一停，接着便直跳起来。

那是阿随。它回来了。

我的离开吉兆胡同，也不单是为了房主人们和他家女工的冷眼，大半就为着这阿随。但是，"那里去呢？"新的生路自然还很多，我约略知道，也间或依稀看见，觉得就在我面前，然而我还没有知道跨进那里去的第一步的方法。

经过许多回的思量和比较，也还只有会馆是还能相容的地方。依然是这样的破屋，这样的板床，这样的半枯的槐树和紫藤，但那时使我希望，欢欣，爱，生活的，却全都逝去了，只有一个虚空，我用真实去换来的虚空存在。

新的生路还很多，我必须跨进去，因为我还活着。但我还不知道怎样跨出那第一步。有时，仿佛看见那生路就像一条灰白的长蛇，自己蜿蜒地向我奔来，我等着，等着，看看临近，但忽然便消失在黑暗里了。

初春的夜，还是那么长。长久的枯坐中记起上午在街头所见的葬式，前面是纸人纸马，后面是唱歌一般的哭声。我现在已经知道他们的聪明了，这是多么轻松简截的事。

然而子君的葬式却又在我的眼前，是独自负着虚空的重担，在灰白的长路上前行，而又即刻消失在周围的严威和冷眼里了。

我愿意真有所谓鬼魂，真有所谓地狱，那么，即使在孽风怒吼之中，我也将寻觅子君，当面说出我的悔恨和悲哀，祈求她的饶恕；否则，地狱的毒焰将围绕我，猛烈地烧尽我的悔恨和悲哀。

我将在孽风和毒焰中拥抱子君，乞她宽容，或者使她快意……。

但是，这却更虚空于新的生路；现在所有的只是初春的夜，竟还是那么长。我活着，我总得向着新的生路跨出去，那第一步，——却不过是写下我的悔恨和悲哀，为子君，为自己。

我仍然只有唱歌一般的哭声，给子君送葬，葬在遗忘中。

我要遗忘；我为自己，并且要不再想到这用了遗忘给子君送葬。

我要向着新的生路跨进第一步去，我要将真实深深地藏在心的创伤中，默默地前行，用遗忘和说谎做我的前导……。

一九二五年十月二十一日毕。

作品解读

《伤逝》是鲁迅唯一一篇以青年人恋爱和婚姻为题材的小说，创作于20世纪20年代初，收录于《彷徨》中。恋爱自由、婚姻自主是五四运动以后青年普遍关心的一个问题，《伤逝》以独特的角度，描写了涓生和子君的恋爱及其破灭的过程。

20年代初期，正是个性解放和思潮盛行的时期，青年人纷纷效仿易卜生笔下的人物，走出家庭，去追求婚姻自由，鲁迅及时看到了个性主义的不足，提出了"娜拉走后怎样"的问题。在鲁迅看来，娜拉走出家庭后只有两条道路："不是堕落，就是回来"，从而昭示出个性解放必须与经济、社会解放相结合的思想。

小说的主人公涓生和子君在相爱的过程中，尽管遇到了来自家庭和社会的各种阻挠，但他们无所畏惧，子君的态度尤其坚决。面对父亲和叔父的反对，她坚定地表示："我是我自己的，他们谁也没有干涉我的权利！"正是靠着这种无畏的勇气和坚定的态度，他们终于冲破重重阻碍而结合。但是，他们的幸福其实潜藏着毁灭的危机。涓生被工作单位辞退，他们的生计成了问题，婚姻也自然产生了裂痕。婚后的子君失去了上进的目标，甘愿做一个庸俗的家庭主妇。涓生曾希望借个人奋斗改变困窘的生存环境，但努力没有取得效果，并自欺欺人地把抛弃子君作为自己"向着新的生路跨出去"的第一步，结果是导致了子君的死亡，而他自己也并未真的跨入新的生活，整日在悔恨与悲哀中消磨着生命。

作品在艺术上具有非常突出的特点。首先，采用了涓生手记的形式和第一人称的叙述方式，直抒胸臆，让涓生重新回到他和子君恋爱的场所去追思往事，倒叙追忆的悔恨和悲哀贯穿故事情节的全过程，使整个作品自始至终都笼罩在一种浓郁的悲剧氛围之中。其次，作品的描写非常细腻。油鸡和阿随的命运同子君感情变化相呼应，实现了以小见大的效果，它们的出现，表现了子君婚后精神的空虚，它们的被逐杀的命运，也暗示了主人公的悲惨结局。子君在被父亲领走之前把全部的生活物品拢为一处的细节，从中既可以看出子君对涓生真挚深沉的爱，也可以体会到作者对她寄予的深刻同情，既具有催人泪下的艺术效果，又对后面的悲剧起到了很好的照应作用。第三，首尾呼应的结构方式。"会馆——吉兆胡同——会馆"这一生活环境的回环安排，暗示了涓生个人奋斗的归于失败；而小说的开头一句："如果我能够，我要写下我的悔恨和悲哀，为子君，为自己"，小说结尾的一段又重申："我活着，我总得向着新的生路跨出去，那第一步，却不过是写下我的悔恨和悲哀，为子君，为自己"，首尾呼应，深化了主题。

鲁迅认为，经济权是妇女解放的一个重要条件，娜拉从家庭中出走之后，如果没有钱，等待她的就只有两条路"一是堕落，一是回来"。子君缺少的就是这样一种经济权，她在家靠父，出嫁靠夫，虽然她和涓生有爱情，但本质上仍然是一种依附关系。当爱情死亡之后，她离开丈夫，只能回到父亲身边，由于没有经济权，她没有第三条路可走。子君追求的只是恋爱婚姻自由，奋斗目标一旦实现，就把狭窄的小天地当作整个世界，把小家庭生活当作整个人生意义。这样，人的性格也就变得庸俗空虚、胆怯虚弱，爱情也因此褪色。对于当代女性来说，在追求婚恋幸福的过程中首先应该获得人格和经济地位上的独立，爱情才能有所附丽，否则美满的爱情只能是一种空幻的愿望。只有成为自觉的追求者和奋斗者，生活才能更为幸福。

思考练习

1. 试分析造成涓生与子君爱情悲剧的原因有哪些？
2. 《伤逝》对当代女性的启示有哪些？

论 快 乐

钱锺书

// 作者介绍 //

钱锺书（1910—1998），出生于江苏无锡，原名仰先，字哲良，后改名锺书，字默存，号槐聚，曾用笔名"中书君"，中国现代著名的作家、文学研究家。他博学多能，学贯中西，在学术研究和文学创作上颇具建树。著作长篇小说《围城》短篇小说集《人·兽·鬼》散文集《写在人生边上》古文笔记体著作《管锥篇》等，作品均已成为20世纪重要的学术和文学经典。

散文集《写在人生边上》收录了1939年2月以前钱锺书先生写的十篇散文，作品语言诙谐幽默、见解独特精辟，文风如行云流水，内容旁征博引，富于哲理性。

▷ 图 6-2　钱锺书

在旧书铺里买回来维尼①的《诗人日记》，信手翻开，就看见有趣的一条。他说，在法语里，喜乐一个名词是"好"和"钟点"两字拼成，可见好事多磨，只是个把钟头的玩意儿。我们联想到我们本国话的说法，也同样的意味深永，譬如快活或快乐的"快"字，就把人生一切乐事的飘瞥难留，极清楚地指示出来。所以我们又慨叹说："欢娱嫌夜短！"因为人在高兴的时候，活得太快，一到困苦无聊，愈觉得日脚像跛了似的，走得特别慢。德语的沉闷一词，据字面上直译，就是"长时间"的意思。《西游记》里小猴子对孙行者说："天上一日，下界一年。"这种神话，确反映着人类的心理。天上比人间舒服欢乐，所以神仙活得快，人间一年在天上只当一日过。从此类推，地狱里比人间更痛苦，日子一定愈加难度。段成式②《酉阳杂俎》就说："鬼言三年，人间三日。"嫌人生短促的人，真是最"快活"的人，反过来说，真快活的人，不管活到多少岁死，只能算是短命夭折。所以，做神仙也并不值得，在凡间已经三十年做了一世的人，在天上还是个初满月的小孩。但是这种"天算"，也有占便宜的地方：譬如戴孚③《广异记》载崔参军捉狐妖，"以桃枝决五下"，长孙无忌说罚讨得太轻，崔答："五下是人间五百下，殊非小刑。"可见卖老祝寿等等，在地上最为相宜，而刑罚呢，应该到天上去受。

"永远快乐"这句话，不但渺茫得不能实现，并且荒谬得不能成立。快过的决不会永久；我们说永远快乐，正好像说四方的圆形、静止的动作同样地自相矛盾。在高兴的时候，我们的生命加添了迅速，增进了油滑。像浮士德那样，我们空对瞬息即逝的时间喊着说："逗留一会儿罢！你太美了！"那有什么用？你要永久，你该向痛苦里去找。不讲别的，只要一个失眠的晚上，或者有约不来的下午，或者一课沉闷的听讲——这许多，比一切宗教信仰更有效力，能使你尝到什么叫做"永生"的滋味。人生的刺，就在这里，留恋着不肯快走的，偏是你所不留恋的东西。

快乐在人生里，好比引诱小孩子吃药的方糖，更像跑狗场里引诱狗赛跑的电兔子。几分钟或者几天的快乐赚我们活了一世，忍受着许多痛苦。我们希望它来，希望它留，希望它再来——这三句话概括了整个人类努力的历史。在我们追求和等候的时候，生命又不知不觉地偷度过去。也许我们只是时间消费的筹码，活了一世不过是为那一世的岁月充当殉葬品，根本不会享到快乐。但是我们到死也不明白是上了当，我们还理想死后有个天堂，在那里——谢上帝，也有这一天！我们终于享受到永远的快乐。你看，快乐的引诱，不仅像电兔子和方糖，使我们忍受了人生，而且彷佛钓钩上的鱼饵，竟使我们甘心去死。这样说来，人生虽痛苦，却并不悲观，因为它终抱着快乐的希望；现在的账，我们预支了将来去付。为了快活，我们甚至于愿意慢死。

穆勒曾把"痛苦的苏格拉底"和"快乐的猪"比较。假使猪真知道快活，那么猪和苏格拉底也相去无几了。猪是否能快乐得像人，我们不知道；但是人会容易满足得像

---

① 维尼：法国浪漫主义诗人阿尔弗雷德·德·维尼（1797—1863）。
② 段成式：字柯古，晚唐邹平人，唐代著名志怪小说家。
③ 戴孚：唐代谯郡（今安徽省亳州市）人，《广异记》是一部唐代前期的志怪传奇小说集。

猪，我们是常看见的。把快乐分肉体的和精神的两种，这是最糊涂的分析。一切快乐的享受都属于精神的，尽管快乐的原因是肉体上的物质刺激。小孩子初生了下来，吃饱了奶就乖乖地睡，并不知道什么是快活，虽然它身体感觉舒服。缘故是小孩子的精神和肉体还没有分化，只是混沌的星云状态。洗一个澡，看一朵花，吃一顿饭，假使你觉得快活，并非全因为澡洗得干净，花开得好，或者菜合你口味，主要因为你心上没有挂碍，轻松的灵魂可以专注肉体的感觉，来欣赏，来审定。要是你精神不痛快，像将离别时的筵席，随它怎样烹调得好，吃来只是土气息、泥滋味。那时刻的灵魂，彷佛害病的眼怕见阳光，撕去皮的伤口怕接触空气，虽然空气和阳光都是好东西。快乐时的你，一定心无愧怍。假如你犯罪而真觉快乐，你那时候一定和有道德、有修养的人同样心安理得。有最洁白的良心，跟全没有良心或有最漆黑的良心，效果是相等的。

发现了快乐由精神来决定，人类文化又进一步。发现这个道理，和发现是非善恶取决于公理而不取决于暴力，一样重要。公理发现以后，从此世界上没有可被武力完全屈服的人。发现了精神是一切快乐的根据，从此痛苦失掉它们的可怕，肉体减少了专制。精神的炼金术能使肉体痛苦都变成快乐的资料。于是，烧了房子，有庆贺的人；一箪食，一瓢饮，有不改其乐的人；千灾百毒，有谈笑自若的人。所以我们前面说，人生虽不快乐，而仍能乐观。譬如从写《先知书》的所罗门[1]直到做《海风》诗的马拉梅[2]，都觉得文明人的痛苦，是身体困倦。但是偏有人能苦中作乐，从病痛里滤出快活来，使健康的消失有种赔偿。苏东坡诗就说："因病得闲殊不恶，安心是药更无方。"王丹麓[3]《今世说》也记毛稚黄善病，人以为忧，毛曰："病味亦佳，第不堪为躁热人道耳！"在着重体育的西洋，我们也可以找着同样达观的人。工愁善病的诺瓦利斯[4]在《碎金集》里建立一种病的哲学，说病是"教人学会休息的女教师"。罗登巴煦[5]的诗集《禁锢的生活》里有专咏病味的一卷，说病是"灵魂的洗涤"。身体结实、喜欢活动的人采用了这个观点，就对病痛也感到另有风味。顽健粗壮的十八世纪德国诗人白洛柯斯第一次害病，觉得是一个"可惊异的大发现"。对于这种人，人生还有什么威胁？这种快乐把忍受变为享受，是精神对于物质的大胜利。灵魂可以自主——同时也许是自欺。能一贯抱这种态度的人，当然是大哲学家，但是谁知道他不也是个大傻子？

是的，这有点矛盾。矛盾是智慧的代价。这是人生对于人生观开的玩笑。

作品解读

这篇散文收录于钱锺书先生的散文集《写在人生边上》，是一篇哲理意味非常浓厚、政论性也非常强的散文。

快乐是人的一种心理体验，它伴随着我们的人生，看起来触手可及，但是又难以捉

---

[1] 所罗门：古代以色列王国第三任国王。

[2] 马拉梅：法国象征主义诗人和散文家，代表作为《牧神的午后》。

[3] 王丹麓：王晫，字丹麓，浙江钱塘人。生于明末，约生活于清顺治、康熙时。

[4] 诺瓦利斯：(1772—1801)，德国诗人。德国早期浪漫派代表人物。

[5] 罗登巴煦：比利时诗人。

摸，有的时候快乐甚至是稍纵即逝的。古今中外谈论快乐的人很多，而钱锺书先生却以自己独特的睿智和幽默，向人们阐述了他独特的快乐哲学，并强调保持对快乐的希望是人生永远不会悲观的精神之源，他鼓励人们永远不要丢弃自己的理想和追求。

本文思路开阔，不乏幽默诙谐的意味。作者从不同的角度、不同的层面反复阐述了自己对快乐的种种理解。旁征博引，侃侃而谈，把人引入一个更为广阔的天地。文中巧妙运用比喻手法，不但使文章文采斐然，而且使议论深入浅出、灵动活泼。

对于一个职业人而言，快乐是能够帮助我们走好、走完职业生涯的一个最为重要的因素。正如钱锺书先生在《论快乐》一文中提到的那样，快乐对于人生而言是永远存在的一种诱惑，它属于精神层面，精神可以让肉体的痛苦变成快乐，快乐能把忍受变成享受。

然而，在现实生活中，影响人快乐工作的因素有很多，例如浮躁的心态、失衡的心理、对现实的不满、自卑感，以及一系列的现实问题。但是，工作不应当仅仅成为我们的谋生手段，我们还应当将工作当成事业来奋斗，当成生命和精神的需要，当成自我实现的一种乐趣。

快乐的职场，是孕育成功的职场，摆正自己的心态，哪怕在职场中没有获得名利上的成功，但是只要能够快乐工作，快乐生活，那也是另一种意义上的成功。

思考练习

1. 请找出文中的引用，说说这些引用在表达上所起的作用。
2. 结合课文，谈谈钱锺书先生对快乐的理解。
3. 以《论快乐》为例，分析钱锺书随笔的艺术特点。

扩展阅读

学习与创造（茅盾）
火（巴金）

学习与创造
茅 盾

生物学家言，一切动物都有学习的天性；可是低级动物的学习，只是一种本能，而不是有意识的，高级动物则为有意识的学习，最高级的动物——人，学习的意识最为发达。人类之所以能从原始的生活进化而为文明的生活，即在善于学习。人类最初的居室，其构造并不比鸟巢高明了多少，然而数十万年来的鸟巢并无进步，今日的鸟巢和十万年以前的鸟巢并无不同之处，可是人类的居室却从原始的鸟巢型进化而为今日之摩天楼了，这就因为人类能够有意识地去学习。

人类现在所达到的知识的高度是积累了数千年学习的成果而始能得到的，把前代学习到的知识接受下来，又从而更进一步以求更高更深，这便是人类之所以能步步发展，日益文明之要诀。所以人类的学习精神，自始即与猿猴之模仿不同；模仿只是学会了皮毛，生吞活剥，不能消化而变为自己的血肉，所以模仿是没有创造性的。但学习则不然，学习之可贵，即在能采取众长，加以消化，而成为自己的营养，而且更在人家已经达到的那一阶段上前进一步，创造了新的东西，开展了新的境界。所以学习是有创造性的；又不但有创造性，而且学习与创造是一体的两面，没有学习不能凭空来创造，不能创造，即是学习未必彻底。

然而即使已能创造了，仍须加紧学习，因为知识是万般相系相同的，愈精进则愈觉其广博而无涯，在创造之中将随时感到尚有不足，古人所说"学然后知不足"正是这个意思。因此，学习与创造又是循环的。明白了这一点，然后是真能学习。

火
巴　金

船上只有轻微的鼾声，挂在船篷里的小方灯，突然灭了。我坐起来，推开旁边的小窗，看见一线灰白色的光。我不知道现在是什么时候，船停在什么地方。我似乎还在梦中，那噩梦重重地压住我的头。一片红色在我的眼前。我把头伸到窗外，窗外静静地横着一江淡青色的水，远远地耸起一座一座墨汁绘就似的山影。我呆呆地望着水面。我的头在水中浮现了。起初是个黑影，后来又是一片亮红色掩盖了它。我擦了擦眼睛，我的头黑黑地映在水上。没有亮，似乎一切都睡熟了。天空显得很低。有几颗星特别明亮。水轻轻地在船底下流过去。我伸了一只手进水里，水是相当地凉。我把这周围望了许久。这些时候，眼前的景物仿佛连动也没有动过一下；只有空气逐渐变凉，只有偶尔亮起一股红光，但是等我定睛去捕捉红光时，我却只看到一堆沉睡的山影。

我把头伸回舱里，舱内是阴暗的，一阵一阵人的气息扑进鼻孔来。这气味像一只手在搔着我的胸膛。我向窗外吐了一口气，便把小窗关上。忽然我旁边那个朋友大声说起话来："你看，那样大的火！"我吃惊地看那个朋友，我看不见什么。朋友仍然沉睡着，刚才动过一下，似乎在翻身，这时连一点声音也没有。

舱内是阴暗世界，没有亮，没有火。但是为什么朋友也嚷着"看火"呢？难道他也做了和我同样的梦？我想叫醒他问个明白，我把他的膀子推一下。他只哼一声却翻身向另一面睡了。睡在他旁边的友人不住地发出鼾声，鼾声不高，不急，仿佛睡得很好。

我觉得眼睛不舒服，眼皮似乎变重了，老是睁着眼也有点吃力，便向舱板倒下，打算阖眼睡去。我刚闭上眼睛，忽然听见那个朋友嚷出一个字"火"！我又吃一惊，屏住气息再往下听。他的嘴却又闭紧了。

我动着放在枕上的头向舱内各处细看，我的眼睛渐渐地和黑暗熟习了。我看出了几个影子，也分辨出铺盖和线毯的颜色。船尾悬挂的篮子在半空中随着船身微微晃动，仿佛一个穿白衣的人在那里窥探。舱里闷得很。鼾声渐渐地增高，被船篷罩住，冲不出去。好像全堆在舱里，把整个舱都塞满了，它们带着难闻的气味向着我压下，压得我透不过气来。我无法闭眼，也不能使自己的心安静。我要挣扎。我开始翻动身子，我不住地向左右翻身。没有用。我感到更难堪的窒息。

于是耳边又响起那个同样的声音"火"！我的眼前又亮起一片红光。那个朋友睡得沉沉的，并没有张嘴。这是我自己的声音。梦里的火光还在追逼我。我受不了。我马上推开被，逃到舱外去。

舱外睡着一个伙计，他似乎落在安静的睡眠中，我的脚步并不曾踏破他的梦。船浮在平静的水面上，水青白地发着微光，四周都是淡墨色的山，像屏风一般护着这一江水和两三只睡着的木船。

我靠了舱门站着。江水碰着船底，一直在低声私语。一阵一阵的风迎面吹过，船篷也轻轻地叫起来。我觉得呼吸畅快一点。但是跟着鼾声从舱里又送出来一个"火"字。

我打了一个冷噤，这又是我自己的声音，我自己梦中的"火"！

四年了，它追逼我四年了！

四年前上海沦陷的那一天，我曾经隔着河望过对岸的火景，我像在看燃烧的罗马城。房屋成了灰烬，生命遭受摧残，土地遭着踩躏。在我的眼前沸腾着一片火海，我从没有见过这样大的火，火烧毁了一切：生命，心血，财富和希望。但这和我并不是漠不相关的。燃烧着的土地是我居住的地方；受难的人们是我的同胞，我的弟兄；被摧毁的是我的希望，我的理想。这一个民族的理想正受着煎熬。我望着漫天的红光，我觉得有一把刀割着我的心，我想起一位西方哲人的名言："这样的几分钟会激起十年的憎恨，一生的复仇。"我咬紧牙齿在心里发誓：我们有一天一定要昂着头回到这个地方来。我们要在火场上辟出美丽的花园。我离开河岸时，一面在吞眼泪，我仿佛看见了火中新生的凤凰。

四年了。今晚在从阳朔回来的木船上我又做了那可怕的火的梦，在平静的江上重见了四年前上海的火景。四年来我没有一个时候忘记过那样的一天，也没有一个时候不想到昂头回来的日子。难道胜利的日子逼近了么？或者是我的热情开始消退，需要烈火来帮助它燃烧？朋友睡梦里念出的"火"字对我是一个警告，还是一个预言？……

我惶恐地回头看舱内，朋友们都在酣睡中，没有人给我一个答复。我刚把头掉转，忽然瞥见一个亮影子从我的头上飞过，向着前面那座马鞍似的山头飞走了。这正是火中的凤凰！

我的眼光追随着我脑中的幻影。我想着，我想到我们的苦难中的土地和人民，我不觉含着眼泪笑了。在这一瞬间似乎全个江，全个天空，和那无数的山头都亮起来了。

1941年9月22日从阳朔回来，在桂林写成。

下　编

职场训练

项目一　沟 通 基 础

第一章　沟通的内涵

一、沟通的含义

《辞海》中"沟通"的第一个含义是开沟使两水相通，《左传·哀公九年》："秋，吴城邗，沟通江淮。"后"沟通"泛指使彼此相通。《大英百科全书》将"沟通"定义为"使用词语、声音、符号或行为来表达或交换信息，或向他人表达你的想法、感受等的行为或过程"。广义的沟通，是指信息凭借一定的符号载体，在个人或群体间、从发送者到接受者之间进行传递，并获得理解的过程。狭义的沟通，则是指人与人之间转移信息的过程。

二、沟通的过程

沟通涉及五个基本要素，即沟通主体、沟通客体、沟通内容、沟通渠道、沟通环境。沟通的过程包括下面几个环节：

（一）沟通主体发送信息

沟通主体是沟通过程的发起者，可以是个人或团体。沟通主体有目的地对沟通客体施加影响、传递信息，在沟通中占据主动地位。这里的信息是一个广义的概念，包括观点、想法、资料等。

（二）编码

编码是指发送者将所要发送的信息转化成接收者能够理解的一系列符号。为有效沟通，这些符号必须与媒介相适应。例如：如果媒介是网络，符号的形式应选择文字、图表或者图片；如果媒介是课堂，就应选择文字、投影或板书的形式。

（三）信息在通道中传递

信息传递的方式可以是书面的，如信件、备忘录等；也可以是口头的，如交谈、演讲、电话等；甚至还可以通过肢体动作来传递信息，如手势、面部表情、姿态等。

（四）解码

解码的过程包括：接收者根据发送来的符号的传递方式选择相应的接收方式。如发送来的符号是以口头方式传递的，则接收者须仔细倾听，避免符号丢失；接收者要将接收到的符号还原为原始信息。由于沟通过程中存在许多干扰和扭曲信息传递的因素(通常把这些因素称为噪音)，因此还原后信息的内容和含义可能会存在被曲解的情况。

（五）反馈

发送者通过反馈来了解其想传递的信息是否被对方准确地接收。一般来说，由于沟通过程中存在许多干扰因素，为提高沟通效率，发送者了解信息是否被准确接收是十分必要的。信息反馈实现了信息的双向沟通。

沟通通常可分为口语沟通、书面沟通和电子沟通三类，本章内容主要介绍口语沟通。

三、口语沟通需要具备的素养

（一）人文素养

人文素养的核心是以人为对象、以人为中心的精神，是对人类生存意义和价值的关怀。口语沟通的过程中能够体现出沟通者的人格修养，要提升自己的口语沟通素质，首先需要从加强人文素养入手。

1. 品德修养

子曰："可与言而不与之言，失人；不可与言而与之言，失言。知者不失人，亦不失言。"(《论语·卫灵公》)口语沟通历来为先贤所重视，德行修养高的人，与人交往也会"与善仁，言善信"(《道德经·第八章》)。要想提升口语沟通的素质，首先应该提升自身的道德品质。

2. 人文情怀

在人文情怀的关照下进行口语沟通，能够提升个人的同理心。同理心是设身处地地理解他人情绪和需求的能力，是促进沟通有效进行的必要前提。在口语沟通中常常换位思考，会使沟通者彼此之间的关系更融洽，沟通的效果更好。请阅读下文并思考：同理心沟通有哪些特点？

我把鼻子顶着金鱼缸向里看，金鱼一边游一边嘴巴一张一张地在喝水，我的嘴也不由得一张一张地在学鱼喝水。有时候金鱼游到我的面前来，隔着一层玻璃，我和鱼鼻子顶牛儿啦！我就这么看着，两腿跪在炕沿上，都麻了，秀贞还不来。

我翻腿坐在炕沿上，又等了一会，还不见秀贞来，我急了，溜出了屋子，往跨院里去找她。那跨院，仿佛一直都是关着的，我从来也没见过谁去那里。我轻轻推开跨院门进去，小小的院子里有一棵不知什么树，已经长了小小的绿叶子了。院角地上是干枯的落叶，有的烂了。秀贞大概正在打扫，但是我进去时看见她一手拿着扫帚倚在树干上，一手掀起了衣襟在擦眼睛，我悄悄走到她跟前，抬头看着她。她也许看见我了，但是没理会我，忽然背转身子去，伏着树干哭起来了，她说：

"小桂子，小桂子，你怎么不要妈了呢？"

那声音多么委屈，多么可怜啊！她又哭着说：

"我不带你，你怎么认得道儿，远着呢！"

我想起妈妈说过，我们是从很远很远的家乡来的，那里是个岛，四面都是水，我们坐了大轮船，又坐大火车，才到这个北京来。我曾问妈妈什么时候回去，妈说早着呢，来一趟不容易，多住几年。那么秀贞所说的那个远地方，是像我们的岛那么远吗？小桂子怎么能一个人跑了去？我替秀贞难过，也想念我并不认识的小桂子，我的眼泪掉下来了。在模模糊糊的泪光里，我仿佛看见那骑着大金鱼的胖娃娃，是什么也没穿啊！

我含着眼泪，大大地倒抽了一口气，为的不让我自己哭出来，我揪揪秀贞裤腿叫她：

"秀贞！秀贞！"

她停止了哭声，满脸泪蹲下来，搂着我，把头埋在我的前胸擦来擦去，用我的夹袄和软软的背心，擦干了她的泪，然后她仰起头来看看我笑了，我伸出手去调顺她的揉乱的刘海儿，不由得说：

"我喜欢你，秀贞。"

（摘自《城南旧事·惠安馆》）

3. 学识阅历

（1）宽广的学识视野

互联网时代，随着大数据和人工智能算法的兴起，每个人都面临着大数据和算法的分析和引导，如果被动应对，就会产生"信息茧房"效应。在"信息茧房"中，既有的观点不断被重复，个人既有的价值取向和认知也在不断被强化，不同茧房之间的壁垒日益加深。渐渐地，人们越来越不习惯和不同的观点共存，进行建设性公共讨论的能力迅速下降，口语沟通素质也不断变弱。因此，培养宽广的学识视野，是与他人自如地展开不同话题并灵活应对的重要基础。

（2）丰富的人生阅历

"世事洞明皆学问，人情练达即文章"，丰富的人生阅历使人成熟自信，并能增加话语的真实感、可信度和感染力。《红楼梦》中的刘姥姥，是一个大字不识的乡下老太太，她没有受过任何教育，却具有超凡的交际能力与口才，深得贾府上上下下的喜爱。请阅读下文并思考：刘姥姥和贾母为什么能够相谈甚欢？

平儿等来至贾母房中，彼时大观园中姊妹们都在贾母前承奉。刘姥姥进去，只见满屋里珠围翠绕，花枝招展，并不知都系何人。只见一张榻上歪着一位老婆婆，身后坐着一个纱罗裹的美人一般的丫鬟在那里捶腿。凤姐儿站着正说笑。刘姥姥便知是贾母了，忙上来陪着笑，福了几福，口里说："请老寿星安。"贾母亦欠身问好，又命周瑞家的端过椅子来坐着。那板儿仍是怯人，不知问候。贾母道："老亲家，你今年多大年纪了？"刘姥姥忙立身答道："我今年七十五了。"贾母向众人道："这么大年纪了，还这么健朗，比我大好几岁呢。我要到这么大年纪，还不知怎么动不得呢。"刘姥姥笑道："我们生来是受苦的人，老太太生来是享福的。若我们也这样，那些庄家活也没人作了。"贾母道："眼睛牙齿都还好？"刘姥姥道："都还好，就是今年左边的槽牙活动了。"贾母道："我老了，都不中用了，眼也花，耳也聋，记性也没了。你们这些老亲戚，我都记不得了。亲戚们来了，我怕人笑我，我都不会。不过嚼得动的吃两口，睡一觉；闷了时，和这些孙子孙女儿顽笑一回就完了。"刘姥姥笑道："这正是老太太的福了。我们想这么着也不能。"贾母道："什么'福'，不过是老废物罢了。"说的大家都笑了。贾母又笑道："我才听见凤哥儿说，你带了好些瓜菜来，叫他快收拾去了。我正想个地里现撷的瓜儿菜儿吃，外头买的不像你们地里的好吃。"刘姥姥笑道："这是野意儿，不过吃个新鲜。依我们想鱼肉吃，只是吃不起。"贾母又道："今儿既认着了亲，别空空的就去。不嫌我这里，就住一两天再去。我们也有个园子，园子里头也有果子，你明日也尝尝，带些家去，你也算看亲戚一趟。"凤姐儿见贾母喜欢，也忙留道："我们这里虽不比你们的场院大，空屋子还有两间。你住两天罢，把你们那里的新闻故事儿，说些与我们老太太听听。"贾母笑道："凤丫头，别拿他取笑儿。他是乡屯里的人，老实，那里搁的住你打趣他？"说着，又命人去先抓果子与板儿吃。板儿见人多了，又不敢吃。贾母又命拿些钱给他，叫小幺儿们带他外头顽去。刘姥姥吃了茶，便把些乡村中所见所闻的事情说与贾母，贾母益发得了趣味。正说着，凤姐儿便命人来请刘姥姥吃晚饭。贾母又将自己的菜拣了几样，命人送过去与刘姥姥吃。

（摘自《红楼梦》第三十九回）

4. 语言素养

韩愈说："人声之精者为言，文辞之于言，又其精也。"口语沟通，是一种言语表达活动，需要提炼语言，强化语感，增强语言的表现力。在口语沟通中，如何提升自己的语言素养？可以从三个方面着手：一是系统学习语法、修辞、逻辑等方面的知识，提高口语表达的准确性、生动性和严谨性；二是系统学习副语言特征(包括音质、音量、音强、节奏、语调等)及态势语言等方面的知识，更好地展现精神情感风貌及个性特征；三是汲取优质的语言养料，名家的口才作品、经典文学名著、当下鲜活的潮流语言等等都是语言素养永不枯竭的源泉。

（二）言谈礼仪

言谈礼仪在人们相互认识、相互沟通、相互合作中有着非常重要的作用。

1. 谈吐文雅

言为心声、行为心表，言谈是礼仪规范的重要载体。言谈之中，用语是否恰当、文明，既反映了说话人的思想修养和文化修养，也影响到人际交往活动的效果。

（1）尊称与谦称

称谓，是人们由于亲属或其他方面的相互关系，以及身份、职业等而得来的名称。亲切、准确、恰当的称呼不仅能体现自身的文化素养和对对方尊重的程度，而且能促使交际的成功。尊称也叫敬称，是对对方表示尊敬的称呼。最常见的尊称是第二人称代词"您""贵单位""阁下""尊夫人"等。尊称通常在称呼前加"贵""高""令""大"等字。谦称用于称呼自己和自己的亲属。通常在称呼前加"鄙""敝""卑""小""家""舍"等字。

（2）敬辞与谦辞

敬辞与谦辞在人们日常交际和书信往来中经常使用。敬辞，也称"敬语"，是表示尊敬礼貌的言辞，通常有"高""贵""华""敬""奉""恭"等字。谦辞，也称"谦语"，是表示谦虚的言辞，通常有"拙""贱""敢""见""过"等字。

（3）雅语

在一些正式场合以及有长辈或儿童在场的情况下，雅语常用来替代那些比较随便甚至粗俗的话语。如吃饭称为"用餐"，上厕所称为"净手"等。雅语的使用不应机械、刻板，只有言辞彬彬有礼，才能给人留下有修养的好印象。

2. 注意表达禁忌

因地域、民族、文化、历史、方言等差异，口语表达中存在一定的避讳和禁忌。如在人际交往中，出于尊敬，一般不宜直接称呼对方姓名；有一些词语本身有凶祸的含义或是和凶祸词语谐音，也不宜使用，有些地方还有关于"破财"的词语禁忌，如忌讳说"少""没""光"等词语。

四、口语沟通应具备的能力

（一）倾听能力

在口语沟通的过程中，当信息被发送者传递出来，信息接收者需要通过倾听来进行接受，倾听时需要用头脑思考、用心去感悟，倾听能力是一种接受信息的能力。

1. 倾听概述

广义的倾听是指接受口头及非语言信息，确定其含义并对此做出反应的过程，也包括文字交流等方式。狭义的倾听是指凭借听觉器官接受言语信息，进而通过思维活动达到认知、理解的全过程。倾听的主体是听者，而倾诉的主体是诉说者。两者彼此呼应、传递信息、排解矛盾或宣泄感情。

倾听是倾听者主动参与的过程，是耳朵、眼睛、思维、情感共同作用和反应的过程。这就要求听者在倾听时不仅用耳朵听，而且用眼睛观察、用头脑思考、用心灵感受。因此，倾听有以下四种作用。

（1）获取有效信息的主要手段

通过倾听获取的信息分两个层次，一是对方说出来的具体内容，二是通过观察对方说话时伴随的表情、动作等非语言因素获取的更具实质性的内容。

（2）获得教益的重要途径

常言道："听君一席话，胜读十年书。"人们在听演讲、听课、听报告甚至于听他人倾诉的过程中得到知识的增广、视野的开阔、思想的启迪。茅塞顿开、豁然开朗是倾听使人达到的一种境界。

（3）使诉说者感到被接受、被尊重、被欣赏

每个人内心深处都有渴望得到别人尊重的愿望。被倾听就是被尊重，倾诉者的快乐会因为被人倾听而加倍，痛苦也会因被人倾听而减半。因为尊重是一切沟通的出发点，所以倾听在口语表达中具有不可低估的作用。

（4）体现倾听者的能力和修养

倾听能力反映了一个人的接受和理解能力，倾听能力强的人，口语交际的能力也强。人际交往中，大多数人都迫不及待地表达自己的观点、看法和意愿，因此相对而言，友善、耐心的倾听者自然会成为比较受欢迎的人。

2. 倾听的层次

根据影响倾听效率的行为特征，倾听分为五个层次，如图7-1所示。

倾听的层次

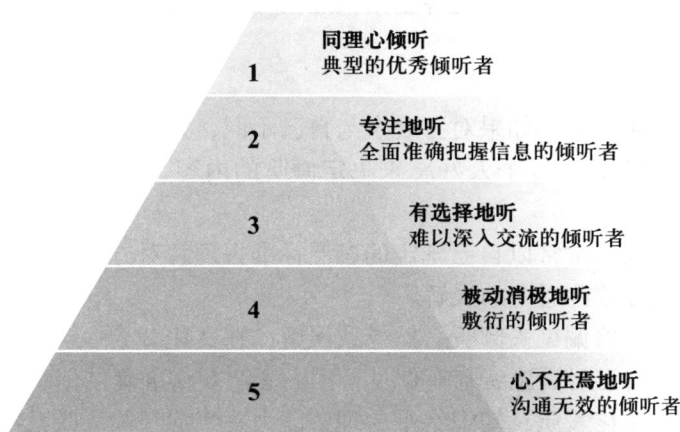

图 7-1 倾听的层次

（1）同理心倾听

同理心倾听，是指放下个人观点，通过换位思考，设身处地地进行倾听活动，并且能够用自己的语言表达出对方的意思和感受。同理心倾听的出发点是"了解"而非"反应"，也就是通过交流去了解别人的观念感受。这种注入尊重和感情的倾听方式，能够有效建立良好的人际关系。

（2）专注地倾听

倾听者能够做到耳朵听、眼睛看、心里想，全面完整地接受信息，全方位地理解对方传递的信息。这个层次的倾听者重在对信息的准确把握和全面接收，如果能进一步做到"感同身受"，就达到了倾听的最高层次。

（3）有选择地听

倾听者能够专心地倾听对方的话语内容，也能主动、适当地回应对方，但往往只会关注自己感兴趣的或合乎自己观点的话题，对和自己意见相左的部分听而不闻。这种层次的倾听，一般难以引起对方的共鸣。

（4）被动消极地听

倾听者在倾听过程中徒有倾听之表，对诉说者敷衍了事，有时倾听者或许注意到部分讲话内容，但常常因为不够专注而错过诉说者的表情、眼神等体态语言所表达的意思。这种层次的倾听，易导致对讲话内容的误解，使双方失去真正交流的机会。

（5）心不在焉地听

倾听者心不在焉，几乎没有注意对方的表达，心里考虑着其他事情，或只是一味地想要辩驳。这种层次的倾听，由于倾听者缺乏诚意，会使讲话者认为自己受到忽视，甚至可能导致人际关系的破裂。

3. 倾听障碍及克服对策

阻碍倾听的因素主要来自三个方面：环境、倾听者以及诉说者本身。

（1）来自环境的障碍

造成倾听障碍的环境因素包括声音、光线、温度、气味、布局等，这些都会影响人的注意力和感知能力。因此，营造或选择整洁安静的环境，保持轻松、平和的气氛，是克服环境障碍的第一步。

（2）来自倾听者的障碍

一是排斥异议。倾听时，如果对方观点与自己不同，人们通常会选择倾听自己赞同的内容，忽略不赞同的内容。以个人好恶来决定倾听的内容，长此以往则会陷入"偏听则暗"的境地。

二是先入为主。人们常常以自己既定的参照标准去理解对方的话，交流时许多人都会因为有这样的倾向而导致沟通中的误解。

三是个人偏见。带着偏见去倾听必然导致误解，在文化背景多样化的人际交往中，倾听的最大障碍就在于自己对诉说者存有偏见，因而无法获得准确的信息。

此外，倾听者的文化素质、知识水平、理解能力、生活经验、听话习惯等都会对倾听效果产生直接影响。

（3）来自诉说者的障碍

作为倾诉的一方，应该从品德修养、文化素质、语言表达能力、心理素质、应变能力等方面提高自身修养和能力，尤其要避免因口头表达原因导致的倾听障碍，比如倾听者不得要领或不知所云等。

4. 倾听技巧

（1）"用心关注"，促进接受度

一是专注的姿势。摆正肩膀，让自己直面诉说者。座谈时适当前倾，不要玩弄手指、笔或其他物品。可以根据诉说者的动作，自然地作出回应。

二是眼神的交流。据研究，作为一名倾听者，交谈中若有20%的时间没有看着对方，即表示缺少兴趣和投入度。通过眼神交流关注诉说者，能够促进有效沟通。

三是适当的空间距离。倾听者和诉说者之间的距离，应根据交谈目的予以确定。进行非正式交谈，倾听者和诉说者之间最好不要有桌子等大型隔离物。正式的谈话或者传达命令，则应当选择适当稍远的距离。

（2）"持续跟进"，保持亲和力

交谈中，有效跟进的关键就是要平衡好"语言鼓励"和"保持沉默"两者之间的关系。跟进技巧对诉说者能起到鼓励的作用，包括非语言行为、语言鼓励等。

一是使用鼓励。谈话时，语言鼓励可以直接表达对诉说者的认可或支持。非语言鼓励则无声地传达出对诉说者的尊重和鼓励，如笑容、点头等动作，还可以通过面部表情的变化来表示对对方诉说内容的理解和关注。

二是保持沉默。倾听时，尽量少插话、不抢话头，不能为了控制谈话的主动权而打断对方的谈话，要在沉默中观察、思考、记忆。

三是适当提问。倾听者可以提一些跟进性的问题来表明对谈话内容的兴趣，比如，"那么，后来又发生了些什么"或"后来怎么样了"等问题。若能提出开启思维、激发情感的问题，交谈就会变得更加深刻、有趣、动人。

（3）"适时反馈"，增强互动性

反馈能够检验倾听者是否准确地领会了诉说者试图表达的意思。反馈技巧主要包括以下几点：

一是复述或重复：针对对方讲过的内容，抓住重点重复一下，如"您刚才所讲的意思是不是指……""我不知道我听得对不对，您的意思是……"等，这样有利于谈话信息接受的准确无误。

二是概括及阐述。通过对讲话内容的概括总结，能帮助诉说者更好地理解自己的想法和感受。概括总结能够使诉说者更清楚地看到自己所关注的东西，使诉说者保持说话主题的一致性。阐述，即使用倾听者的语言将诉说者所讲的内容进行较为详细的解释，阐述行为能够帮助诉说者澄清所讲的内容。

（二）表达能力

1. 表达概述

表达能力又叫作表现能力或显示能力，是指一个人把自己的思想、情感、想法和意图等，用语言、文字、图形、表情和动作等清晰明确地表达出来，并善于让他人理解、体会和掌握。

2. 表达的分类

（1）口头表达

口头表达是指借助口头语言进行的信息传递。口头表达的优点：传递速度快，即时反馈；可以看到对方的面部表情，听到对方语调的变化，有利于更好地把握对方的意图，增强沟通效果。其缺点则有：易出现说错话或说话意思不完整的情况，导致信息失真；无法留下书面记录。

（2）非口头表达

非口头表达是指借助书写文字、数字、图像等方式进行的信息传递与交流。非口头表达的优点：这类表达是有形展示，一般都能够长期保存，内容可以精心组织，表达信息准确性高。其缺点则有：准备起来相对麻烦，需要精心准备；不能及时提供信息；信息发出后接受者不一定能完全准确地理解。

3. 表达障碍及克服对策

在开展口语表达活动（尤其在公众场合中）时，自信、思维活跃、语言流畅的表达者往往是少数，更多的表达者往往会出现自卑、怯场、紧张等心理活动，导致口语表达出现结结巴巴、语无伦次的状态。如何认识表达的障碍并克服它们，是表达者需要认真思考的问题。

（1）恐惧

恐惧感是人际交往和口语沟通中常见的一种心理状态，比如担心自己表达不畅、形象不好、着装不得体等。比如有的人在与家人、朋友交流时口若悬河，但到了正式场合却紧张不安、语无伦次。当众表达时，恐惧心理有以下几种表现形式：

一是高度紧张。有的表达者在正式说话之前或说话过程中会产生紧张心理，表现出心慌不安、情绪不稳等状态，甚至一度冷汗淋漓。适度紧张有利于集中注意力，调动自身积极因素进行充分准备，但过度紧张则会影响到表达效果。

二是举止失态。当众说话的恐惧会让人过度紧张，甚至举止失态。如在正式说话前不安地走动，情绪失常，上台之后表情僵硬、面部肌肉抖动、手足无措，常用无意识的小动作来掩饰内心的紧张和慌乱等，这些失态行为往往会让表达效果大打折扣。

　　三是交际困难。恐惧心理还会造成语言表达的困难，如语言和思维不能同步，说话不流畅，或者所说非所想、不知所云，也有可能出现口头禅太多，语无伦次，前言不搭后语的情况，更有甚者，还会出现面红耳赤、口干舌燥、哑口无言的情况。

　　如何克服恐惧？在口语交际中，勇气可以使表达者敢于直面内心的恐惧，达到应变自如的境界。勇气因人而异，但对普通个体而言，勇气是可以通过科学的途径进行有效训练的：

　　一是正视恐惧，接受失败。不是每个人生来就能自如地面对公众，绝大部分人都有过恐惧，意识到当众表达所出现的恐惧是人之常情，才能正确地认识并接受这种恐惧。因恐惧而导致当众表达失败，大部分人在口语表达中都会有过类似的经历，作为普通人，这种失败是普遍的、正常的，并不可耻。用积极的心态容纳自己的失败，把注意力放在发掘自己的可取之处上，当众表达的恐惧就会逐步减弱。

　　二是加强训练，不断完善。克服恐惧还需要实际演练、积累经验，把握临场的主动性。在日常生活中，要抓住登台的机会，争取多尝试，或者在练习中创造机会，给自己积累实践的经验。只有在亲身体验中找到了感觉，有了底气，才有勇气。这种练习可以遵循从小范围到大范围、由易到难的原则，先从少量听众、小空间开始，逐渐扩展到大量听众、大空间，这样当众表达的勇气才能积累起来。

　　三是积极应对，正确引导。在面对恐惧或紧张时，将注意力从最担心的方面转到最有把握、最有底气的方面去。从小小的成功开始，积累勇气，不断尝试一点点克服恐惧。

　　（2）自卑

　　自卑是人们内心认为自己或自己的环境不如别人的一种情感，是自我评价的一种消极态度。自卑感并不是部分人所特有的现象，奥地利心理学家阿尔弗雷德·阿德勒曾经说过："所有人在开始生活的时候都具有自卑感，因为儿童的生存都要完全依赖成年人。"所以，有自卑感并不奇怪，关键在于能否自主克服它。在口语表达中产生自卑心理的原因主要有以下几个方面：

　　一是对自己的能力没有信心。很多人的表达恐惧来自对自己能力的不自信，担心表达效果不好会让自己出丑丢脸。

　　二是对自己的外在表现没有信心。人们一般都认为，当众表达者必须有好看的外貌、体面的着装、恰当的举止。实际上，注重外在形态虽是必要的，但应把重点放在自己内在的气质、表达的内容以及表现的方式上。

　　三是未能发现自己的优势和长处。自卑的人常常会用自己的短处去和他人的长处比较，越对比，自己越没有信心，甚至连自己的长处都看不到了。战胜自卑，需要学会发现自己的优势和长处。

　　口语表达中，要战胜自卑，就需要提升对自我的评价。有了足够的自信，才能在当众表达时张弛有度、灵活自如。在口语表达中，可以采用以下几种方法提升自信：

　　一是培养积极的生活态度和生活方式。自信不是一朝一夕就能获得的，日常生活中，经常发掘自己的长处，走路时挺胸抬头、昂首阔步，学会正视他人，主动与人交谈，坚持自己的原则，这些好习惯都有助于提升个人自信。

二是充分的准备。胸有成竹有利于增强自信心。在当众表达之前进行认真准备，合理设计各个环节，确保表达内容准确、有条理，着装大方，仪表得体，动作自然从容等。

三是反复演练。刻意练习是战胜自卑最有效的方法之一，当表达的内容已经准备好时，就需要反复练习了。经过模拟排练，发现自己的不足，进行有针对性地克服，并看到自己的进步，每次小的改进都会提升自信。

在日常学习生活中，还可以通过朗读训练来增强勇气、提升自信。朗读是一种训练口语表达能力的具体方法，通过对语言、语气、语调、语速的训练，可以培养语感，养成良好的表达习惯，增强口语表达的勇气和信心。经常性地大声朗读，简单易行、轻松高效，如果能够坚持养成朗读的习惯，对个人口语表达能力的提升大有裨益。

第二章　口语表达方式

口语和书面语在表达方式上基本一致，以叙述、描述、说理、抒情为主。

一、叙述

叙述是一种把人物的经历或事物变化的过程交代清楚的表达方式。叙述是最基本、最常见的口语表达方式，其使用范围很广，可应用于交谈、辩论、演讲、主持等。

（一）叙述的类型

叙述有繁有简，可长可短，口语表达中常见的叙述方式主要有以下三种：

1. 具体叙述

具体叙述要求抓住人物的主要特征或事件的主要细节，进行详尽的介绍，给人以具体生动的感觉，以达到突出重点、表现主题的目的。

这王冕天性聪明，年纪不满二十岁，就把那天文、地理、经史上的大学问，无一不贯通。但他性情不同，既不求官爵，又不交纳朋友，终日闭户读书。又在《楚辞图》上看见画的屈原衣冠，他便自造一顶极高的帽子，一件极阔的衣服。遇着花明柳媚的时节，把一乘牛车载了母亲，他便戴了高帽，穿了阔衣，执着鞭子，口里唱着歌曲，在乡村镇上，以及湖边，到处玩耍，惹的乡下孩子们三五成群跟着他笑，他也不放在意下。

（摘自《儒林外史》第一回）

2. 概括叙述

概括叙述要求把握人物或事件的全貌，进行简明扼要的介绍，给听众留下全面印象，其中局部细节可以省略。

话说天下大势，分久必合，合久必分。周末七国分争，并入于秦；及秦灭之后，楚汉分争，又并入于汉；汉朝自高祖斩白蛇而起义，一统天下；后来光武中兴，传至献帝，遂分为三国。

（摘自《三国演义》第一回）

3. 夹叙夹议

夹叙夹议要求叙述者在对人物、事态叙述的同时，对该人物、事态进行分析或评论，表明自己的立场、观点和态度。

这宋江自在郓城县做押司。他刀笔精通，吏道纯熟；更兼爱习枪棒，学得武艺多般。平生只好结识江湖上好汉，但有人来投奔他的，若高若低，无有不纳，便留在庄上馆谷，终日追陪，并无厌倦。若要起身，尽力资助，端的是挥金似土。人问他求钱物，亦不推托，且好做方便，每每排难解纷，只是周全人性命。时常散施棺材药饵，济人贫苦，周人之急，扶人之困，以此山东、河北闻名，都称他做"及时雨"，却把他比做天上下的及时雨一般，能救万物。

（摘自《水浒传》第十七回）

（二）叙述的基本要领

1. 思路清晰

叙述时思路清晰，才能使叙述具有条理性，便于听众理解和接受。例如，叙述人物生平、事情经过，可以时间线索为思路；叙述旅游、观光等情况，可以空间变换为思路。

2. 重点突出

口语的留存稍纵即逝，为了让听众快速把握叙述内容的主旨，叙述者应做到主次分明、重点突出。如叙述时涉及多件事或多个人物，要选取最切合主题、最能表明意图、最生动感人的内容作为主要叙述对象，其余从简甚至可以省略。

3. 语调多变

再精彩的内容，如果用呆板单一的语调来叙述，也会使人索然无味，因此叙述者必须讲究语调的灵活多变，巧妙处理声音的强弱、句调的抑扬、停顿的长短等。

（三）叙述训练

通过话题分解的方法，可以找到叙述的线索和结构，培养叙述的秩序感、整体感、多样性。如话题"我的成长之路"，可以分解为以下子话题：

1. 按时间线索：出生——小学——初高中——大学……
2. 按人物线索：父母亲人——长辈老师——同学朋友……
3. 按空间线索：家乡——新城市——大学校园……

（四）叙述练习

选择下列题目之一，尝试用话题分解法，围绕主话题，找到叙述线索，分解为至少三个小话题。

1. 我的朋友
2. 我喜爱的美食
3. 我和体育
4. 我喜爱的文学（或其他）艺术形式
5. 难忘的旅行

二、描述

描述是用生动形象的语言，对人物、事物、场景等进行描绘和阐述的一种口语表达形式。描述能使听众产生具体直观的感受，产生如见其人、如睹其物、如临其境的真实感受。

（一）描述的类型

从对象上来说，描述分为人物描述、事物描述、场景描述；从角度上来说，描述分为直接描述和间接描述；从详略上来说，描述又分为白描和细描。在口语表达中，通常采用第一种分类标准。

1. 人物描述

人物描述是对人物的肖像、语言、行动、心理等进行描述。肖像描述着重于人物的容貌、身材、姿势、服饰，以表现人物的身份、风度和神韵；语言描述着重于人物的说话内容、方式、情态，以表现人物的职业、地位和阅历；行动描述着重于人物的举止、动作，以表现人物的性格；心理描述着重于人物内心的思想感情活动，使人物形象更为真实、丰满、深刻、立体。

四众回看时，见一老人，身披飘风氅，头顶偃月冠，手持龙头杖，足踏铁鞠靴，后带着一个雕嘴鱼腮鬼，鬼头上顶着一个铜盆，盆内有些蒸饼糕糜，黄粮米饭，在于西路下躬身道："我本是火焰山土地。知大圣保护圣僧，不能前进，特献一斋。"

（摘自《西游记》第五十九回）

2. 事物描述

事物描述是对事物的特征或性质进行描述，描述对象包括动物、植物、景物、自然现象等。事物描述的目的在于使听众对所描绘的对象有一个准确而鲜明的具体印象，既要有艺术性，又要有知识性、趣味性。

这一对兔总是关在后窗后面的小院子里的时候多，听说是因为太喜欢撕壁纸，也常常啃木器脚。这小院子里有一株野桑树，桑子落地，他们最爱吃，便连喂他们的菠菜也不吃了。乌鸦喜鹊想要下来时，他们便躬着身子用后脚在地上使劲的一弹，砉的一声直跳上来，像飞起了一团雪，鸦鹊吓得赶紧走，这样的几回，再也不敢近来了。

（摘自《兔和猫》）

3. 场景描述

场景描述是对一个特定的时间、地点、环境中众多人物活动的总体情况进行描述，常见的有劳动场景、庆祝场景、送别场景等。场景描述要表现一种特定的气氛，使人有身临其境的感觉。

那日，正是黄梅时候，天气烦躁。王冕放牛倦了，在绿草地上坐着。须臾，浓云密布，一阵大雨过了。那黑云边上镶着白云，渐渐散去，透出一派日光来，照耀得满湖通红。湖边山上，青一块，紫一块，绿一块。树枝上都像水洗过一番的，尤其绿得可爱。湖里有十来枝荷花，苞子上清水滴滴，荷叶上水珠滚来滚去。

（摘自《儒林外史》第一回）

（二）描述的基本要领

1. 对描述的对象进行仔细观察

一花、一瓣、一毛、一鳞、一焰，"其间皆有极微"。描述者必须具备辨细察微的精神，着力刻画极微处的神韵，才能用真实、生动的细节打动听众。

2. 梳理描述的顺序

在细致的观察之后，需要整理思路，找到合适的顺序对对象进行描述，顺序可以是由远及近、由表及里、由上到下、由内到外等。

3. 细节生动、恰当留白

从视觉、听觉、触觉等多方面对观察对象进行提炼，尽可能多使用形容词、动词，使得语言活泼、生动。同时，注意调动感情进行联想想象，尝试虚实结合的描述方法。

（三）描述训练

选择以下任意一幅图中的一个场景或人物，围绕其主要特点，找到合适的描述顺序，从多种角度对画面进行细致描述。

1.《清明上河图》

2.《千里江山图》

3.《簪花仕女图》

三、说理

说理，就是摆事实、讲道理、辨是非，通过对某个问题或事件进行分析、评论，表明自己的观点、立场、态度、看法和主张。说理的目标是，通过在某个问题或事件上的说理分析，获得对方的理解和认同。

（一）说理的类型

说理的方式很多，可以由事及理，也可以举例论理，还可以类比推理等，但归根到底无外乎"立"与"驳"。在口语表达中，说理主要分为以下两类：

1. 论证式说理

论证式说理，是指按照一定的逻辑推理形式进行说理，直接表达自己的观点和主张。这类说理要求对论述的问题必须有明确的看法，掌握充足的、有说服力的论据，说理时要做到逻辑缜密、层次分明。

2. 辩驳式说理

辩驳式说理，是指针对对方的观点加以论辩和批驳，并阐明自己的观点和主张。这类说理是在辨明是非的基础上讲述道理，自然少不了思想交锋，要让对方心服口服，必须提出充分的理由和论据。

（二）说理的基本要领

1. 观点鲜明

观点鲜明是说理的前提，是非褒贬泾渭分明，表达时语气要坚定而不犹豫，赞成什么，反对什么，明确果断，千万不能模棱两可、含糊不清。需要注意的是，语气坚定不是趾高气扬、盛气凌人，而是要有礼貌，有涵养，以理服人。

2. 逻辑严密

说理讲求以严密的逻辑推理来说服听者，经得起推敲和质疑，语句的主次、因果、对比等逻辑关系要非常清楚。

3. 语言简洁

刘勰在《文心雕龙》中说："文以辨洁为能，不以繁缛为巧。"说理话不在多，而在于精。高度的思想性和概括性决定了说理时要用简明扼要的语言，传达耐人寻味的道理，不要啰嗦重复、拖泥带水。

（三）说理训练

请任选下面一个话题，以小组为单位进行讨论，找出相应的论据和事例，对话题中的观点进行阐述论证。

（1）必须牢固树立和践行绿水青山就是金山银山的理念，站在人与自然和谐共生的高度谋划发展。

（2）世界又一次站在历史的十字路口，何去何从取决于各国人民的抉择。

四、抒情

抒情，即表达情思，抒发感情，是通过直接或间接抒发感情以打动听众、感染听众的一种口语表达方式，具有主观化、个性化和诗意化等特征。在口语表达中，情感的抒发比较灵活、形式多样，常常与叙述、描述、说理等结合运用。

（一）抒情的类型

抒情一般可分为以下两类：

1. 直接抒情

直接抒情不借助于外物或别的手段，直接表白自己的情感，以感染听众，引起共鸣，一般适用于抒发强烈而紧张的感情。直陈肺腑的口语表达，往往显得坦率、朴实、真挚。

2. 间接抒情

间接抒情是一种依附于事、依附于理、依附于景的抒情方式，把抽象的主观情感客观化、形象化。这种口语表达，往往显得含蓄、委婉、深沉，耐人寻味。

（二）抒情的基本要领

1. 情感真挚

《庄子·渔父》有言："不精不诚，不能动人。"从自己的生活感受和亲身体验出发，抒发内心的真挚情感，才能感染人、激励人。抒情切忌矫揉造作，不能"为赋新词强说愁"。

2. 尺度适当

抒情必须适当地把握尺度，无论喜怒哀乐多强烈，都要做到不夸大、不粉饰、不虚假、不浮躁。

3. 句式灵活

口语表达中，根据抒发的感情和表达内容的不同，可以灵活地选用不同的句式。例如，用感叹句表现惊喜、愉悦的感情；用反问句表现强烈、夸张的感情；用祈使句表现哀伤、委婉的感情。

（三）抒情训练

请认真体味下列段落中抒发的情感，任选一段进行仿写，字数控制在50~150字。

（1）我行过许多地方的桥，看过许多次数的云，喝过许多种类的酒，却只爱过一个正当最好年龄的人。（沈从文）

（2）喜悦地仰首，眼前是烂漫的春，骄奢的春，光艳的春，——似乎春在九十日来无数地徘徊瞻顾，百就千拦，只为的是今日在此树枝头，快意恣情地一放！（冰心）

（3）愿中国青年都摆脱冷气，只是向上走，不必听自暴自弃者流的话。能做事的做事，能发声的发声。有一分热，发一分光，就令萤火一般，也可以在黑暗里发一点光，不必等候炬火。此后如竟没有炬火：我便是唯一的光。（鲁迅）

第三章　口　语　交　际

一、口语交际的内涵

口语交际指交际双方或多方在特定的语境中，为了特定的交际目的，借助有声语言和相应的态势语言进行听、说互动，双向或多向交流的一种活动。

（一）口语交际的构成要素

交谈由说话者、听话者、主题三个要素组成，参与交谈的人可听可说、可问可答，说话者与听话者的角色随机相互转换，互为听、说；而交谈主题往往反映交谈的动机，制约交谈的内容和范围，关系到交谈的成败。

1. 说话者

说话者是交谈中主动抛出话题的人。想成为一个善于交谈的说话者，需要提高德行和修养，使自己的言辞掷地有声；需要不断提升自己的见识和学识，让谈话对象产生"听君一席话，胜读十年书"的感慨；需要锻炼出良好的语言表达能力，做到言之有理、言之有物、言之有序、言之成文、言之有情；需要拥有充分的自信，敢于与他人坦诚对话，乐于分享个人观点；需要具备较强的应变能力，遇到意想不到的新情况、新话题，也能够实时适应、恰当回应。

2. 听话者

谈话是一种双向传递信息的言语活动，双方互为发言者，也互为听众，因此交谈者不仅要善于说，还要善于听，要善于在说话者和听话者的角色之间自如转换。从某种意义上说，听比说更加重要，不会听话的人，往往也不善于说话或者说话效果不佳。

听话者与说话者在口语交际中可根据实际情况随时交换角色。

3. 话题

话题的选择：交谈的主题与话题并不相同。

交谈的主题是指交谈的中心、主旨、主导思想等。正式交谈是基于解决实际问题的交谈，目的明确，具有说服、开导、指导等功能。这类交谈总是围绕既定的主题进行，诸如传递信息、讨论问题、探讨工作、求人帮助、征求意见等。

交谈的话题一般无确定的目的，形式自由灵活，气氛融洽。对于非正式交谈，话题应该与交谈的场合、对象、目的相适应。好的话题，是交谈开始的媒介，是深入细谈的基础，是纵情畅谈的开端。交谈的话题主要包含以下几类：

一是共同感兴趣的话题。这是最能调动交谈双方或多方积极性的话题。正如俗语所言"酒逢知己千杯少，话不投机半句多"，人们普遍关心的社会热点问题、新生事物、气候环境等都属于这类话题。

二是对方关心的话题。这是比较能引起对方兴趣的话题。这类话题的提出，基于对对方的了解程度，可以事先准备，也可以从对方的言谈中分析得出。但是如果自己对该话题不熟悉或不感兴趣，则可能在交谈中处于被动状态。

三是自己擅长的话题。选择自己擅长的话题，就掌握了交谈的主动权，并能够主导交谈。如果交谈对象对该类话题一无所知或毫无兴趣，可以转移话题。

交谈的话题范围很宽泛，但话题选择也有禁忌，不宜涉及个人隐私、非议旁人等话题。在涉外场合，一般不谈论当事国的政治问题、宗教信仰，对某些风俗习惯之类的话题也要谨慎涉及。

（二）话题分解训练

话题分解训练，实际上就是学习如何找到说话的线索和结构，培养说话的秩序感、整体感、多样性。多做一些话题分解训练，可以让我们面对任意一个话题时，言之有序、言之有物。

如在谈论"我的家庭"这个话题的时候，我们可以把一个大的话题分解为以下5个小话题，分别展开来说：

1. 家里有哪些人？
2. 家人的习惯、性格、爱好和特征是什么？
3. 家人对我的影响有哪些？
4. 和家人在一起印象最深的活动是什么？
5. 在家中最快乐的事情是什么？

下面请尝试用话题分解法对下列话题进行分解，找到说话的线索和结构。

1. 我的童年
2. 我的家乡
3. 我最向往的地方

二、口语交际的技巧

在口语交际实践中，赞美、批评和拒绝是必备的能力和技巧，坦诚和含蓄兼备是进行交谈的大前提。

（一）从赞美和欣赏开始

赞赏和鼓励往往能够让一个人乐意去展现自己的能力。在生活中，大多数人希望自己的价值得到社会的承认，希望别人欣赏和赞美自己。在日常交际中，恰当的赞美可以取悦对方，使交谈对象心生愉悦，使交谈气氛更为融洽。赞美的技巧主要有以下几点：

1. 赞美要有诚意

真诚是人际交往最重要的原则。心理学中的"镜子原理"认为，通常情况下，人们对自己有一个基本的"自我认知"，当接收到别人的赞美时，内心之中会有一个"自我认可"，当听到的赞美符合内心的"自我认可"，他们觉得受到的赞美是真诚的；反之，会觉得受到的赞美不真诚，甚至觉得是讽刺。基于人们的这种心理，赞美要符合实际，充满诚意，不要过分夸大。

2. 赞美要讲分寸

古人云："水满则溢，月盈则亏。"因此，人际交往中，赞美的言辞不是说得越多越好，赞美的话点到为止即可，不必刻意铺陈。同时，"度"的把握还需分辨场所、对象，避免用之过度、过犹不及。

3. 赞美的方式灵活多样

（1）直接正面赞美，用概括性话语进行赞美。如：你刚才的演讲落落大方、非常精彩。

（2）间接侧面赞美，言在此而意在彼。如三国时鲁肃对吕蒙的赞美"卿今者才略，非复吴下阿蒙"。

（3）投其所好地赞美，抓住对方认为最具有价值的部分进行赞美。如：教授，你讲课妙趣横生。深入浅出，让我受益匪浅。

（4）转述他人说过的话进行赞美。如：听您的朋友说，您是个乐于助人的人。

（5）在背后说赞美的话，通过他人转述。如：据我观察，她是个办事认真、积极肯干的人。

人们应以个性化的表达方式进行赞美。模板化的赞美往往会让人感觉不够真诚，因为每个人都是独一无二的，都希望别人能够看到自己身上不一样的特点。另外，非语言形式的赞美也十分奏效，目光、手势、表情都可以表达赞美和欣赏。

4. 赞美训练

赞美身边的同学。请选择一位同班同学进行赞美，要求赞美真诚、适度，有具体事实。

（二）"忠言不逆耳"的批评

批评是使人们正视自己的缺点、错误以求不断进步的利器。批评作为交流思想、沟通信息、抒发情感、鞭策激励的手段，是人际交往中经常进行的言语活动。人们常说"良药苦口，忠言逆耳"，那么，如何批评才能达到"良药不苦口""忠言不逆耳"的效果？

1. 批评要诚恳

心理学家研究表明：人对"爱"往往会表现出欢迎和接纳，即使这种"爱"的表达方式是批评和责怪，内心也会倍感温暖，而不至于产生对抗和抵触情绪。在批评别人的时候，不妨说出为对方的担忧，表达出对对方的"爱"和"关怀"，从而达到批评的目的。

2. 批评要具体

赞美可以抽象，但批评一定要具体。批评要就事论事，切忌抽象概括、延伸扩展、任意拔高。批评的同时要提出建议，指明改正的途径。

3. 批评的方式要灵活多样

（1）委婉含蓄的批评。以迂回间接的方法启发对方，让对方在思考之后接受批评。

（2）欲抑先扬的批评。给予对方亲切的言辞和赞美，减少对方对批评的抗拒心理。例如："小王，你提交的报告很好，重要的地方都详细地考虑进去了，不过，有一点……""小张，自从你进公司以来，业绩一直非常优秀，相信大家都有目共睹，但是有一件事希望你能注意，相信你也知道……"

（3）"三明治"式的批评。即对他人先表扬，再批评，接着再表扬的一种批评方式。如电视剧《西游记》中，佛祖曾对孙悟空说："你这泼猴，一路以来不辞艰辛保护师傅西天取经。这次何故弃师独回花果山，不信不义。去吧，我相信你定能发扬光大，保护师傅取得真经。"

（4）推己及人的批评。这样的批评给被批评者传递的信息是，你的批评并非针对他个人，而是就事论事，帮助他客观认识自己的错误及不足。

（5）幽默风趣的批评。以调侃的方式表达自己的不满意，引起对方的反省，促使其改正。

（6）泛泛而谈的批评。探讨某件不得当的事情时，把它当成对方偶然为之的错误，指出对方并非存心犯错。

4. 批评训练

请点评下文中薛宝钗对林黛玉的批评，回答以下问题：宝钗指出黛玉错在哪里？宝钗希望黛玉怎么改？宝钗用了哪几种批评的方式？

且说宝钗等吃过早饭，又往贾母处问过安，回园至分路之处，宝钗便叫黛玉道："颦儿，跟我来，有一句话问你。"黛玉便同了宝钗，来至蘅芜苑中。进了房，宝钗便坐了，笑道："你跪下，我要审你。"黛玉不解何故，因笑道："你瞧，宝丫头疯了！审问我什么？"宝钗冷笑道："好个千金小姐！好个不出闺门的女孩儿！满嘴里说的是什么？你只实说便罢。"黛玉不解，只管发笑，心里也不免疑惑起来，口里只说："我何曾说什么？你不过要捏我的错儿罢了。你倒说出来我听听。"宝钗笑道："你还装憨儿。昨儿行酒令，你说的是什么？我竟不知那里来的。"黛玉一想，方想起来昨儿失于检点，那《牡丹亭》《西厢记》说了两句，不觉红了脸，便上来搂着宝钗笑道："好姐姐，原是我不知道，随口说的。你教给我，再不说了。"宝钗笑道："我也不知道，听你说的怪生的，所以请教你。"黛玉道："好姐姐，你别说与别人，我以后再不说了。"宝钗见他羞得满脸飞红，满口央告，便不肯再往下追问，因拉他坐下吃茶，款款的告诉他道："你当我是谁，我也是个淘气的。从小七八岁上也够个人缠的。我们家也算是个读书人家，祖父手里也爱藏书。先时人口多，姊妹弟兄都在一处，都怕看正经书。弟兄们也有爱诗的，也有爱词的，诸如这些'西厢''琵琶'以及'元人百种'，无所不有。他们是偷背着我们看，我们却也偷背着他们看。后来大人知道了，打的打，骂的骂，烧的烧，才丢开了。所以咱们女孩儿家不认字的倒好。男人们读书不明理，尚且不如不读书的好，何况你我。就连做诗写字等事，原不是你我分内之事，究竟也不是男人分内之事。男人们读书明理，辅国治民，这便好了。只是如今并听不见有这样的人，读了书倒更坏了。这是书误了他，可惜他也把书糟蹋了，所以竟不如耕种买卖，倒没有什么大害处。你我，只该做些针黹纺织的事才是，偏又认得了字，既认得了字，不过拣那正经的看也罢了，最怕见了些杂书，移了性情，就不可救了。"一席话，说的黛玉垂头吃茶，心下暗伏，只有答应"是"的一字。

（摘自《红楼梦》第四十二回）

（三）巧妙的拒绝

拒绝是人际交往中不可或缺的一项沟通技能，拒绝别人也需要勇气和技巧。不敢拒绝别人的人，在面对需要拒绝的局面时，容易产生负面情绪，造成严重的心理压力。喜剧大师卓别林曾说："学会说'不'吧，那你的生活将会美好得多。"

1. 拒绝要诚恳

在拒绝对方时，既能达到自己说"不"的目的，又能让对方欣然接受，是有一定难度的。如果对方的请求的确令你感到为难，就需要在耐心聆听对方的请求之后，鼓起勇气，诚恳地拒绝对方，坦诚地说明拒绝的理由并提出建议，达到拒绝的目的。

2. 拒绝要明确

拒绝别人时如果模棱两可，就会让对方怀抱希望、心存幻想，可能会导致对方在等待中错过机会，浪费时间、精力，甚至造成实质性的损失。因此，对于自己无法实现的要求，需要尽早明确表示拒绝。

3. 拒绝的技巧

（1）明确表态、直接拒绝。如："对不起，我最近比较忙。""感谢你的信任，但实在是……"

（2）迂回委婉、婉言拒绝。如："我现在手上还有很多事情没完成，而且对这方面也不是很熟悉，的确帮不上忙。"

（3）提出建议、予以拒绝。如："我听说小李对这件事情很熟悉，你找他问问看。"

（4）避免尴尬，幽默拒绝。如：钱锺书的《围城》出版后，一时间洛阳纸贵，想认识他的人络绎不绝。他曾这样拒绝过想见他一面的女读者："如果你吃到一个鸡蛋，觉得好吃，你又何必去认识下蛋的母鸡呢？"

此外，还可以采取转移话题、回避、沉默等方式拒绝他人。

4. 拒绝训练

你面试的一家公司通知你被录取了，但此时你已经找到了更心仪的工作。请认真思考，你该如何真诚、得体地拒绝对方？

项目二　普通话训练

第一章　现代汉语基础知识

现代汉语是指现代汉民族的语言，既包括现代汉语共同语（普通话）和方言，也包括现代汉语的口语和书面语。

普通话就是现代汉民族共同语，是全国各民族通用的语言。

语言是重要的交际工具和信息载体，普通话是现代汉民族共同语，共同语普及程度是衡量一个国家或民族现代化发展水平的重要标志。党和政府一直非常重视推广普通话工作，将大力推广和积极普及普通话作为我国的一项基本国策。2022年，党的二十大报告里强调，要"加大国家通用语言文字推广力度"。

作为新一代大学生，标准、流利、得体的口语表达，是做好口头表达的基础，也是新时期大国工匠综合素质中必不可少的内容，让我们从我做起，积极营造良好的语言环境，把说好普通话作为义不容辞的职责。

一、普通话的发音

（一）语音的性质

语音是人的发音器官发出来的代表一定意义的声音。作为交际工具的语言，是声音和意义的统一体。意义是语言的内容，声音是语言的物质形式。人们进行交际，传达信息，大致要经过这样一个过程，即说话人选择一定的词语，按照一定的语法规则组成一句一句的话，通过自己发音器官的活动，发出这些词语的声音，借助媒介空气，传到听话人的耳朵里。听话人听到这些声音，即刻转换成语言的词语，才能理解说话者的意思。这个过程说明，没有语音，语言将无所依托，人们无法进行交际，人们思维活动的结果也无从产生并固定下来。所以，语音在整个语言交流中的重要地位是显而易见的。

（二）发音器官

发音器官是指在言语活动中参与发音动作的人体器官。它由呼吸器官、发声器官、吐字器官构成（包括人体的口腔、呼吸道、声道、胸腔、腹腔、脊柱等），如图7-2所示。

（三）发音原理

呼吸运动使呼出的气流从肺通过支气管、气管到喉，随后，在喉部引起声带振动，产生基音，同时也使呼出的气流产生同步振动；气流在经过咽腔、口腔或鼻腔的过程中，基音进一步引起共鸣，使声音得到扩大和美化；在口腔中声音还受到唇、齿、舌、腭等的节制，在对共鸣腔进行调节和对呼出气流构成阻碍并克服阻碍的过程中，形成了负载信息的语言符号——语音。

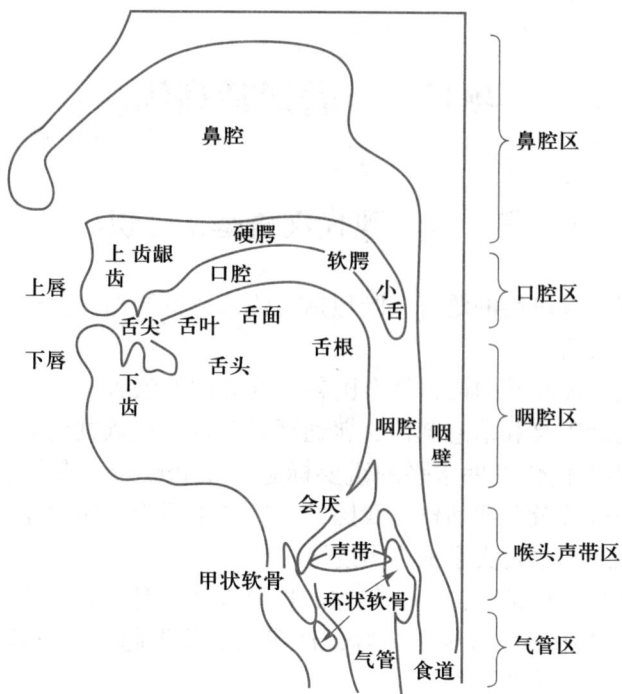

図 7-2　发音器官

二、普通话训练的基本要求

（一）发音准确

发音准确是语音学习最基本的要求。通过学习和训练发音，准确掌握普通话的声母、韵母和声调，准确掌握普通话语音中的基本音节及各种规律，准确掌握普通话的发音部位，克服方言中的发音习惯，从而学会用准确、标准的普通话同别人交流。

（二）吐字清晰

说话时不但要求说话者发音准确，还要求说话者能够灵活自如地调节自己的发音器官，使发出的声音圆润纯正、饱满清晰。

（三）声音响亮

在交际过程中，人与人并不总是面对面地进行语言交流的，在有些特定的、较大空间、面对众人的场合，往往需要说话者发音响亮，才能使在场的每个人自始至终清晰地听到讲话内容。

第二章　普通话声母发音训练

一、声母的定义

音节开头的辅音叫声母。普通话共有22个声母，包括21个辅音声母和1个零声母。普通话的21个辅音声母，分别是：

b p m f d t n l g k h j q x zh ch sh r z c s

二、声母的分辨

（一）平翘舌音的分辨

北方方言区少数人和南方方言区多数人把普通话里声母zh、ch、sh发成z、c、s，有的发成j、q、x。如：

zhǔfù—zǔfù	zhīshi—zīshì	zhìlì—zìlì
嘱咐——祖父	知识——姿势	智力——自立
chūqì—cūqì	yúchì—yúcì	shùlì—sùlì
出气——粗气	鱼翅——鱼刺	树立——肃立

这两组音主要的差别是发翘舌音时，舌尖要翘起来，对准硬腭前部；发平舌音时，舌尖不翘，抵住或接近上齿背。

（二）边音、鼻音的分辨

区分n、l这两个音，关键在控制软腭的升降。因为这两个音都是舌尖抵住上齿龈发的音，不同主要在于有无鼻音，n是从鼻腔出气，l是从舌头两边出气。因此，可以用捏鼻孔的方法来辨别练习。捏鼻孔后发音，如果觉得发音困难，而且耳膜有鸣声，就是n音；如果发音不困难，而且耳膜无显著鸣声，就是l音。如：

liúliàn—liúniàn	nǔkè—lǔkè	nóngnóng—lónglóng
留恋——留念	女客——旅客	浓浓——隆隆
nǎonù—lǎolù	wúnài—wúlài	núbì—lúbì
恼怒——老路	无奈——无赖	奴婢——炉壁

（三）f/h的分辨

区分这两个音，关键在找出它们的差别。f和h都是清擦音，区别只在成阻的部位上。f是上齿和下唇形成阻碍，h是舌根和软腭形成阻碍。如：

fānténg—huānténg	fángfēng—huánghūn	fǎngfú—huǎnghū
翻腾——欢腾	防风——黄昏	仿佛——恍惚
huìhuà—fèihuà	huāshēng—fāshēng	bāofàn—bāohuàn
会话——废话	花生——发生	包饭——包换

声母练习

zh——z

栽植 zāizhí	自传 zìzhuàn
栽种 zāizhòng	自制 zìzhì
载重 zàizhòng	自重 zìzhòng

ch——c

差错 chācuò	储藏 chǔcáng
唱词 chàngcí	穿刺 chuāncì
成才 chéngcái	船舱 chuáncāng

sh——s

哨所 shàosuǒ	绳索 shéngsuǒ
申诉 shēnsù	失散 shīsàn
伸缩 shēnsuō	石笋 shísǔn

f——h

发还 fāhuán	废话 fèihuà
发火 fāhuǒ	焚毁 fénhuǐ
繁华 fánhuá	风化 fēnghuà

r——l

燃料 ránliào	热流 rèliú
热浪 rèlàng	日历 rìlì
热泪 rèlèi	蹂躏 róulìn

j、q——z、c、s

急促 jícù	决算 juésuàn
急速 jísù	棋子 qízǐ
脊髓 jǐsuǐ	起诉 qǐsù
枷锁 jiāsuǒ	恰似 qiàsì
僵死 jiāngsǐ	亲子 qīnzǐ

第三章　普通话韵母发音训练

一、韵母的定义

普通话共有 39 个韵母，韵母是指紧跟在音节中声母后面的部分，它是每个音节不可缺少的成分，按其结构的不同可分为单韵母、复韵母、鼻韵母三大类。

二、韵母的分辨

（一）前鼻韵母和后鼻韵母的分辨

发准 n 和 ng 这两个鼻音，关键在于找出它们的区别。发韵母 n 时，舌尖轻轻抵住上齿龈；发韵尾 ng 时，舌根轻轻抵住软腭。如：

píngfán—píngfáng	bānshǒu—bāngshǒu
平凡——平房	扳手——帮手
chénjiù—chéngjiù	zhěnduàn—zhěngduàn
陈旧——成就	诊断——整段
tánqín—tánqíng	jīnyín—jīngyíng
弹琴——谈情	金银——经营

（二）i 和 ü 的辨析

不会发 ü 的人，可用唇形变化的办法来练习。先展开嘴唇发 i，舌位不动，慢慢把嘴唇拢圆，就能发出 ü 音。

jīnyú—jīnyí	jízi—júzi
金鱼——金姨	集子——橘子
jùjué—jìjié	yìqǐ—yìqǔ
拒绝——季节	一起—— 一曲

韵母练习

en–eng

奔腾 bēnténg	深层 shēncéng
门生 ménshēng	顺风 shùnfēng
人称 rénchēng	文风 wénfēng
人声 rénshēng	

ing–in

并进 bìngjìn	听信 tīngxìn
病因 bìngyīn	挺进 tǐngjìn
精品 jīngpǐn	行进 xíngjìn
倾心 qīngxīn	迎亲 yíngqīn
清新 qīngxīn	

ong–eng

冲锋 chōngfēng	共生 gòngshēng
重逢 chóngféng	红灯 hóngdēng
东风 dōngfēng	空等 kōngděng
公证 gōngzhèng	龙灯 lóngdēng
供奉 gòngfèng	通称 tōngchēng

第四章　普通话声调及语流音变训练

一、声调的定义

声调是指一个音节发音时能区别意义的、音高的高低升降的变化形式。

普通话有四个调类，分别是阴平、阳平、上声、去声，简称四声。四声标调一般使用五度标调法。（如图7-3所示）

1. 阴平（第一声）

声调高而平，没有升降变化，起点、终点都在最高5度上，调值标为［55］，又称为高平调或［55］调。例如，"轻、天、真、松"等。

2. 阳平（第二声）

声调由中向高扬起，起点在3度，终点在5度，调值标为［35］，又叫中升调或［35］调。例如，"唐、甜、王、娘"等。

3. 上声（第三声）

声调由次低降到最低，再升到次高。这个调型是前半段低降，后半段升高的曲折调。起点是2度，降到1度，又升到4度，调值标为［214］。因为先降后升，又叫降升调或［214］调。例如，"老、走、九、女"等。

4. 去声（第四声）

声调由最高降到最低，中间没有曲折。起点是5度，终点是1度，调值标为［51］，又叫全降调或［51］调。例如，"树、木、第、岸"等。

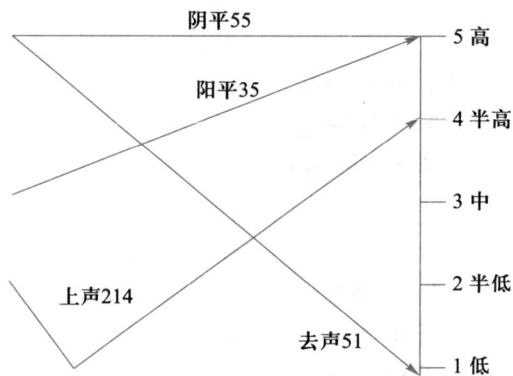

▷ 图 7-3　五度标调法

二、语流音变

在说话时，人们不是孤立地发出单个的音节（字），而是把音节组成一连串自然的"语流"。由于相邻音节的相互影响或表情达意的需要，有些音节的读音要随之发生一些变化，这就是语流音变。要想使所说的普通话纯正熟练，必须了解和掌握普通话的音变规律。

普通话的音变现象包括变调、轻声、儿化和语气词"啊"的音变等。

（一）变调

变调是指进行音节发音时，某些音节的声调变化。这些变化有的明显，有的不明显，在普通话里，明显的变调是上声和"一、不"两字的变调。

1. 上声变调

普通话上声在阴平、阳平、上声和去声四个声调前都会发生变调，只有在读单音节字或处在词语、句子末尾时才有可能读原调。其变调规律是：

（1）上声在非上声（阴平、阳平、去声、轻声）前读半上，调值由［214］变为［21］。如：

běijīng	chǎngkāi	gǎigé	biǎoyáng	yǐhòu	wěidà	ěrduo	nǎinai
北京	敞开	改革	表扬	以后	伟大	耳朵	奶奶

（2）两个上声相连，前一个上声的调值由［214］变为［35］。如：

yěxǔ	měigǎn	lǐngdǎo	guǎngchǎng	gǔwǔ
也许	美感	领导	广场	鼓舞

（3）三个上声相连，当词语结构是"双单格"时，前两个上声音节调值变为［35］，末尾音节读原调。如：

guǎnlǐzhě	lǐngdǎohǎo	zhǎnlǎnguǎn	xǐliǎnshuǐ	měnggǔyǔ
管理者	领导好	展览馆	洗脸水	蒙古语

2."一、不"的变调

"一、不"单念或位于词末不受后读音节影响，以及"一"作为序数、基数时，不变调，即"一"读阴平，"不"读去声。"一""不"在去声前读阳平，在非去声前读去声。

yídìng	yígài	búduàn	búcuò	yìshǒu	yìtóng	bùmǎn	bùxíng
一定	一概	不断	不错	一手	一同	不满	不行

（二）轻声

普通话里的每个音节都有自己的声调，但在词语或句子里，有些音节失去其原有的声调，念成一个比较轻、比较短的调，这就是轻声。

以下几类词语在普通话中通常都读轻声。

（1）助词"的、地、得、着、了、过"。例如：

好的　飞快地　轻得很　醒着　行了　走过

（2）语气词"啊、吧、吗、呢"等。如：

对啊　好吧　我吗　人呢

（3）叠音词和动词重叠形式后面的字。如：

弟弟　谈谈　跳跳　看看　读读

（4）名词后缀"子、头"和表示多数的"们"。如：

椅子　枕头　木头　他们　同志们

（三）儿化

儿化是指一个音节带上卷舌动作，韵母因卷舌而发生音变的语音现象。如"号码儿"读成"hàomǎr"。

（四）语气词"啊"的音变

当语气助词"啊"处在语句末尾时，受到前一个音节末尾因素的影响，常会发生音变有下列几种情况。

（1）前面音节的末尾音素是a、o、e、i、ü、ê的，读作"呀（ya）"。

（2）前面音节的末尾音素是u（包括ao、iao）的，读作"哇（wa）"。

（3）前面音节的末尾音素是n的，读作"哪（na）"。

（4）前面音节的末尾音素是ng的，读作"啊（nga）"。

（5）前面音节的末尾音素是舌尖前元音i[ɿ]的，读作"啊（za）"；前面音节的末尾音素是舌尖后元音i[ʅ]的，读作"啊（ra）"。

声调和语流音变练习

一、朗读下面的词语，注意声调。

纸老虎	党小组	小雨伞	李厂长	
以后	伟大	胆量	美丽	暖气
一样	一半	一定	一概	
不要	不用	不必	不断	不错
一生	一连	一举	一手	一同

二、请正确运用"啊"的音变规律，朗读下面的句子。

鸡啊，鸭啊，猫啊，狗啊，

一块儿水里游啊！

牛啊，羊啊，马啊，骡啊，

一块儿进鸡窝啊！

狼啊，虫啊，虎啊，豹啊，

一块儿街上跑啊！

兔啊，鹿啊，鼠啊，孩儿啊，

一块儿上窗台啊！

第五章　普通话朗诵训练

一、什么是朗诵

朗诵是一种综合训练，是检验普通话是否标准的手段之一，也可以为学习演讲、论辩打下基础。朗诵不同于朗读，朗读是用清晰洪亮的声音把文章正确地念出来，朗诵是大声诵读诗文，把作品的感情表达出来。

二、朗诵准备

（一）理解作品的思想内容

根据不同作品的特点，熟悉其内容和结构，深刻理解作品的主题思想，把握作品的灵魂。结合表演艺术高度集中的特点，处理好作品的开头、发展、高潮、结尾四个部分。

（二）设计准确的朗诵方案

根据不同文体、不同体裁、不同语言风格，以及不同听众对象等因素，确定朗诵的基调。

对整个作品的朗诵应该有总体设计方案，在总体设计的指导下，还要进行局部的朗诵安排。

（三）试读练习

依据设计的方案反复练习，一边读，一边体会感情，揣摩效果。在试读过程中，如果发现方案有不恰当、不完善的地方，随时进行修改直到满意为止。

三、朗诵语言技巧训练

要使朗诵达到声情并茂的境界，必须把感情理解与语言表达技巧结合起来，把握好停顿、重读、语调、语速等语言技巧。

（一）停顿

朗读的时候，有些句子比较短，按书面标点停顿就可以，有些句子比较长，结构也较复杂，句中虽没有标点符号，但为了表达清楚意思，中途也可以作些短暂的停顿。要注意，如果停顿不当，就会破坏句子结构，这就叫读破句。

1. 标点符号停顿

标点符号是书面语言的停顿符号，也是朗读作品时语言停顿的重要依据。标点符号的停顿长短规律一般是：句号、问号、感叹号、省略号＞分号、破折号、连接号＞逗号、冒号＞顿号、间隔号。

2. 语法停顿

语法停顿是句子中间的自然停顿。它常常是为了强调突出句子中主语、谓语、宾语、状语而作的短暂停顿。如：

（1）我看见/他笑了。（笑的人是他）

（2）我看见他/笑了。（笑的人是我）

3. 感情停顿

感情停顿是为了强调某一事物，突出某个语意或某种感情，在书面上没有标点，在生理上也可不作停顿的地方所作的停顿，或者在书面上有标点的地方作较大的停顿。它不受书面标点和句子语法关系的制约，完全根据感情的需要决定停与不停，其特点是声断情连。如：

北国/风光，千里/冰封，万里/雪飘。望/长城内外，惟余/莽莽；大河/上下，顿失/滔滔。山舞/银蛇，原驰/蜡象，欲与/天公/试比高。须/晴日，看红装素裹，分外/妖娆。

（二）重读

重读是指那些在表情达意上起重要作用的字、词或短语，在朗读时要加以强调的技巧，它是通过声音的强调来突出的。

1. 语法重读

在不表示具体的思想和感情的情况下，根据语法结构的特点把句子的某些部分重读的，叫语法重读。

（1）短句子中谓语常重读，如：

我吃　北风吹

（2）谓语后出现宾语时，宾语重读，如：

我吃饭　我们听到了号声

（3）定语常重读，如：

我吃米饭　我们欢呼伟大的胜利

（4）状语常重读，如：

北风呼呼地吹　他很好

（5）谓语后的补语常重读，如：

北风吹得呜呜叫　他累得满头大汗

（6）指示代词、疑问代词常重读，如：

校园是那样可爱　什么是真的幸福

2. 强调重读

也叫逻辑重音或特别重音，指为了突出句子中的某种特殊含义而重读的词语。同一个句子强调重读不同，意思也不同。

（1）妈妈吃了一块糖。（突出谁吃了糖）

（2）妈妈吃了一块糖。（突出吃糖的动作）

（3）妈妈吃了一块糖。（突出吃糖的数量）

（4）妈妈吃了一块糖。（突出吃的东西是糖）

3. 感情重读

指为了表达特殊思想感情而重读的词语，它不仅落在语句上，甚至是一段话上。感情重音不受语法的限制，它可以根据语言环境的不同，鲜明地表示朗诵者的意图和态度，常常表现在为了表达强烈的感情而特意增加音量而读出的音节上。

（三）语调

语调，又叫语气，是说话时声音高低升降的变化。在汉语里，字有字调，句有句调。我们平常称字调为声调，称句调为语调。读准语调，才能细致、准确地传达思想感情。

1. 高升调

由平向上升，句末明显上扬。如：

（1）你这个披着人皮的恶狼！

（2）难道真是有钱就有幸福吗？

2. 降抑调

先平后降，句末明显下降。常用于祈使句、陈述句、感叹句中。如：

（1）不，决不！

（2）唯愿朋友的心永远似清溪一样敞亮，如日月一样久长。

3. 平直调

全句没有明显的高低升降变化，句末音节与句子基调基本持平。常用于说明、叙述等句式之中。如：

（1）夜正长，路也正长，我不如忘却，不说的好吧。

（2）我们面临着严峻的考验。

4. 曲折调

声调先降后升，或先升后降，使全句有上升或下降的曲折变化。常用于感叹句式中，表示含蓄、幽默、讽刺、惊讶、意外、烦躁、夸张、轻薄等感情。如：

（1）他说你又聪明，又漂亮，又有文化。

（2）海鸭也在呻吟着，——它们这些海鸭呀，享受不了生活战斗的快乐：轰隆隆的雷声把它们吓坏了。

（四）语速

语速是指朗诵时语言的快慢，它是体现语言节奏、表达作品思想感情的重要手段。速度的快慢应依据作品内容的变化而变化。通常，说明叙述的内容、紧张急剧的形势、激动难抑的心情，快速朗诵；抒情议论的内容、幽静严肃的环境、平静坦然的心情，慢速朗诵。如：

晚来的海风，清新而又凉爽。我的心里，有着说不出话的兴奋和愉快。（"＿＿＿＿＿＿＿"表示加快语速）

在浩如繁星的茫茫人海中，曾有几人能万古流芳，具有永久的魅力？（"＿＿＿＿＿＿＿"表示减慢语速）

微课

项目三　演讲口才训练

第一章　演讲的含义与类型

一、演讲的含义

演讲，又称演说、讲演，是指在特定的时空环境中，借助有声语言（讲）和态势语言（演）的艺术手段，面对听众郑重地发表见解或主张、抒发情感，从而达到感召听众、说服听众、教育听众的口语交际高级形式。演讲作为一种颇具魅力的口语表达形式，是现代社会角逐、商业竞争、人才选拔、日常社交中不可或缺的重要组成部分。

二、演讲的类型

演讲的类型根据划分标准不同而有所不同。

按内容分，可分为政治演讲、学术演讲、诉讼演讲、社会生活演讲等。演讲者可以根据不同类型的不同特征，在构思演讲时努力做到内容和形式的协调与统一。

按演讲风格分，可分为慷慨激昂型、哲理严谨型、明快活泼型等。演讲者可以根据个人的气质、修养和演讲内容的需要，选择最得体的风格类型。

按演讲场所分，可分为街头演讲、法庭演讲、课堂演讲、大会演讲、宴会演讲、广播和电视演讲等。演讲者可以根据不同场所的特殊环境和特殊公众，选择不同的演讲风格和演讲技巧。

按演讲方式分，可分为读稿式演讲、脱稿式演讲、提纲式演讲、即兴演讲等。演讲者需要明确不同方式的演讲要求，做好心理准备。

三、演讲与其他口才形式的区别

（一）与日常生活中谈话的区别

日常生活中的谈话，可以不受时空、内容、方式的限制，不要求完整系统，也不要求主题唯一，只要能表达自己的思想感情，就可以了。演讲则要求在特定的时空环境中，面对广大听众，主题明确，内容完整，并恰当运用语气、语调及态势语来辅助讲话。

（二）与朗读、朗诵的区别

朗读与朗诵更注重将文字这个视觉形象转化为听觉形象，着重于感染听众。演讲则是一种实用艺术，它的选题具有很强的现实针对性，内容具有很大的选择性，更注重与听众在思想上的交流。

（三）与会议上的报告、发言、讲话的区别

就形式而言，一般只需要阐明自己的观点，以发表自己的意见为目的。演讲具有更强的宣传鼓动性，它既是一种以"讲"为主的宣传活动，也是一种以"演"为辅的艺术活动。两者在内容的侧重点也不同，会议上的报告、发言、讲话的内容注重政策性、权威性和指导性，演讲则侧重于典型性和鲜明性。

第二章　影响演讲成败的主要因素

影响演讲成败的主客观因素有很多，在做演讲准备时，应该考虑的最主要的影响因素有主题的选取、演讲者的素养以及听众的需求。

一、主题选取的原则

（一）鲜明

所谓鲜明，就是说演讲的主题能明确表示赞成什么，反对什么，态度明朗，旗帜鲜明。如闻一多的《最后一次讲演》，充满着对李公朴先生的爱和对国民党反动派的恨，因此这篇演讲在当时引起了巨大的轰动。

（二）独特

立意要独特。就是在演讲中能讲人所未讲，发人所未发的独到见解。一位著名主持人曾说过："演讲家说出别人想说而没有说的话，因而博得听众的赞赏和欢迎，这固然是高

明。然而，如果演讲家道出了别人想都没有想过的东西，甚至由于你的演讲，使原来不想干某件事情的听众后来想干了，这才是更大的高明。"立意独特的方法很多，老话新说、破旧立新、由此及彼等，都能让人感到耳目一新。

（三）深刻

演讲的立意既要新也要深，主题不深刻，就会使人感到平淡乏味。

二、演讲者的素养

演讲者是演讲活动的中心和前提，是演讲活动的主人和支配者，也是演讲成败的决定因素。因此，演讲者必须具备多方面的综合知识和素养。一个优秀的演讲者，应该拥有先进的思想、高尚的品质、丰富的学识、良好的口语表达能力，具有一定的记忆力、观察力、想象力和表现力等。

（一）演讲者要对主题有热情

演讲者最好选择自己擅长的主题来演讲，这样容易对主题充满热情。对于经常思考经常接触的东西，必定感受最深，谈起来也自然成竹在胸。比如你对鹅感兴趣，那么你就会仔细观察，由衷欣赏，喂鹅也是一种乐趣；到图书馆看看有关鹅的书籍；在此基础上，再谈论鹅的话题，一定会兴致勃勃，情趣盎然，演讲者对一件事了解得越透彻，演讲者的态度就越执着，情感也会更炽烈。

（二）演讲者要充满活力

演讲者热情的表露，有助于驾驭演说场合，从说话者变为指挥者。当你即将面对听众演讲时，应该充满自信地站在讲台上，脚步轻盈、抬头挺胸，让听众感到你有什么新鲜愉快的事要讲，从而产生良好的第一印象。这时，你在听众心目中就会占据权威性的地位。

三、听众的需求

听众是演讲内容的接受者和演讲效果的反映者，没有听众无所谓演讲。听众并非被动的信息接收者，而是演讲活动的积极参与者，能动地接收演讲信息，同时对演讲进行信息反馈。演讲稿是讲给听众听的，演讲者和演讲稿最终的检验者都是听众，因此，写演讲稿首先要了解听众对象。表达什么样的观点、情感，选择什么样的语言、材料，最终都需要看听众能否接受和认可。

（1）年龄段。年龄段不同，听众关注的问题也不同。比如老年人大多对养生、健康类的话题感兴趣，对时尚潮流兴趣偏低。而年轻人喜欢时新的事物，对世界充满好奇，喜欢新奇或能引发思考的话题。

（2）文化程度。听众的文化程度不同，其视野、对事物的见解也有差距。在演讲前，可以根据听众的受教育程度，选择合适的演讲主题和方式。

（3）职业差异。职业的不同反映了一个人的专业兴趣和擅长领域，对不同职业的听众，可以选择适合他们的表达方式，或选择相关职业领域的话题。

作为一名演讲者，应该懂得听众的想法、需求，不能闭门造车。演讲的内容只有贴近生活，才能打动听众的心。

第三章　演讲的技巧

一、演讲稿的准备技巧

（一）搜集素材

如果说主题是演讲的灵魂，那么材料就是演讲的血肉，为了使演讲稿丰满，我们就要在确定了演讲主题后，广泛搜集演讲稿所要使用的材料。素材包括直接材料和间接材料。

从亲身经历或耳闻目睹的一些事件、言论、感受中获取的材料，称为直接材料。从报纸、杂志、书籍、广播、电视、网络等媒体上搜集到的材料，称为间接材料。要善于在大量直接材料和间接材料的基础上，归纳、分析、研究并得出带有主观色彩的创意材料，这样的材料才更具有新颖性和独特性。

对材料的选取，一般依照以下原则：① 选择能充分恰当地展现主题的材料。② 选择具有典型性的材料。③ 选择真实、可靠、具体的材料。④ 选择新鲜、感人的材料。⑤ 选择符合自己身份的材料。

（二）演讲内容的结构

1. 开头

开场白一般为演讲的前两分钟左右，具有重要的作用：使观众注意力集中，使你成为唯一焦点；提供主题的背景材料；建立信心；与观众拉近距离，感觉有切身关系等。好的开场白会使整体效果提升一个层次。

开头的主要形式如下：

（1）故事式

故事式开场白是通过一个与演讲主题有密切关系的故事作为演讲的开头。这个故事要有人物、有细节。1951年9月29日，周恩来应北京大学校长马寅初之邀作《关于知识分子的改造问题》的演讲，听讲对象为京津地区高等学校的教师和学生代表。

周恩来作了开场白后，这样进入了主题："讲到改造问题，我想还是先从自己讲起。我中学毕业后，名义上进了大学一年级，但是正赶上五四运动，没有好好读书。我也到过日本、法国、德国，所谓留过学，但是从来没有进过这些国家的大学之门。所以，我是一个中等知识分子。今天在你们这些大知识分子、大学同学面前讲话，还有一点恐慌呢。"当天，有些教师不知道周总理要讲什么，怀着不安的心情而来。听了周恩来敞开心扉的话，他们立刻消除了紧张情绪。

由于故事式开场对语言技巧要求比较简单，容易调动听众的注意力，所以初学演讲者特别适合选用故事式开场白。

（2）开门见山式

开门见山，就是用精练的语言交代演讲意图或主题，然后在主体部分展开讨论和阐述。这种开场白方式也可称为开宗明义式。如宋庆龄《在接受加拿大维多利亚大学荣誉法学博士学位仪式上的讲话》开头部分："我为接受加拿大维多利亚大学博士学位感到荣幸"。恩格斯《在马克思墓前的讲话》："3月14日下午两点三刻，当代最伟大的思想家停止思想了。让他一个人留在房里还不到两分钟，当我们进去的时候，便发现他在安乐椅上安静地睡着了——但已经永远地睡着了。这个人的逝世，对于欧美战斗的无产阶级，对于历史科学，都是不可估量的损失。这位巨人逝世以后所形成的空白，不久就会使人感觉到。"

开门见山式开场白适合运用于应用性演讲场合，演讲者必须明确把握演讲的中心，让听众一听就知道中心是什么，迅速集中注意力。

（3）引用式

直接引用别人的话语为展开自己的演讲主题作必要的铺垫和烘托，就是引用式开头。一般引用流传较多的名家名言、警句格言、民间俗语等。

如习近平总书记在博鳌亚洲论坛2018年年会开幕式上的主旨演讲："仲春时节的海南，山青海碧，日暖风轻。在这个美好的季节里，各国嘉宾汇聚一堂，出席博鳌亚洲论坛2018年年会。海南有一首民歌唱道：'久久不见久久见，久久见过还想见。'今天，有机会在此同各位新老朋友见面，我感到十分高兴。"使用当地民歌作为演讲开头，展现了中国文化，拉进了主宾距离。

（4）提问式

运用设问，引发思考，让听众自然而然地接受演讲者的内容和观点。如：青春是什么呢？青春是轻盈欢快的小溪，青春是健康跳动的脉搏，青春是美好生活的依托，青春是事业成功的希望。如果你是一滴水，你是否滋润了一方寸土？如果你是一缕阳光，你是否照亮了一方黑暗？如果你是一粒粮食，你是否哺育了有用的生命？不要轻看这一滴、一缕、一粒，正是这点点滴滴、丝丝缕缕、颗颗粒粒，灌溉的是良田万顷，照亮的是锦绣中华，哺育的是新的生命，而绽放的正是青春中最美丽的花朵！

（5）实物式

通过实物的展示引发听众的兴趣，用简单的实物演示引发听众思考，并自然引申到对主题的阐述。但应注意展示的实物一定要与演讲主题有关。

有一次，陶行知先生在武汉大学演讲。他走上讲台，不慌不忙地从箱子里拿出一只大公鸡，台下的听众全愣住了。陶先生从容不迫地又掏出一把米放在桌上，然后按住公鸡的头，强迫它吃米，可是大公鸡只叫不吃。他又掰开鸡的嘴，把米硬往鸡嘴里塞。大公鸡拼命挣扎，还是不肯吃。最后陶先生轻轻地松开手，把鸡放在桌子上，自己向后退了几步，大公鸡自己就吃起米来了。这时陶先生开始演讲："我认为，教育就跟喂鸡一样。先生强迫学生学习，把知识硬灌给他，他是不情愿学的，即使学也食而不化，过不了多久，他还是会把知识还给先生的。但是如果让他自由地学习，充分发挥他的主观能动性，那效果一定会好得多！"台下一时间欢声雷动，为陶先生形象的演讲开场白叫好。

2. 主体

演讲稿结构层次要分明。演讲者可以在演讲中反复设问，并根据设问来阐述自己的观点，这样在结构上也能环环相扣，层层深入。此外，用过渡句或"首先""其次""然后"

等词语来区别层次，或用相似的排比句也是使层次清晰的有效方法。如习近平总书记《在庆祝中国共产主义青年团成立100周年大会上的讲话》中的一段：

越是往前走、向上攀，越是要善于从走过的路中汲取智慧、提振信心、增添力量。一百年来，共青团坚定理想、矢志不渝，形成了宝贵经验。这是共青团面向未来、再立新功的重要遵循。

——百年征程，塑造了共青团坚持党的领导的立身之本。没有中国共产党，就没有中国共青团。共青团从诞生之日起，就以党的旗帜为旗帜、以党的意志为意志、以党的使命为使命，把坚持党的领导深深融入血脉之中，形成了区别于其他青年组织的根本特质和鲜明优势。听党话、跟党走始终是共青团坚守的政治生命，党有号召、团有行动始终是一代代共青团员的政治信念。历史充分证明，只有坚持党的领导，共青团才能团结带领青年前进，推动中国青年运动沿着正确政治方向前行。

——百年征程，塑造了共青团坚守理想信念的政治之魂。共青团把青年人组织起来，是在理想信念感召下坚定信仰的结合、科学主义的结合。团的一大就明确提出了建设共产主义社会的远大理想，亮出了社会主义的鲜明旗帜，在一代又一代青年心中点亮理想之灯、发出信念之光，这是共青团最根本、最持久的凝聚力。历史充分证明，只有始终高举共产主义、社会主义旗帜，共青团才能形成最为牢固的团结、锻造最有战斗力的组织，始终把青年凝聚在党的理想信念旗帜之下。

——百年征程，塑造了共青团投身民族复兴的奋进之力。党的奋斗主题就是团的行动方向。共青团紧扣党在不同历史时期的中心任务，团结带领广大团员青年积极投身人民群众的壮阔实践，在民族复兴征程上勇当先锋、倾情奉献，发挥生力军和突击队作用，使实现民族复兴成为中国青年运动一以贯之的恢弘主流。历史充分证明，只有牢牢扭住为中华民族伟大复兴而奋斗这一主题，共青团才能团结起一切可以团结的青春力量，唱响壮丽的青春之歌。

3. 结尾

结尾要简洁有力、余音绕梁，典型的结束语类型有：鼓励听众采取具体的行动；向听众提出解决问题的几种方法；采用大家都知道的口号或语录表达对听众将要采取行动的信心；总结演讲要点；引用振奋人心的事例等。如：

于是，我也更加知道卡萨尔斯回答中所具有的深意。怎样才能成为一个优秀的主持人呢？心中有个声音在回答：先成为一个优秀的人，然后成为一个优秀的新闻人，再然后是自然地成为一名优秀的节目主持人。我知道这条路很长，但我将执着地前行。（白岩松《人格是最高的学位》）

二、演讲中的技巧

（一）演讲的语言技巧

演讲是诉诸语言的艺术，其基本要求是通俗易懂、简短有力、情真意切。

1. 通俗易懂

口语和书面语不同，一个诉之听觉，一个诉之视觉。所以为了使听众能够马上听清听懂并理解，演讲的语言必须通俗易懂，避免采用生涩、生僻的词语，避免引用不好理解的古文和诗词，避免使用过多的专业术语和学术名词。总之，语言要明朗化、浅易化、大众化。

2. 简短有力

从文体上说，演讲属于论说文体，虽然也摆事实，有描述、抒情，但这些只是手段，议论说理才是总体特点和要求。因为是运用口语面对面的说理，就不能像书面语那样写几万甚至十几万字，也不能像书面语那样使用长句或多重复合句进行严密的论证。用大篇幅、长句子说理，听众的听力跟不上，也不容易理解意思。

3. 情真意切

在演讲中，我们要选择合适的语速、适当的语气来表达情感，以达到感染人、打动人的目的。演讲就整体而言，语速不可过快，也不可过慢。过快，则听众没有思考余地，容易产生反感；过慢，听众容易无精打采、不耐烦。语速根据情感表达的需要作恰当的调整，当快则快，当慢则慢。语气指的是讲话的轻重、停顿等的把握和处理。重音是根据表达思想内容的需要和演讲者的感情与心理变化而设置的，适当的重音可以起到强调重点，加重语气，突出感情的作用。恰当的停顿，可以使演讲的内容得到清楚的表达、呈现鲜明的节奏感。

（二）演讲中的非语言表达技巧

1. 服饰得体

演讲者的服饰应以整洁、朴实、大方为原则，给人以自然得体的印象。过分张扬或毫无修饰的服饰会分散听众的注意力。男士面部要干净利落，着衬衫或西装，头发前不及额，后不及领，侧不盖耳。女士则以淡妆为宜，着裙装或裤装，头发整洁。

2. 面部表情

演讲时的面部表情会带给听众极其深刻的印象，紧张、疲劳、喜悦、焦虑等都会表露在脸上，即使内容再精彩，如果畏畏缩缩，表情缺乏自信，演讲就缺乏说服力。舒展的脸，让人感到亲切，观众最喜欢。舒展的脸是温暖的。舒展的表情和眼神交流是任何人都可以用来说服别人的两大工具。微笑的脸，给人的感觉是幸福的。微笑表明"我很高兴在这儿"。这是一种很好的自我介绍方式，但要注意：微笑需要满足两点，必须是真诚的、完全适当的。

3. 手势

手势是指演讲者运用手部、手臂的动作变化，表达思想感情的一种态势语。例如：

（1）指示性手势，用于示意事物的数量或概念。比如："这是一张桌子"，用手指桌，桌子在听众的视线范围内。也可虚指演讲者和听众看不见的内容，如"在遥远的地方，黄河奔腾向远方"，手臂斜向上方，虚指黄河的流向。

（2）象征性手势，用于模拟形状物，给听众以形象化的感觉。如伸出两个手指，摆出V的造型，代表"胜利"。

（3）抒情性手势，在演讲中运用频率最多。如兴奋时拍手称快、号召时举手呼号、愤怒时挥舞拳头、决断时猛力砍下。抒情性手势是一种抽象感情很强的手势。

（4）习惯性手势。任何一位演讲者都有一些自己特有的手势，是形成个人演讲风格的重要因素。

但手势的意义常常因文化的不同而千差万别，因此在使用时一定要谨慎。如用食指和拇指做一个圈，在英美国家表示"好"，但在法国南部则意味着"不值钱的"。

心理学研究表明，80%以上的信息是通过视觉器官接收的，因此，在演讲过程中，有效而具体的表达方式就是以视觉形象诉诸听众。在演讲中，一个高过头顶的上扬手势，一个自信坚定的微笑，都可以感染聆听的观众，达到意想不到的效果。

4. 目光

微课

在大众面前说话，就避免不了受到众目睽睽的注视。当然并非每位听众都会对你报以善意的眼光。克服这股视线压力的秘诀，就是一面进行演讲，一面在听众当中找寻那些善意而鼓励的眼光，这样可以增强演讲的自信心。切忌对听众投以居高临下的眼神，以免引起反感，影响演讲的效果。

（三）演讲意外情况处理技巧

1. 忘词

如果演讲中忘词了，千万不要慌乱，可以进行临场发挥，使演讲进行下去。可以概述一下已讲过的主要观点，同时快速联想回忆这部分演讲词，几秒钟后还是回忆不起来，就应该立刻放弃回忆，进入下一部分的演讲。也可用刚讲过的最后一句话或一个概念，作为下一段的开头，直接讲没有忘记的内容，用这些新的内容稳定自己的情绪，重新吸引观众。

2. 说错词

在演讲中说错词也是常常出现的情况，这时既不可置若罔闻，也不必特意声明讲错而道歉，而应灵活处理。处理的方法一般有三种：

一是自我质疑。发现自己说错，及时在后面加一句反问，接下去简要阐述一下如何不对，便可立即接上原来的话题说下去。如：一位演讲者把原稿中的一句话"我的这片深情是献给天下所有母亲的"说成了"我的这片深情是献给我的母亲的"，这句话当然也没什么错，而且台下的听众也没有异样反应，可是如果接着讲下去，与后面的讲稿内容就没法衔接了。这时演讲者用加重的语气说道："朋友们！你们说我这样做对吗？（台下有听众回答：'对！'）哦不，不不！这样做也太自私了吧，因为天下的母亲都一样，他们对儿女的爱都是无私无怨的。所以我应该把我的这片深情，献给天下所有的母亲。"这样处理，使听众不由自主地转移原先的思路，随着演讲者的话语而调动情感。

二是将错就错。发现自己说错后，顺水推舟，暂时改变话题，紧扣中心稍作阐释，再按原来的话题说下去。如：一名同学在演讲中一不留神把"澳门"说成了"香港"："在祖国辽阔肥沃的土地上，中华儿女编织着一个个梦想和希望。'母亲，我要回来！'喊出了许多游子共同的心声。香港回来了……（略犹豫）今天，澳门也（重音）回来了！鲜艳的五星红旗在香港、澳门上空迎风飘扬，它向世界展示着一个新时代的开始。我们坚信，中国的明天会更好！"这样处理，使听者不由自主地转移了原先的思路。为了不让听众发现自己是在临时补救，后面他又把香港和澳门重复了一遍，顺理成章地得出一个结论："中国的明天会更好！"

三是重新讲述。发现自己说错后，而且根本无法补救，可按正确的再讲一遍，借以纠错。如：一名演讲者在演讲稿中引用了鲁迅小说《故乡》中的一句话："其实地上本没有路，走的人多了，也便成了路。"可是在演讲中，却把"走的人多了"说成"走的多了"，怎么办？演讲者没有丝毫掩饰，认认真真地又重新把这段话引用了一遍。鲁迅的名言大家耳熟能详，不论用什么语言掩饰，都会错上加错，所以，明智地重复一遍，可以获得听众的理解和原谅。

项目四　面试口才训练

第一章　关于面试的基础知识

一、面试的含义

面试是一种通过精心设计，以交流和观察为主要手段，用以了解应聘者素质及相关信息为目的的选拔测试方式。在面试过程中，招聘者可以根据应聘者当场对所提问题的回答情况，考察其运用专业知识分析问题的熟练程度、求职动机、个人素养、实践经验、思维的敏捷性、语言的表达能力等。通过对其面试过程中的行为特征的观察和分析，考察应聘者的外表、气质、情绪的稳定性，对应聘职位的态度，以及在外界压力下的应变能力。面试是用人单位招聘甄选不可或缺的重要测评方式。

但人们对面试的定义，至今观点不一。有人认为，面试就是谈谈话、见见面而已；有人认为，面试就是口试，口试就是主考官与应试者交谈，应试者以口头回答问题的考试形式；有人认为，面试是通过考察外部行为（语言与非语言的），来实现对人员内在心理素质进行测评的目的；有人认为，面试即面谈加口试，是通过主考官与应试者直接见面，边提问题边观察分析与评价应试者的仪表气质、言谈举止、体质精力以及相关素质能力，权衡是否与职位要求相适应的考试方式。

其实，面试与一般的谈话是不一样的。"精心设计"是面试与一般交谈、面谈、谈话相区别的主要特征。面谈与交流，强调的只是面对面的直接接触形式与情感沟通效果，它并非经过精心设计。面对面地观察、交谈等双向沟通方式，不但突出面试"问、听、察、析、判"的综合性特点，而且使面试与一般的口试、笔试、操作演示、背景调查等人员素质测评的形式区别开来。口试强调的只是口头语言的测评方式及特点，而面试还包括对非口头语言行为的综合分析、推理与判断。

二、面试前的准备

（一）正确评价自己

求职前，求职者先要进行自我评价、自我选择。具体来讲，要客观、实事求是地认识自己，全面了解自己的长处与缺陷。要通过分析来明确：自己在整个人才市场中处于什么位置，目前最需要什么；自己有哪些有利和不利因素，目前还能有哪些可以提高；自己有什么特长可以发挥，目前能做些什么，不能做什么等。只有这样才能扬长避短，在竞争激烈的人才市场中成为求职的胜利者。在求职过程中，有些人往往因为过高或过低评估自己而失去用人单位的青睐。

（二）充分了解用人单位

求职者想要取得求职成功，就要充分了解用人单位。只有这样，才可以减少盲目性，使求职时的问答更有针对性。求职前要全面了解用人单位的性质、背景、机构设置、管理方式、人员组成、企业形象、经济效益、发展前景、招聘原则、岗位设置、人才缺失情况、当前的突出问题、人际关系状况、经济待遇情况等。同时，还要广泛了解社会、行业的客观情况和需求状况，要注意了解用人单位或主考官更偏向哪种类型的人才，以及对方有什么兴趣、爱好等。

如：某企业急需招聘一位公关人员，有三位学生前去应聘。因为第二天才面试，其中两位很早就休息了，而另一位应聘女生却没有休息。她想，三人竞争一个职位，自己并没有明显优势，必须做些准备。于是，她通过搜集资料得知该企业公关部现在急需新闻报道人员。第二天面试时，企业领导请三人自报特长。一位说对公共关系中的人际关系很感兴趣，另一位说对企业策划很感兴趣，而那位女生则说："我喜欢新闻写作，并擅长散文创作，已有六七篇文章见报了。我希望能够在公司对外宣传上尽自己一份力量。"最后经企业领导一致通过，录取了这位女生。

（三）心理准备

在求职过程中，如果做好了充分的心理准备，就能以沉着自信的良好形象适应求职中可能面对的各种情况；就会把求职当作人生的一次普通经历，而不会过分在意结果，把自己当作一件产品去宣传、推销；也就能坦然面对用人单位审视的目光，欣然接受对方的挑选。如果没有做好充分的心理准备，就有可能在用人单位面前显得心慌意乱、语无伦次，不能发挥自己的正常水平。当然，如果求职有望，便沾沾自喜，得意忘形；求职不成，便气急败坏，懊恼沮丧，也都是心理状态不好的表现。

三、基本原则

在面试中，应该掌握三个原则：实话实说、灵活应变、自圆其说。其中后两者主要体现了灵活性的特点，而实话实说则是前提和基础。

（一）实话实说

实话实说是指在面试中应试者回答考官提问时要从本人的实际情况出发，不夸大、不缩小，正确应答。

比如，当考官问及你在学校学习阶段专业学习成绩如何，你学得好就是好，不好就是不好，不能言过其实，担心被淘汰，谎称优秀。当问及你的优点或缺点时，要简明扼要地叙述主要优缺点，不要谈得过多（如列出十多条来）、过高（如说学习上异常刻苦，对专业书百看不厌）。缺点主要指的是气质等方面的不足，要抓主要的，如有时急躁或有时粗心大意等，既不可罗列过多，也不可夸张形容，更不能把属于优点范畴的现象也说成是缺点。

在面试中涉及专业知识，更要实事求是地回答，即使对考官所提的问题回答不出来也无妨。如不知道就坦率地承认"不知道"，并表示歉意。一个人的知识面总是有限的，如果在不知道的情况下妄说，反而会影响录用。而当问到熟悉的问题时，应尽量发挥得充分些。

（二）灵活应变

灵活是指面试考官要考查应试者能否随着情况的变化掌握时机，具有随机应变的能力。当你进入面试考场之后，如遇考官们都不发问，而是面带微笑地看着你，使你不知所措，心里紧张，这时候你可"主动出击"，改变这种被动局面。你可以先作自我介绍，并逐渐把重点转移到自己所精通的专业知识上，甚至可以向考官们提出一些问题，以彰显自己是个谈吐清楚、头脑灵活、反应敏捷、能够灵活应变的人。

（三）自圆其说

参加面试时，主考官所问的问题并不一定有标准答案，只要能"自圆其说"，就算是成功。

比如，有一次在一家企业工作的小伙子去面试，主考官问了一个问题："你为什么要离开现在的企业？"他回答："在这家企业没有前途。""那么怎么样才算有前途？"主考官接着问。"企业蒸蒸日上，个人才能得到不断提高和发展。""你们单位的产品在市场上占有率名列前茅，员工收入也很高，这是有口皆碑的，怎么能说在这个企业没有前途呢？"这位应试者其实所犯的错误是他不清楚随着问题的不断深入，他先前的论点将无法成立，这样就不能"自圆其说"了。

最常见的两个问题是："你最大的优点是什么"和"你最大的缺点是什么"。这两个问题看似简单，其实很难回答好。因为接下来主考官有可能会问："你的这些优点对我们的工作有什么帮助？"或"你的这些缺点会对我们的工作带来什么影响？"然后还可以层层深入、"乘胜追击"，应试者是很容易陷入不能"自圆其说"的尴尬境地的。

第二章　自我介绍的语言技巧

面试前，求职者要做的首要的语言准备就是自我介绍。如果说，当求职者刚刚进入面试现场时，招聘者的注意力还集中在视觉效果上，从求职者穿着打扮、行为举止的观察来判断求职者的品行、修养、气质、风格，来加深第一印象。那么，当面试进入正题以后，招聘者就会在视觉效果的基础上将注意力转移到听觉效果上。招聘者都要给求职者一定的时间做自我介绍，并试图通过求职者的自我介绍来做出初步判断。如果求职者能够抓住招聘者所给的有限时间，给主考官留下更好的第一印象，那么可以说面试已经成功了一大半。

一、自我介绍说什么

面试时自我介绍的内容一般分为三个部分。

（一）"我是谁"

主要介绍自己的个人基本信息、专业方向、教育背景以及与应聘职位密切相关的特长等。这一部分不要占用过多时间，因为在简历中已经描述得比较清楚了。

（二）"我做过什么"

主要介绍与应聘职位密切相关的实践经历，包括相关兼职和实习经历、参加过的校内外实践活动等，以及参加这些活动所取得的成绩。要说清楚这些实践经历的时间、地点、担任的职务、工作内容评价等，最好还有量化数据，这样能让面试官觉得真实、可信。如的确没有与应聘职位相关的经历，也可介绍一到两个与应聘职位要求相关的优良品质。

（三）"我做得怎么样"

可选择一到两个自己认为近几年来，做的成绩比较突出，或比较有成就感的事情，说明可以胜任的能力。除此之外，可以介绍自己对岗位的认识、对行业发展趋势的看法、对职业生涯发展的规划、对工作的兴趣与热情等。

二、自我介绍怎么说

自我介绍毕竟不是求职信的真人语音版，你在面试时的现场表现，直接决定面试官对你的认识和印象。

（一）应注意控制时间

如果面试官没有特别要求，自我介绍的时间一般应控制在三分钟之内。

（二）应注意语速、语音、语调、语气

在介绍时，语速和音量要让对方感到舒服，有适度的抑扬和重音，语气要肯定，这样既能有效地传递信息，也能展现你的自信心和职业气质，增加面试官对你的印象分。

（三）应注意礼仪

在面试现场，要讲究职场礼仪。例如，进门问好，离开时要退后再转身，衣着打扮要符合职业人的要求。此外，注意形体姿态，表情和举止应从容大方。

三、其他自我介绍的小技巧

（一）有创意地介绍姓名

生动、形象、个性化地有创意地介绍自己的姓名，不仅能够引起面试官的注意，而且

可以使面试的气氛变得轻松。

（二）不要面面俱到

如果你的经历很多，也不要面面俱到。在介绍时，要针对应聘职位特点，合理安排每部分的内容：与应聘职位关系越密切的内容，应优先详细介绍；与应聘职位无关的内容，即使自以为荣也要忍痛割爱。

（三）主动出击

有意识地打个"埋伏"，吸引考官追问。例如介绍自己时，你可以这样描述："在工作中遇到了很多的困难，不过我还是成功地克服了这些困难并达成了业务目标。"引导面试官提问"你遇到了哪些困难"，这样你就可以进一步阐述细节内容，展现出自己处理问题的能力。

（四）前后一致

自我介绍的内容不要与所递交的简历内容矛盾。这种情况一旦发生，往往是越说越说不清楚。面试官会认为应聘者所述有假，印象分会一下子降为负数。

（五）投其所好

在自我介绍的同时，如能围绕用人单位感兴趣的内容更深入地阐述则效果更佳。

四、自我介绍案例分析

各位考官：

大家好，我叫×××，是南京××职业技术学院电子商务专业的应届毕业生。下面我从三个方面简单地做自我介绍。

第一，我具有较强的分析能力和写作能力。我的专业课成绩在学校名列前茅，理论基础比较扎实。在校期间我负责过一个院级项目，完成了上万字的研究论文和调研报告。我还多次协助老师完成项目任务。这些经历都提高了我的分析水平和写作能力。

第二，我有较强的团队协作能力。在完成上述项目时，我是子项目负责人，需要进行多方协调，虽然过程艰辛，但这些经历使我的领导能力和协作能力得到很大提高。

第三，我有较强的学习能力。在校期间，我自学了C语言、计算机通过国家二级。业余生活方面，我兴趣广泛，尤其喜欢长跑，曾经在第十届院运动会3 000米项目中取得第三名的成绩。

以上就是我的自我介绍。

点评：

这段自我介绍，没有华丽的辞藻，但结构简明，内容得当。应聘者以简洁的语言开门见山，然后从三个方面有条理地介绍了自己的分析与写作能力、团队协作能力、学习能力，其中穿插了相关学习经历、工作经历和业绩，用典型事件说话，内容丰富，真实可信。此外，作者还介绍了他在体育方面的特长，给人以健康阳光的印象。最后用一句话收束。朴素的语言和严谨的结构，不仅使听者能高效地获取信息，而且表现出了求职者严谨踏实的作风。

第三章　面试应答技巧

一、求职应答的策略技巧

语言是门艺术，而掌握这门艺术离不开策略与技巧，那么，到底应该用什么样的策略与技巧，来对答招聘者的提问呢？

（一）典型实例法

在日常生活中，你也许习惯抽象概述某些观点或事件，但是，在面试对答时你也依然不假思索地运用这种方法，只会使招聘者感到单调、乏味，难以对你产生兴趣。

讲典型实例是为了向招聘者描述一个"与众不同"的你，进而获得应聘成功。你必须记住：不要概述，要展示——用事实来说明所具有的能力、素质、技能、信仰、优缺点、好恶，以及你如何处理人际关系，如何解决问题，如何胜任新工作等。可以通过"事实""相关细节""举例""轶事""具体做法陈述"等，让对方了解你。这样做，你才可能使自己变成一个"个性突出""富有情趣""充满活力"的活生生的人。

（二）突出个性法

"个性鲜明"的回答往往容易给人留下深刻印象。想要突出个性，首先应该学会用事实来说话。其次，要实事求是，怎么想（做）就怎么说（除一些敏感性问题应该注意分寸之外）。例如，当你被问道："你喜欢出差吗？"你可以直率地回答："我不喜欢。因为从一地到另一地销售商品并不是一件容易的事。但我知道，出差是销售人员的主要工作之一。所以我也就不会在意出差的艰辛。因为我非常喜欢销售工作。我想这一点更重要。"

（三）审时度势法

面谈中的审时度势法主要表现在两个方面：

（1）掌握好回答问题的时间。做到心中有数，有的放矢，在有限的面谈时间里，要得体、有效地"展示"自己，不要漫无边际或反复陈述，拖延时间。

（2）一种无奈的眼神、一个会意的微笑、一种下意识的看表动作，演绎出的都是招聘者不同的心态。在对答中要学会破译对方的心理，迅速准确地调整自己的对策，必要时"投其所好"或"草草收场"都不失为一种应急之策。

（四）扬长避短法

在某公司应聘部门的面试中曾有这样一段对话。

问："你不认为你做这项工作太年轻了吗？"

答："我快23岁了，事实上，下个月我就23岁了，尽管我没有相关的工作经历，但我却有整整两年领导学校学生会的工作经验。2021年年初，我被推选为该年度的学生会主席，之后又连任一年。您可以想象，管理组织2 000多名学生，并非易事，没有一定的管理才能和领导艺术，是无法胜任的。所以，我认为，年龄固然能说明一定的问题，但个人的素质和能力更为重要。因为这是一个部门经理所不可缺少的。"

回答者通过宣扬个人的长处，把自己的长处同应聘的工作有机地结合起来，变不利为有利。如果真的遇到自己不懂的问题，或勉为其难的事情时，那该怎么办呢？

再成熟的应聘者，由于其学历、知识、见识与经历等方面的原因，总会出现有所不知或根本不知的情况，这时要勇敢承认"我不会"，同时作出必要而合理的解释。尽管没有"扬长避短"，但是诚实、坦率却能化短为"长"。

（五）补白运用法

在面试中，往往会出现这种情况：招聘者提出某个意料之外的问题，由于问题来得突然，再加上面试者口语并不十分出色，往往会措手不及，陷入尴尬的境地。

其实，在这种情况下有一个办法能够帮助缓解紧张、调整思路，那就是"补白"。所谓"补白"，就是用一个或一些没有实际意义，但又必不可少的词、短语或句子，来连接上下文，继续回答。例如，"噢""好""不错""我想""我认为""我相信""有时""这个问题很有趣""这个问题本身就极富挑战性"等。

二、常见面试题分析

1. 谈谈你自己的情况。

提示：这往往是开场白。要求自我介绍，注意介绍时语言要简练，不要过多涉及其他方面。时间以三分钟以内为宜。

2. 你为什么要到我们这里求职？

提示：这是用人单位对你心理的试探，从而了解你求职的真实目的和要求，考察对该用人单位的了解程度。如果能说出用人单位有何优点和特点，容易成功。

3. 你对我们单位了解吗？

提示：作为一名求职者，你应该尽可能多地了解面试单位的详细情况。对这些问题的回答准确无误又干净利落，无疑会使你从众多的竞争者中脱颖而出，受到青睐，加大被聘用的可能性。

4. 你来我们这里能干什么？

提示：回答这个问题，首先要做调查，知道该单位的岗位需求、职位能力要求。做到心中有数，然后通过经历中的实例说明你是拥有这些必要技能的。如果不能就这个问题给主考人员一个巧妙的回答，他们就会对你失去信心。

5. 你最大的优点是什么？

提示：如果你平时很注意了解、剖析自我，回答这个问题是很容易的。趁机列举一到两个既与该单位的工作有关，又能体现出你优点的例子，但说话要得体，不要给人留下自负的印象。

6. 你最大的缺点是什么？

提示：没有十全十美的人，任何人都不能说自己毫无缺点，所以遇到这样的提问不要慌。主考提出这一问题，其目的并不是想得到具体的信息，而是想了解你是否诚实正直，是否心态平衡。回答这一问题时，要注意体现自己健康的心理。

7. 你最喜欢（或不喜欢）哪几门课程？为什么？

提示：主考人员希望弄清你的价值体系。说出你最喜欢学的课程后，强调这门课的积极价值，还应指出你具备的技能。你之所以喜欢这门课程，是因为它具有挑战性，丰富了你的才智，开发了新技能并使你从中受益匪浅。

8. 你的业余爱好是什么？

提示：业余爱好能在一定程度上反映应聘者的性格、观念和心态，这是招聘单位问该问题的主要原因。没有任何业余爱好是一个很大的缺陷，而有业余爱好说明你的兴趣广泛，显示你是一个有能力的人。最好不要说自己仅限于读书、听音乐、上网，否则可能令面试官怀疑应聘者性格孤僻，最好能有一些户外的业余爱好来"点缀"你的形象。

9. 你喜欢什么样的领导？

提示：不要表现出你是个容易和领导闹意见的人。可以直接表明心迹："我喜欢有能力、办事果断、给我效力机会、能指导我、当我办错事的时候能严格批评我、帮助我的领导。"

10. 你的目标是什么？

提示：你必须答出你的目标，并能对它加以简述，表明自己为什么有此目标和实现的方法。如果不能恰当地对这个问题作出回答，很容易使主考人员认为你没有目标，这说明你思想准备不足，尚未成熟。

第八单元 / 应用写作

应用文概述

一、应用文的含义和作用

（一）应用文的含义

写作可以分为两大类：一是文学写作，又称文学创作，是指语言艺术中的诗歌、散文、小说、剧本等文学作品的创作；二是实用写作，又称应用写作，指党政机关、社会团体、各行各业、企事业单位和人民群众在处理公务和日常生活、交往中产生的社会性认识和书写实践活动。

应用文是国家机关、企事业单位、社会团体和个人在日常生活、学习、工作中处理公私事务、交流传递信息、解决实际问题时所使用的具有直接实用价值和惯用格式的文书。

（二）应用文的作用

应用文的使用非常广泛，涉及社会生活的方方面面，其作用主要有以下几点：

1. 指导管理作用

应用文自产生之时，就具有管理指导的作用。当今社会，如果离开应用文写作，各企事业单位的管理工作就很难进行。在公务活动中，上级机关发布的诸如命令、决定、批复等公文，都起着指导作用，下级机关必须遵照执行；同时，下级机关向上级机关提交的诸如请示、报告等公文，也反映下级机关的相关情况，为上级机关的决策和指导工作提供依据。

2. 宣传教育作用

上级机关通过诸如命令、公告、通告和通知等应用文下达各种文件、法规和制度，向全国宣传党和国家的方针政策；各地区、各部门、各企业也通过诸如通报、决定等应用文推广先进经验，表扬先进人物，批评揭露不良现象，以此来提高人们的思想政治觉悟，规范人们的行为，保障社会的安定，推动各项事业的顺利进行。

3. 沟通联系作用

应用文在社会生活和工作中起着联系和沟通的纽带作用。比如上下级之间的上情下达，下情上报；各单位之间的信息交流、经验交流，以此取人之长，补己之短，相互促进，共同提高，推动社会的不断发展。

4. 凭证依据作用

应用文在社会生活和工作中，也起着凭证和依据的作用。比如上级机关下达的文件、党和国家颁布的法规、有关方面的规章制度，都可以作为下级机关开展工作的依据；还有一些条据、合同等应用文，可作为业务活动的凭证，一旦出现问题和纠纷，就可以依据这些凭证，通过法律追究对方的责任，维护自己的合法权益。另外，一些诸如会议记录、介绍信、证明信等应用文，也可作为凭证依据立卷归档，作为文献资料供后人查考，起着长远的凭证作用。

二、应用文的产生和发展

（一）上古时期——应用文的萌芽期

应用文在我国已有 3 000 多年的历史。殷墟出土的甲骨文书是迄今所知我国有据可查的最早的应用文，就其内容和形式来看，应是原始应用文的雏形。

成书于先秦时期的《尚书》，收录了虞、夏、商、周四代文告 22 篇，虽然只有记言，但是已经初具应用文的体制格局。《尚书》是我国现存最早、保存较完整的历史文献汇编，是我国第一部应用文总集，可作为我国应用文文本雏形的证明。

（二）秦汉时期——应用文文体的成型期

秦统一六国后，朝廷下令统一文字，同时，也统一了文书体例。比如，把皇帝的命令称为"制""诏"，大臣们的上书称为"奏"，制定了"避讳""抬头""用印"等制度和开头、结尾的用语程式等。

两汉时期，应用文的文体分类更加细致，应用文体式更加规范。这时，公文中已经出现了上行文和下行文。"公文"的称谓也在这一时期出现。

（三）魏晋南北朝时期——应用文理论的建构期

这一时期，文学创作走向自觉，文学创作的发展促进了应用文的发展，从而也构建了应用文理论。

刘勰的《文心雕龙》，是我国第一部规模宏大的文学理论专著，也是我国第一部写作和应用文理论巨著。《文心雕龙》论列了"诏策""章表"等多种应用文文体，对其源流演变、性质作用与写作要求作了全面深入的论述，从而奠定了我国古代应用文写作理论的基础。

（四）隋、唐、宋时期——应用文的发展高峰期

隋唐以来，应用文文体分类更加详细、完备，写作格式更加规范。公文的管理制度更加系统严密，而且有所创新。

当时，朝廷的应用文撰拟大多由"学士型"人才担任，如唐代的魏徵、韩愈，宋代的欧阳修、王安石等都是当朝大文学家，也是应用文写作高手。应用文文体及写作理论研究进一步发展。如北宋大型诗文总集《文苑英华》中对应用文写作的理论作了论述。北宋中期，"应用文"这一名称已经出现。

应用文写作成为历代科举考试的主要科目之一，受到历代统治者和广大士人的重视。

（五）元明清时期——应用文的稳定发展期

元明清时期，公文下行文发展到近 20 个种类，被列入文体专论的应用文种类达 50 余

种之多。应用文写作仍是这一时期科举考试的主要科目之一，颇受重视。

（六）辛亥革命至今——应用文的革新期和全新的发展期

1911年辛亥革命后，南京临时政府颁布了一个公文程式条例，专门规定了公文名称和使用范围，废除了几千年封建王朝使用的制、诏、诰、敕、题、奏、表、笺等名目，表现了革命党人反对封建专制的思想，也是公文制度上的一次重大改革。

中国共产党成立后，从建立自己的机关开始，就相应地有了自己的公文。1931年，党制定了第一个《文件处置办法》。中华人民共和国成立后，党和政府先后批准颁布了一系列有关公文写作与文书处理的文件，并根据社会发展和现实需要不断调整修订。1996年以来，党中央和国务院又相继颁布了修订后的党政公文处理办法；2012年4月16日，中共中央办公厅、国务院办公厅联合印发了《党政机关公文处理工作条例》，2012年7月1日起施行，使公文写作与管理走向了规范化、制度化和科学化的方向。这一切都充分说明，我国应用文写作已经进入了一个全新的发展期。

三、应用文的特点

应用文除了具有一般写作的基本特点外，还具有自身的特点。

（一）实用性

应用文最大的特点在于"实用"，"实用"是应用文与其他文学作品的主要区别之一。应用文的写作主要是为了解决实际问题，是"有事而发"，无事不发。例如在商务活动中，人们可以使用合同来维护自己的合法权益。

（二）针对性

应用文的写作都有明确、直接的对象，甚至文种的选择、格式的安排、词语的运用都取决于写作目的与读者对象，具有极强的现实针对性。

（三）时效性

应用文是针对现实生活中的具体事务而写的，这就要求我们在规定的时间内写成和运转，因此具有很强的时效性。缺乏责任心或缺乏经验，拖拖拉拉不及时准确地行文，或时过境迁再去写，都会失去它的实用价值及意义，于事无补。

（四）真实性

真实是应用文写作的生命。应用文写作必须讲究真实、客观，实事求是地反映问题、反映情况，不允许虚构或进行艺术加工。

（五）程式性

程式性是指应用文的写作有其特定、惯用的格式，这些格式，有的是长期以来约定俗成、相沿成习的，有的是由国家及有关部门统一制定的。

（六）平实性

由于应用文注重实用，所以它的语言也讲务实，就是语言要简洁、朴实、明白、准确和规范，便于理解执行。平实是应用文写作的基本风格。

四、应用文的分类

应用文的种类繁多，随着社会的发展而不断推陈出新。由于划分标准不同，分类也有所不同。一般应用文可以分为以下几大类：

（一）公务文书

公务文书即党政机关公文，包括《党政机关公文处理工作条例》中规定的15个公文种类：决议、决定、命令（令）、公报、公告、通告、意见、通知、通报、报告、请示、批复、议案、函和纪要。

（二）事务文书

事务文书包括计划、总结、述职报告、调查报告、简报、启事、声明、申请书、倡议书、介绍信、证明信、求职信和条据文书等。

（三）商务文书

商务文书包括意向书、合同、招标书和投标书等。

（四）科技文书

科技文书包括实验报告、实习报告、毕业论文、毕业设计报告和学术论文等。

五、应用文写作的基本要求

应用文写作对主题、材料、结构、表达方式、语言都有一定的要求。

（一）应用文的主题

主题是文章的灵魂，决定着文章的质量。应用文的主题形成，往往是"意在笔先"，即根据应用文的撰写目的而确定，根据撰写目的搜集材料、占有材料和选择材料，根据撰写目的确定文体。主题是文章的统帅，决定着材料的取舍、结构的安排、表达方式和语言的运用等。应用文要发挥主旨的"灵魂"和"统帅"作用，还要做到正确、鲜明、深刻和集中。

（二）应用文的材料

材料是指作者为了撰写目的而搜集或积累的能够表现应用文主旨的事实和道理的资料。写作前必须大量地积累材料。选择材料从根本上说，就是根据表现主旨的需要，来决定对材料的取舍。材料和主旨紧密相连，相辅相成。选择材料要做到：能说明主题、真实、典型、新颖。

（三）应用文的结构

结构是指文章的内部构造，是如何运用材料来表现主旨的组织安排。它是作者的思路在文章中的反映，结构问题实质上是一个如何认识和反映客观事物的问题。

如果把主旨比作文章的灵魂，把材料比作文章的血肉，那么结构就是文章的骨架。应用文的结构要求完整、严谨，纲目清楚，层次分明，段落清晰，避免松散与重复。应用文的正文都具有开头、主体、结尾几大部分，但在具体安排时，还要根据不同文体的特点安排不同的结构形态。

（四）应用文的表达方式

应用文写作中常用的表达方式主要有叙述、说明、议论三种。

1. 叙述

应用文的叙述，要求作者有一个立足点和观察点。要么从自我出发，要么从与叙述对象的平行地位出发，所以叙述时要确定人称。

2. 说明

说明是对事物、事理和人物所作的具体或概括的介绍或解说。说明的文字必须言简意赅，只要能把事物形状、性质、特征、关系和功用等解说清楚，或把人物的经历、特点和成就等表达明白，就是最好的说明。

3. 议论

议论就是作者通过事实材料及逻辑推理阐明道理，表明自己的见解、主张以及驳斥别人观点的一种表达方式。

（五）应用文的语言

文章的表现工具就是语言。应用文在语言上需要注意：

（1）以书面语体为主。

（2）大量使用模式化与专门化词语。

（3）应用文语言在运用时要做到准确、简洁、朴实、规范。

项目一　公务文书

第一章　通　　知

一、通知的概念

《党政机关公文处理工作条例》规定："通知适用于发布、传达要求下级机关执行和有关单位周知或者执行的事项，批转、转发公文。"

二、通知的特点

（一）广泛性

通知是在党政机关公文中使用频率较高、使用范围较广的一类文种，其广泛性主要体现在两个方面。一是使用主体的广泛性。无论在中央政府，还是普通的基层单位，都可以使用通知行文。二是通知功能的广泛性。无论是涉及国计民生的重大安排，颁布行政法规，还是某个具体单位告知一般事项，都可以使用通知行文。例如：发布法规规章、传达指示、布置工作、批转或转发文件、晓谕事项等。

（二）告知性

通知用于传达信息、告知事项，或者要求办理、遵照执行，因此具有告知性。但是要明确认识的是，通知只对主送机关范围内的对象有告知性。

（三）指导性

通知在作出指示、发布规章、布置工作、转发文件时，都明确阐述处理问题的原则和具体措施、方法，如需要做什么事、怎么做、达到什么要求等。这说明通知具有指导性的特征。

三、通知的种类

（一）知照性通知

主要用来向有关单位告知某件事情、传达有关事项。这些事项，只需要周知，而不需要去执行或办理。

（二）发布性通知

主要用于发布行政规章制度或党内规章制度、意见、办法等带有法规性的文书。告知具体事项，提出指导性意见。

（三）批转性通知

主要用于批转下级机关的公文，转发上级机关和不相隶属机关的公文。

（四）指示性通知

主要用于上级机关向下级机关作出某项指示，布置某项工作。

（五）会议通知

即用于召集有关单位或有关人员参加会议，并提出相应要求的通知。

（六）任免通知

主要用于任免和聘用干部，在单位中宣布有关人事任免事宜。

四、通知的结构及写作要求

通知的文体结构主要由标题、主送机关、正文、发文机关署名和印章、成文日期五部分组成。

（一）标题

通知的标题一般采用公文标题的常规写法，由发文机关、事由和文种组成。例如：《国家发展改革委等部门关于深入实施创业带动就业示范行动 力促高校毕业生创业就业的通知》。

发布性通知，所发布的规章名称要出现在标题的主要内容部分，并使用书名号。批转和转发文件的通知，所转发的文件内容要出现在标题中，但不一定使用书名号。如：《省教育厅办公室关于转发教育部办公厅推广使用国家24365大学生就业服务平台的通知》。

在结构上，通知的标题，一般是在事由之前用介词"关于"组成介词结构，使事由更加明确和突出，在事由和文种之间加"的"。发文机关、事由和文种被称为公文标题的三要素。

（二）主送机关

标题居中写完后，接下来要写的就是主送机关。在书面格式上，要求左起顶格书写，从内容上来说，主送机关就是要办理、执行和应当知悉该通知内容和事项的主要受文机关。通知属于普发性文件，发文对象比较广泛，因此，主送机关一般较多。

（三）正文

正文是通知写作的核心。一般而言，通知的正文由开头、主体和结尾三部分组成。

1. 开头

开头部分要写通知事由，也就是写通知的原因、根据和目的等。这一部分的写作要求简短扼要，交代清楚就可以。

批转性通知，根据情况可以在开头表述通知缘由，但多数以直接表达转发对象和转发决定为开头，无须说明缘由。

发布性通知，多数情况下篇段合一，无明显的开头部分，一般也不交代缘由。

2. 主体

主要写通知的内容，所发布的安排的工作、指示，提出的方法、措施和步骤等，都在这一部分中有条不紊地进行组织和表达。如内容比较复杂，可分条列项写出。

3. 结尾

结尾部分，有的通知会有相应的一段期望的话语，但一般通常以惯用语结束，如"特此通知"。

（四）发文机关署名和印章

发文机关署名和印章，位置在右下角。发文机关署名要写上发文机关的名称，一般要求写全称或者规范化简称，并加盖印章，这是公文生效的标识。假如在标题中已经写明发文机关的，可以不再署名，但必须要加盖单位公章。

（五）成文日期

在署名的下面一行，写上成文时间，根据规定，要用阿拉伯数字书写，要标全年、月、日。年份应标全称，月、日不编虚位（即1不编为01）。

五、范文示例

范例1 ≫ 知照性通知

国务院办公厅关于2022年部分节假日安排的通知

各省、自治区、直辖市人民政府，国务院各部委、各直属机构：

经国务院批准，现将2022年元旦、春节、清明节、劳动节、端午节、中秋节和国庆节放假调休日期的具体安排通知如下。

一、元旦：2022年1月1日至3日放假，共3天。

二、春节：1月31日至2月6日放假调休，共7天。1月29日（星期六）、1月30日（星期日）上班。

三、清明节：4月3日至5日放假调休，共3天。4月2日（星期六）上班。

四、劳动节：4月30日至5月4日放假调休，共5天。4月24日（星期日）、5月7日（星期六）上班。

五、端午节：6月3日至5日放假，共3天。

六、中秋节：9月10日至12日放假，共3天。

七、国庆节：10月1日至7日放假调休，共7天。10月8日（星期六）、10月9日（星期日）上班。

节假日期间，各地区、各部门要妥善安排好值班和安全、保卫、疫情防控等工作，遇有重大突发事件，要按规定及时报告并妥善处置，确保人民群众祥和平安度过节日假期。

国务院办公厅（印章）

2021年10月25日

范例2 ≫ 发布性通知

**省教育厅关于印发《××省职业教育"双师型"教师团队
建设项目管理办法》的通知**

各设区市教育局，各职业院校：

为贯彻落实全国职业教育大会精神，推进职业院校"双师型"教师队伍建设，

"十四五"期间，全省将重点建设一批省级职业教育教师教学创新团队、"双师型"名师工作室和技艺技能传承创新平台。为此，省教育厅制定了《××省职业教育"双师型"教师团队建设项目管理办法》，现印发给你们，请遵照执行。执行过程中，有什么意见建议，请与省教育厅教师工作处联系，联系电话：×××—×××××××××。

附件：××省职业教育"双师型"教师团队建设项目管理办法

××省教育厅（印章）

2022年3月17日

范例3 ≫ 批转性通知

国务院办公厅关于转发教育部等部门
"十四五"特殊教育发展提升行动计划的通知

各省、自治区、直辖市人民政府，国务院各部委、各直属机构：

教育部、国家发展改革委、民政部、财政部、人力资源社会保障部、国家卫生健康委、中国残联《"十四五"特殊教育发展提升行动计划》已经国务院同意，现转发给你们，请认真贯彻落实。

附件："十四五"特殊教育发展提升行动计划

国务院办公厅（印章）

2021年12月31日

范例4 ≫ 指示性通知

教育部办公厅关于组织学生收看
2022年征兵宣传片的通知

各省、自治区、直辖市教育厅（教委），新疆生产建设兵团教育局，部属各高等学校、部省合建各高等学校：

为贯彻落实《一年两次征兵两次退役改革实施方案》（国办发〔2020〕1号）、《关于加强和改进新形势下征兵宣传工作的意见》（中宣发〔2017〕9号）文件要求，扎实做好2022年大学生征兵宣传工作，扩大征兵宣传的影响力和辐射面，激发青年学生特别是大学生参军报国热情，国防部征兵办公室制作了2022年征兵公益宣传片《火热军营 精彩人生》。请各地各校组织中学和高校学生收看，现将有关事项通知如下：

一、宣传片主题

2022年征兵公益宣传片《火热军营 精彩人生》，采用小切口大主题的形式，生动展现国防和军队现代化建设成就，以及新时代革命军人保家卫国的使命担当，弘扬热血青年追逐青春梦想、投身强军兴军的家国情怀。

二、下载地址

（略）

三、工作要求

1. 各地各校要高度重视大学生征兵宣传工作，从即日起至4月10日、8月1日至8月31日通过校园闭路电视、校园网等平台持续播放该公益宣传片。重点针对移动端，充分运用微信微博等新媒体做好传播推广。要将该片作为引导学生参军报国的重要载体，在征兵宣传进校园和国防教育宣传活动中广泛传播，引导学生响应祖国号召、携笔从戎，到军营建功立业。

2. 各地各校要积极配合当地兵役机关，在总结2021年一年两次征兵两次退役改革工作实施经验基础上，积极开展2022年征兵宣传，做好征兵各环节工作。

联系人及电话：教育部学生司×× ×××-××××××××

教育部办公厅（印章）

2022年3月23日

范例5 》 会议通知

××市环保局关于召开
2022年度××市辐射安全管理工作会议的通知

各县（市、区）环保局，开发区市政环保局，生态园资源与环境保护局，高新园区城管与环保局，××新区国土规划建设局：

为总结2021年度辐射安全管理工作，研究部署2022年辐射安全管理工作任务，××市环保局经研究决定，召开2022年度××市辐射安全管理工作会议，现将有关事项通知如下：

一、会议时间

2022年3月14日（星期一）下午2:30，会期半天。

二、会议地点

移动通信枢纽大楼1301会议室（××市杨府山中央商务区商务4路，香格里拉大酒店东侧）。

三、与会人员

××市辐射安全管理网络全体成员。

四、会议内容

（一）总结回顾2021年辐射安全管理工作。

（二）部署2022年度辐射安全管理工作。

五、其他事项

（一）请尚未提交2021年度工作总结书面稿的单位将相关资料于会前交会务组。

（二）需提供住宿的与会人员请提前与会务组联系，住宿费用自理（联系人：张××，联系电话：139×××××××××，传真：×××××××）。

特此通知。

附件：回执表

××市环保局（印章）

2022年3月2日

范例6 ≫ 任免通知

××市××区人民政府关于李××同志和
张××同志职务任免的通知

各街道办事处，区人民政府各部门、各直属机构：

根据《中华人民共和国地方各级人民代表大会和地方各级人民政府组织法》有关规定，××区第××届人大常委会第一次会议决定：任命李××同志为××区环境保护局局长；免去张××同志的××区环境保护局局长的职务。

××市××区人民政府（印章）

2022年1月13日

第二章　报　　告

一、报告的概念

《党政机关公文处理工作条例》规定："报告适用于向上级机关汇报工作、反映情况，回复上级机关的询问。"

二、报告的特点

（一）汇报性

一切报告都是下级机关向上级机关或业务主管机关汇报工作，让上级机关掌握基本情况并及时对自己的工作进行指导。所以，汇报性是报告最大的一个特点。

（二）陈述性

报告用于向上级机关汇报工作、反映情况、回复询问，无论其所表达的内容还是使用的语言都具有陈述性。可以说，对事实和观点的直陈构成了报告的主体内容。

（三）单向性

报告是下级机关向上级机关汇报工作、反映情况、回复上级机关询问时使用的单方向上行文，不需要上级机关给予批复，单向性明显。

（四）事后性

多数报告都是在事情做完或发生后，向上级机关作出汇报，是事后或事中行文。

（五）沟通性

报告虽不需批复，却是下级机关以此取得上级机关的支持、指导的桥梁；同时上级机关也能通过报告获得信息，了解下情。报告成为上级机关决策、指导和协调工作的依据。

三、报告的种类

报告作为向上级报送的文稿，根据报告的内容和目的的不同，可以把报告分为工作报告、情况报告、答复报告和报送报告四种。

（一）工作报告

工作报告主要以汇报工作为目的，往往带有总结的性质。工作报告包括综合性工作报告和专题性工作报告。综合性工作报告是反映一个地区、一个部门全面工作或几个方面工作情况的报告，其内容具有全面性和综合性。专题性工作报告是反映某项工作或某方面情况的报告，其内容具有单一性和专门性。

（二）情况报告

情况报告是向上级机关汇报出现的新情况、新问题，特别是突发事件、特殊情况、意外事故及处理的报告。

（三）答复报告

答复报告是下级机关答复上级机关的询问所使用的报告，这种报告要求针对性强，不能答非所问。

（四）报送报告

报送报告是下级机关向上级机关报送文件或物件时使用的报告。

四、报告的结构及写作要求

虽然报告的种类很多，但是写作格式基本相同，写作要求基本一致。具体有以下五个方面：

（一）标题

报告的标题可以采用的形式是：发文机关＋事由＋文种，如《水利部关于加强防洪工作的报告》。也可以采用：事由＋文种，如《关于加强素质教育的报告》。

（二）主送机关

报告的主送机关应当是具有隶属关系的上级领导机关或上级业务主管机关。因为报告是上行文，因此只有一个主送机关，不可多头主送。如果还须呈送其他机关，应当采用抄送的形式。

（三）正文

报告的正文结构可以按"发文缘由＋报告事项＋结尾"的形式来写。

1. 发文缘由

一般先总述前一段（或前一时期）的工作情况，包括取得的成绩和存在的问题，以此作为发文的依据，然后常用"现将……报告如下""现将情况汇报如下"或"现将……处理情况汇报如下"等语句过渡到下文内容。

2. 报告事项

这是报告的主体部分，不同类型的报告具有不同的写法。

（1）工作报告。首先要写明工作的基本情况，然后介绍主要做法和成绩，包括采取的措施、积累的经验，以及产生的效果等，最后说明存在的问题和今后的工作设想及打算。

（2）情况报告。首先对所反映的问题或情况做一下概述，然后分析产生问题的原因，最后提出解决问题的意见和办法。

（3）答复报告。首先简要说明上级机关询问的事项或交办的任务，然后介绍处理的办法（措施）及过程，最后阐述处理结果。

（4）报送报告。这部分内容极为简单，有的甚至只有三言两语，把报送文件、物件和材料的名称、数量说明清楚即可。

3. 结尾

报告的结尾可用简明的语言概括全文，或提出今后工作的意见，或总结经验和问题，或使用惯用语结束全文，常用的惯用语有"特此报告""专此报告""以上报告请审阅""以上报告请核查"等。报告不得要求上级机关答复，因此，报告的结束语不宜写"以上报告，请指示（批复）"等语句。

（四）发文机关署名和印章

发文机关署名和印章，位置在右下角。发文机关署名要写上发文机关的名称，一般要求写全称，并加盖公章，这是公文生效的标识。

（五）成文日期

在署名的下面一行，写上成文时间，根据规定，要用阿拉伯数字书写，要标全年、月、日。年份应标全称，月、日不编虚位（即1不编为01）。

五、范文示例

范例1 » **工作报告**

××中学关于20××—20××学年
安全工作的报告

××区教育局：

本学年开学以来，我校安全工作在领导的关心和全体教师的共同努力下，全校领导、教师齐心协力，在校舍紧张，资金缺乏的情况下，克服了重重困难，保证了教育教学工作的有序开展，安全教育的同步实施，学校安全工作井然有序，实现了学校制定的"确保实现零责任事故，争取实现零意外事故"安全工作目标，保证了学校的安全工作不给上级领导添麻烦，不给服务区人民带来损失，不给学校的形象抹黑。现就我们的工作作如下汇报：

一、建章立制，让安全工作有规可依

根据学校工作安排，学期初，我们制定了详细的安全工作制度，8月30日，学校与教师签订了《安全工作责任状》《班主任工作职责》《值日制度》，做到安全工作人人心中有责；其次，我们还制定了《楼道安全管理办法》《路队护送制度》《返校回家签字制度》《留守学生管理办法》《食堂工作制度》，做到安全工作处处有规可依。

二、详细记载，让安全工作有据可查

学校针对安全工作实际，在安全工作的细节上下功夫，我们强调，工作要做，做了要留下记号，最大限度地规避安全风险。学校有多种记录材料，值日领导记《校务日志》，值日教师记《安全工作记录》和《疾病晨检表》，政教主任记《政教处工作日志》，总务主任记《校舍安全记录》，分管校长负责食品卫生的各项记录，做到细节不放过，安全无小事，让安全工作有据可查。

三、领导带头，让安全工作有样可学

安全工作重在细，我们强调，安全工作领导带头，管理干部以身作则，我们对老师的要求是"看着我们的干部做，干部怎么做，老师就怎么做"，给教师做榜样，按照"带着感情抓安全，身体力行抓安全"的要求，用制度、纪律来激励和约束，让人人能以校为家，以校为荣。全体老师参与对领导干部的监督，保证了安全的稳步实施。

四、寻求配合，让安全工作齐抓共管

学校与派出所建立了长期联系的机制，派出所把××片的警备室设在我们学校内，形成警校联动的良好新形式，这对保障我校安全工作，有一定的促进作用。实现了治安与学校安全工作的良好互动，促进了安全工作的全面展开。

我校还向家长发送了假期《安全工作简报》，让家长在假期关注学生的安全，让家家明白安全工作的重要性。

特此报告，请审阅。

××中学（印章）

20××年×月×日

范例2 ≫ 情况报告

××省石油公司××供应站关于解决油库长期遗留的
山地及树木的归属问题的报告

××省石油公司：

我站于2018年5月新建油罐两个，扩建了油库，占用当地××村部分山地及该地树木。扩建后几年来，库界未定，××村多次提出，要求补偿被占用的山地及树木，但几经协商，均未有结果，以致发生纠纷，库区围墙被推倒十多米。最近，双方本着对国家财产和群众利益负责的精神进行协商，彼此谅解，终于达成协议，由我站给予××村山坡地及树木一次性补偿×万元，并经双方划定界线，新建围墙为界，界内土地使用权归我站拥有。我站应付的补偿费×万元拟在"保管费"中列支，现随文上报所订协议及库区界图，请核查。

附件：1. ××山地及树木归属协议
　　　 2. ××供应站界区图示

××省××石油供应站（印章）

2022年7月21日

范例3 ≫ 答复报告

××县人民政府
关于治理水质污染问题的报告

××市人民政府：

前接×政发〔××××〕106号函，询问我县水质污染原因及治理问题，现将有关情况报告如下：

我县水质现污染较严重，其主要原因：一是公众环境保护意识差，一些居民随意向河道坑塘倾倒垃圾；二是我县市政基础设施薄弱，无污水处理厂，居民生活污水直接排入大环境；三是近几年，我县"三业"发展较快，其产生的废水杂物直接排入护城河及坑塘，造成水质严重污染；四是县纸厂停产治理后，虽有污水处理系统，但运行费用高，工程设计落后，不能做到不间断达标排放。

解决水质污染问题的根本途径：首先，建设污水处理厂。目前，县政府正在积极筹备之中。其次，加大宣传力度，提高全民环保意识，减少污水无序排放。其三，加大环保监督检查力度，确保排污企业治污设施正常运行，达标排放，促进水质好转。其四，环保部门依法行政，严格执法，从源头把关，减少各种污染。

专此报告。

××县人民政府（印章）

××××年×月×日

范例4 ≫ 报送报告

××银行董事会稽核部关于报送20××年度内部审计报告的报告

中国银行业监督管理委员会××监督局：

20××年××月××日至20××年××月××日，××银行总行董事会稽核部对××分行进行了20××年度内部审计，并出具查核报告。

根据监管规定，现向贵局报送《××银行董事会稽核部一般业务查核报告》一份。

特此报告。

附件：××银行董事会稽核部一般业务查核报告

××银行董事会稽核部（印章）

20××年×月×日

第三章 请 示

一、请示的概念

《党政机关公文处理工作条例》规定："请示适用于向上级机关请求指示、批准。"

二、请示的特点

（一）期复性

下级只有在遇到问题或困难无法自行解决或在职权范围内无权解决时，才向上级机关请求指示、批准，上级机关在收到请示后，有义务郑重地、及时地对下级机关请求指示、批准的事项作出同意与否的批复。

（二）唯请性

请示应该使用诚恳的语气表达请求事项，而不能采取命令式的口气要求上级机关按照自己的意志行事。同时，请示必须事先行文而不能后置，不能"先斩后奏"。上级机关对请示事项也必须及时批复，不能延后。

（三）单一性

单一性表现在两个方面：一是用于请示行文的事项的性质必须单一，即非请求指示、批准的事项不能用请示行文；二是请示必须一文一事，一份请示不能同时诉求多项请求指示或批准的事项，以免影响工作效率。

三、请示的种类

（一）请求批准的请示

即在涉及机构设置、领导班子调整、人员编制、财务预算、重要人物或重要事件的处理时，在提出本单位处理意见或具体方案的前提下，请上级单位审核批准。

（二）请求指示的请示

当对上级机关文件中规定的某些政策界限把握不准，而本机关无权解释或不能擅自决定时，即请求上级机关给予指示的请示。或者是遇到本机关职权内过去从未处理、解决过的新情况、新问题，需要请求上级机关给予指示的请示。也可以是与友邻机关或单位在较重要的问题上出现意见分歧，需要上级机关给予裁示的请示。

四、请示的结构和写作要求

为了保证文稿的规范有效，切实能够解决实际问题，在请示文稿制作过程中应把握住以下六个要素：

（一）标题

请示的标题可以采用的形式是：发文机关＋事由＋文种。如《××市××区发展和改革委员会关于申报2019年度社会信用体系建设应用项目的请示》。

需要注意的是，"请示"本身已含有请求之意，因此标题中一般不再使用"申请""请求"等词语，同时也不能将"请示"与"报告"混用。

（二）主送机关

主送机关应当是具有隶属关系的上级领导机关或上级业务主管机关。请示是上行文，因此只能有一个主送机关，不可多头主送。如还须呈送其他机关，应当采用抄送的形式。

（三）正文

请示的正文结构是：发文缘由＋请示事项＋结尾。

1. 发文缘由

说明请示发文的背景、意义、依据等。之所以要请示，一定事出有因。因此，撰写请示首先要从陈述原因开始，目的在于为请示事项提供充分的根据，这部分是请示全文的开头，应开门见山。一方面要讲清楚申办事项的必要性，同时也要讲清申办事项已具备的条件即办理的可能性，如是对法律、政策规定条文的不理解，则要详细引述条文并讲出疑问所在，为上级机关批复提供有说服力的事实、数据或依据。最后，通常用"现将有关事项请示如下"或"为此特提出如下请示"等语句过渡到请示事项。

2. 请示事项

这是请示的核心部分，重点在于说明该怎么办，要拿出本单位的具体建议，大多数情况下还需要提出解决问题的初步方案，供上级定夺。请求资金要直接写明数额，请求物资要写明品名、规格、数量。若有可供选择的不同方案或建议，则需要提出本单位的倾向性意见，不可只提出问题让上级给出解决办法。

3. 结尾

结尾往往是向上级机关提出肯定性要求，这种要求常以惯用语的形式表达，"请求批准的请示"常用"当否，请批准""以上要求，请予审批"等语句结尾，"请求指示的请示"常用"以上问题，请批复""请指示"等语句结尾。

（四）附件说明

如果请示的事项较为复杂，下级机关已经拟定了完整的方案或计划，可以将该方案或计划独立形成文件作为附件，将附件的名称标注于请示正文之下，这样可保证请示正文较为简洁。

（五）发文机关署名和印章

发文机关署名和印章，位置在右下角。发文机关署名要写上发文机关的名称，一般要求写全称，并加盖公章，这是公文生效的标识。

（六）成文日期

在署名的下面一行，写上成文时间，根据规定，要用阿拉伯数字书写，要标全年、月、日。年份应标全称，月、日不编虚位（即1不编为01）。

五、范文示例

××集团公司关于增拨技术改造经费的请示

××市发展和改革委员会：

  按照市政府的统一规划，我公司被列为××市第一批传统工业技术升级改造试点单位。

  我公司于20××年3月启动技术升级改造工程。目前，我公司正处于技术升级改造关键阶段，但由于去年以来原材料价格和人力成本大幅上涨，加之改造过程中出现了新的技术难题，急需新增设备，致使资金使用超出预算，第一批资金提前告罄。

  由于该项技术是本行业所属大部分企业所用的核心技术，如不能按期完成改造，势必拖延全部技术更新的进程，进而影响各企业实现全年预定生产指标和利润。为保证该项目按期完成，对本市传统工业技术升级改造形成示范效应，特请求增拨技术改造资金3 500万元。

  目前我公司全体技术人员充分认识到市场经济的机遇和挑战，正齐心合力，刻苦攻关。如缺口资金能及时到位，我们保证按期完成该技术改造项目。

  以上妥否，请批复。

  附件：××集团公司技术改造资金项目预算表

××市××集团公司（印章）

××××年×月×日

××市安全生产监督管理局
关于划转煤矿事故伤亡指标的请示

××省安全生产监督管理局：

  近年来，随着国家对煤炭产业政策的进一步调整，我市根据国家的有关政策法规将部分规模小、资源回收率低、安全生产条件差的小煤矿进行了关闭和整合，调整了煤炭产业结构，先后引进了×钢、××集团、××电工、徐×集团、××矿业等企业集团来我市进行开发、整合煤炭资源。目前××公司投资2 468万元建设的年产9万吨煤矿技改项目已全面动工建设，已完成投资1 010万元，预计20××年可建成投产；××集团公司投资3 000万元建设的年产9万吨的××煤矿已于20××年建成投产；

××电工投资的××××煤矿投资4 258万元建设的年产15万吨的技改工程项目已全部完工，已通过××煤矿安全监察局的验收。××矿业投资3 189万元建设的年产15万吨××煤矿，主、副井已建成并完成通风系统，完成投资1 500万元，预计20××年底可建成投产。以上煤矿在建设过程中和建成投产后，若安全管理工作不到位、安全责任不明确，随时都有可能发生伤亡事故。为进一步抓好此类煤矿的安全生产，明确此类煤矿安全管理责任主体和事故伤亡指标分解主体单位，经我局研究，建议将以上煤矿的安全管理责任主体和事故伤亡指标均划转给其总公司管理。我市只履行综合安全管理的职责，指导、协调、督促企业抓好安全生产工作。

　　妥否，请批示。

××市安全生产监督管理局（印章）

20××年8月2日

六、请示与报告的区别

在工作中，我们经常会把请示和报告这两种文种搞混，两者的异同点如下：

（一）相同之处

（1）行文方向一致。请示和报告都属上行文，而且是公文中使用很广泛的两大文种。

（2）在格式上相同。请示和报告都由标题、主送机关、正文、发文机关署名和印章、成文日期五部分组成，都应当注明签发人、会签人姓名。

（二）不同之处

（1）行文内容不同。请示是向上级机关请求指示和批准，报告是向上级机关汇报工作，反映情况，答复上级机关的询问。

（2）行文目的不同。请示为解决某一具体事项，请求上级指示或批准，要求上级答复；报告是向上级汇报工作，为上级决策提供依据，不要求上级答复。

（3）行文时间不同。请示必须事前行文，报告可事后行文或在工作过程中行文。

（4）受文机关处理方式不同。请示属办件，受文机关必须及时批复。报告多属阅件，受文机关可不行文。

第四章　函

一、函的概念

《党政机关公文处理工作条例》规定："函适用于不相隶属机关之间商洽工作、询问和答复问题、请求批准和答复审批事项。"

二、函的特点

（一）平等沟通性

函主要用于不相隶属机关相互之间的往来，收函件的单位不论其社会地位高低、大小均以平等身份进行联系，体现着双方平等沟通的关系，这是其他上行文和下行文所不具备的特点。

（二）灵活广泛性

函对发文机关的资格要求很宽松，高层机关、基层单位、社会团体、企事业单位，均可发函，适用范围十分广泛。

在内容上，函既可用于相互商洽工作，询问答复问题，又可用于向有关业务主管部门请求批准事项及主管部门审批或答复事项。总之，凡是其他文种不易表述传递的，通常都可以用函。函的语言表述也较为灵活，结构不拘一格。

（三）商洽咨询性

函主要用于平行或不相隶属机关之间就一般事项进行联系、商洽，或对其主要业务范围内的某一特殊具体事项的请求批准或予以答复，而不涉及某一方面或者全局性的国计民生、方针政策等重大事件，因而一般不具有指导或指示作用。

（四）单一实用性

函一般较短小，内容单一，一份函只宜写一件事项。函的语言要求简洁明了，不需要在原则、意义上进行过多地阐述，不重务虚而重务实。

三、函的种类

（一）商洽函

商洽函主要是用于不相隶属机关之间商量、洽谈、办理有关事宜的函。

（二）问答函

问答函主要用于不相隶属机关之间互相询问和答复问题的函。

（三）请批函

请批函是向不相隶属的业务主管部门请求批准事项，以及这些业务主管部门答复所请求事项的函。

四、函的结构及写作要求

函的要素主要有标题、主送机关、正文、发文机关署名和印章、成文日期这五项。

（一）标题

函的标题可以采用的形式有两种：

（1）发文机关＋表态用语＋事由＋文种，如《国务院办公厅关于同意广东、香港、澳门承办2025年第十五届全国运动会的函》，这里的表态语是"同意"。

（2）发文机关＋事由＋文种，如《教育部办公厅关于公布2021年度第二批专科层次高等学校备案名单的函》。

（二）主送机关

主送机关就是收函机关，一般只有一个。但有时内容涉及部门较多，也有排列多个主送机关的情况。复函的主送机关就是来函的发文机关。

（三）正文

正文是函的主体部分，但要区分去函和复函的不同。

1. 去函

去函的正文一般包括缘由、事项和结语三部分。

（1）缘由。一般写明商洽、请批或询问事项的背景、原因、依据，要避免长篇大论。

（2）事项。写明商洽、请批的具体内容。事项部分基本是叙述和说明相结合的写作方法，交代事项简明扼要，清楚明确。这部分的常见写法有两种：一种是篇段合一式，即事项很简单，可同缘由写在一段；另一种是缘由与事项分开，即事项比较复杂或要求较多，可采用分条列项式。

（3）结语。结尾部分，有的意完即止，无特殊的结尾标志，有的写上"特此函告"或"盼复""请函复"之类的结语。

2. 复函

复函的正文写法由引语和答复意见两部分组成。

（1）引语。引述来函的标题即发文字号或主要内容，如"贵公司《关于商租××商厦五楼开设无人超市的函》（沪×超函〔20××〕20号）"，以表明本函的针对性。再用"现答复如下"或"现将有关事项函复如下"等过渡语衔接到答复意见。

（2）答复意见。必须针对来函提出的问题或要求予以答复，表示同意或不同意。同意的，可直接将答复内容提出，后面再叙述其他有关事宜；不同意的应说明原因，如何办理，或对询问的问题作出说明等。常用的结语有"特此复函""特此函达""此复"等。

（四）发文机关署名和印章

发文机关署名和印章，位置在右下角。发文机关署名要写上发文机关的名称，一般要求写全称，并加盖公章，这是公文生效的标识。

（五）成文日期

在署名的下面一行，写上成文时间，根据规定，要用阿拉伯数字书写，要标全年、月、日。年份应标全称，月、日不编虚位（即1不编为01）。

微课

五、范文示例

××市旅游局关于开展规范化数字档案室创建需要配置软硬件设备
请给予办理有关手续的函

××市财政局：

根据市委办、市府办关于开展规范化数字档案室创建有关文件精神，加强市旅游局机关档案信息化管理，需要配备档案信息化软硬件设备，主要包括计算机（台式）1台、扫描分辨率≥200 dpi的扫描仪1台、多功能复印打印一体机3台（其中滚筒式2台、平板式1台）、档案专用服务器1台、单盒装刻录光盘1盒，同时需要建立相应的数字档案应用平台和管理系统，具备档案目录数据库和全文数据库的采集、管理和利用等功能，与市政府OA办公系统实施有效链接。预计需要经费8万元左右（其中档案信息化硬件设备5.51万元，应用平台和管理系统建设2.5万元左右）。

特此函达，请予审核，并请给予办理有关国资购置手续为盼。

××市旅游局（印章）

2022年4月8日

××市档案局关于××银行文件材料归档范围和文书档案保管期限规定的复函

××银行：

你单位报送的《〈××银行文件材料归档范围和文书档案保管期限规定〉的函》（×银函〔2021〕14号）已收悉。经审核，我局认为已基本符合国家档案局第8号令的规定，同意按此文件执行。

请你单位按此《规定》将本单位文书档案收集齐全、完整，便于利用，更好地为机关各项工作服务。

特此复函。

附件：××银行文件材料归档范围和文书档案保管期限规定

××市档案局（印章）

2021年7月27日

国务院办公厅关于同意广东、香港、澳门
承办2025年第十五届全国运动会的函

体育总局、财政部、国务院港澳办：

你们《关于广东、香港、澳门承办第十五届全国运动会的请示》（体竞字〔2021〕224号）收悉。经国务院领导同志批准，现函复如下：

一、同意广东、香港、澳门承办2025年第十五届全国运动会。

二、筹备和举办第十五届全国运动会的经费主要由广东省人民政府、香港特别行政区政府、澳门特别行政区政府自筹，中央财政给予一次性定额补助。

三、体育总局、广东省人民政府、香港特别行政区政府、澳门特别行政区政府要严格按照党中央、国务院有关规定，结合当地经济社会发展实际，坚持"简约、安全、精彩"的办赛要求，充分利用现有场馆设施，严格预算管理，节约办赛成本，严格控制规模和规格，全力做好新冠肺炎疫情防控工作，共同组织好第十五届全国运动会。

国务院办公厅（印章）

2021年8月21日

第五章　纪　　要

一、纪要的概念

《党政机关公文处理工作条例》规定："纪要适用于记载会议主要情况和议定事项。"

二、纪要的特点

（一）纪实性

纪要是根据会议的宗旨、议程、决议等整理而成的公文，必须如实反映会议的内容。撰写者无权变动会议议定的事项，更不能随意改动会议上达成的共识和形成的决议，也不能对会议内容进行评论。

（二）概括性

纪要要忠实反映会议的基本情况，但并不是把会议所有的内容原原本本地都记录下来。纪要是会议的重点，要有所综合、有所概括、有所选择、有所强调。必须从会议繁杂的内容中概括出主要精神，归纳出主要事项，体现出中心思想，使人一目了然，易于把握

精髓。

（三）约束性

多数纪要具有指导工作的作用，一经下发，便要求与会单位和有关人员遵守、执行，是开展工作的依据。

三、纪要的种类

（一）办公会议纪要

办公会议纪要用以传达办公会议所研究的工作、议定的事项和布置的任务，要求与会单位和有关人员遵守执行。这种纪要的内容类似于决定和指示类通知，只是发出的指导性意见不是由领导机关作出的，而是由会议讨论决定的。

（二）专项会议纪要

专项会议纪要是指专门工作会议、专题讨论会、座谈会、交流会、学术研讨会等会议形成的纪要。这类纪要，有的起通报会议情况的作用，使有关人员尽快知悉会议的基本情况和主要精神。有的具有指导作用，所传达的会议精神，可对某个方面的工作起指导作用。

四、纪要的结构及写作要求

纪要的结构要素有标题、正文、发文机关署名、成文日期。

（一）标题

纪要的标题与一般公文的标题略有不同，但大体有以下两种写法：
（1）会议名称+文种，例如《全国农民工"求学圆梦行动"推进会纪要》。
（2）正题+副题。正题阐述会议的主旨、意义，副题交代会议名称或内容和文种。例如《抓住网络商机 拓宽营销空间——关于建立××国际服装设计公司网站的会议纪要》。

（二）正文

正文可以分为会议概况、主要精神和会议要求三部分。
1. 会议概况
会议概况主要反映会议的基本情况，包括会议召开的目的、指导思想或依据，会议的时间、地点、会议名称、主持单位、与会代表，会议的主要议程、主要收获以及对会议的总体评价。上述各项，并非每篇纪要都具备，要根据需要把握好取舍和详略。这部分表达完毕后，可用"会议纪要如下"或"会议确定了如下事项"为过渡转入会议主要精神部分。

2. 主要精神

会议的主要精神是纪要的主体部分，一般要写明会议讨论问题的意义、目前工作情况、今后应注意的事项、工作的安排等，一般可以采用以下三种结构形式。

（1）条项式写法。即把讨论的问题和决定的事项，分条分项写出。会议讨论了几个问题，纪要就需以几个问题各自作为一点写出。

（2）综合式写法。按性质综合为若干部分，然后逐一写出。这种写法有一定难度，但有利于概括丰富的内容，也有利于从原则高度上把问题说深讲透。

（3）摘录式写法。即摘要只记会上发言内容，按发言顺序或按内容性质归类写出。

在说明会议总体情况时，经常使用以下特定用语"会议听取了""会议介绍了""会议讨论了"等惯用语；在介绍领导讲话时常用"××同志指出""××同志强调""××同志强调指出"等惯用语；在阐述会议精神时常用"会议认为""会议指出""会议提出"等惯用语；在宣告会议决定事项时常用"会议通过了""会议决定""会议商定"等惯用语。

3. 会议要求

有的纪要在最后提出要求和希望，或发出号召；有的纪要没有这部分内容，而将其放在了会议主要精神部分。

（三）发文机关署名

发文机关署名，位置在右下角。发文机关署名要写上发文机关的名称，一般要求写全称。纪要一般不用加盖印章。

（四）成文日期

纪要的成文日期即会议通过的时间或领导人签发的时间，一般在标题下居中位置用括号注明年、月、日，也可把成文日期写在文末，与其他党政机关公文相同。

五、范文示例

范例

区政府常务会议纪要

2021年6月16日（星期三）上午，××区长在区政府10楼会议室主持召开区政府常务会议，会议传达学习上级领导指示批示和省、市安委会会议精神、传达学习《××市"十四五"审计工作发展规划》、研究近期重点断面水质达标情况、研究开发区社区卫生服务中心建设有关工作等事宜。议定纪要如下：

一、传达学习上级领导有关指示批示精神和省、市安委会会议精神

会议传达学习了习近平总书记对6月13日湖北十堰燃气爆炸事故的重要指示和批示精神，传达学习了6月16日省、市安委会相关精神要求和省委书记×××、省长×××、市委书记×××关于安全生产的指示要求，以及××市《关于切实做好庆

祝建党100周年安全生产工作的通知》。

会议指出，夏季是安全生产事故多发季节，各级各部门要强化"人民至上、生命至上"理念，牢固树立"隐患就是事故"的观念，坚决杜绝麻痹思想和侥幸心理，毫不放松抓好当前安全生产工作。

会议要求，一要迅速传达贯彻落实。各级各有关部门要认真传达贯彻落实上级领导指示批示和各级安委会会议精神，树牢安全发展理念，结合全国安全生产月活动和本领域、本行业特点，研究形成工作方案和任务清单，扎实推进"安全生产月"活动取得实效。二要压紧压实工作责任。各级各部门要认真落实"一岗双责、党政同责"和"三管三必须"要求，主要领导要亲自抓、各分管负责同志要具体抓安全生产，始终把安全生产摆在重中之重位置。三要加大隐患排查整改。深刻吸取各地安全生产事故教训，举一反三开展全面深入排查，坚决防止类似事件发生。隐患整改要形成闭环管理，防止反弹回潮。要加大执法力度，对违反安全生产有关规定的，从严查处、从重处罚，对检查发现存在重大安全隐患或拒不整改的，坚决责令停业整改。四要强化安全生产督查。从本周起到7月上旬，各分管副区长每周至少调度或检查一次分管领域安全生产工作，区安委办、各重点行业主管部门每日安排检查队伍到重点场所、重点部位开展检查，各街道办事处、开发区管委会主要和分管负责同志每天开展不少于2小时安全生产巡查检查，每日对辖区内重点行业场所领域进行安全生产检查，各街道园区均要组织4~6人巡检队伍，区街联动确保安全覆盖。区安委办负责汇总各部门、各版块每日检查结果并报区政府，确保不发生安全生产事故。

二、传达学习《××市"十四五"审计工作发展规划》

会议指出，审计工作是一项系统性很强的重要工作，要提高对审计工作重要性的认识，在工作中正确对待审计工作的监督作用，与审计部门团结协作，充分发挥好审计工作"保健"和"监督"作用，为各项工作安全高效健康运行保驾护航。

会议要求，一要认真学习领会。准确把握审计工作发展规划要求，统筹谋划全区审计事业安排实施，确保规划落到实处。二要提高思想认识。各级各部门要切实加强和改进自身工作，以规范、廉洁、高效的财政纪律和绩效评价执行效果，推动审计全覆盖落实，切实构建起综合监督体系。三要抓好整改落实。高度重视审计整改工作，压紧压实整改单位主体责任和审计机关的督促责任。四要推进改革创新。审计署和省审计厅充分肯定我区审计投资转型思路，各相关部门要结合正在拟定的《投资审计改革转型升级行动方案》，安排专人负责跟进，加大数据录入，实现底层数据互通；审计部门要制定横道图，明确时间节点和责任人，确保相关工作实现既定目标。

三、研究近期重点断面水质达标情况

会议指出，在全区上下共同努力下，全区9个考核断面水质全部达标。但从汛期水质波动情况看，做好当前水质达标工作形势仍然严峻。

会议要求，一要强化责任意识。要将"水环境"摆在与"大气"同样重要的位置，区水务局、生态环境局要认真做好水环境设置调度、水质预警监测，及时掌握9个考核断面水质达标情况。二要细化工作预案。针对梅雨、暴雨、高温和应急排污等因素可能引起的水质波动，细化断面应急预案，综合考虑并扩大断面周边环境整治，确保在恶劣天气环境下能迅速妥善处置到位，将天气因素造成的水质波动控制在最小范围。三要加强巡查整改。结合河长制工作要求，加大河道保洁和巡查频次，加强河长巡河督查检查，充分发挥河道管理基础养护作用。结合提质增效达标区创建工作，加强雨污水管网排查，对有问题的管网要立即整改到位，确保汛期水质断面稳定达标。

四、研究开发区社区卫生服务中心建设有关工作

会议原则同意建设开发区社区卫生服务中心项目，开发区管委会根据会议精神进一步修改完善，按规定程序报批。

会议明确，开发区社区卫生服务中心项目改造费用由开发区管委会负责，设备设施采购经费由区财政统筹安排。改造参照其他社区卫生服务中心模式，落实运行及人员经费保障。

会议要求，一要加强配合。开发区管委会要积极对接相关部门，做好项目相关建设管理工作。二要统筹谋划。区卫健委要统筹考虑"医养融合"相关功能，根据实际情况设置一定数量的养老床位。三要服务发展。坚持产城融合发展方向，加强民生配套保障，促进开发区产业转型升级。

××区人民政府

2021年6月16日

项目二　事务文书

第一章　书　信

一、书信的概念

书信具有悠久的历史，有许多不同的名称，简、札、牍、函、帛书、尺素等，都是历代关于书信的名称。书信名称主要是随着文字载体的变化而发生变化的，但不管其名称如何变化，它作为交际工具的本质始终没有改变。

随着社会的发展、科技的进步，个人、组织之间的沟通和交流更为频繁，不论是传统意义上的书信，还是电子邮件、短信等，均在信息社会中发挥着不可或缺的作用。我们在使用电子邮件或短信来传递信息、交流情感的时候，经常也会借鉴传统书信的要求，以达到较好的效果。

二、书信的特点

书信的主要特点包括：功能强、文笔活、工具新。

（一）功能强

书信是传递信息的主要工具之一。机关、团体、单位或个人都可以用书信商洽工作、问答事项、提出建议、告知情况。因此，书信适用面广泛，不受行文关系限制，而且信息高度密集，呈现出特殊的功能。

（二）文笔活

一般说来，书信的文笔比较灵活，或侧重陈述，或释理抒怀；或秉笔直书，或婉言曲至；或洋洋洒洒，或只言片语；或以质朴见长，或以瑰奇取胜，等等。可以根据特定的对象及内容采取不同的笔法。

（三）工具新

书写工具的现代化是现代书信的一大优势。目前人们普遍运用电子邮件和手机短信。前者通过图文传真、电子信箱、网络通信等形式来显示图文信息并直接通信，具有直观、快捷的特点；后者则用手机互通信息，十分简便。

三、书信的种类

根据不同的标准来划分，书信可以分为不同的种类。比较常见的分类方法是将书信分为一般书信和专用书信。其中，一般书信包括日常生活中应用的各种书信，主要用于亲朋好友之间交流思想、沟通情况、联络感情、商洽问题、处理事务等。专用书信主要用于某些特定的场合，针对某种特定的事务而写，例如求职信、自荐信、表扬信、感谢信、介绍信、证明信、申请书等。

四、一般书信的书写格式和写作要求

一般书信由信封和信瓤两部分构成，信封是显示于外的部分，信瓤则是书信的正文。在写作时，这两部分都有固定的格式和写作要求。

（一）信封

现在通用的信封是横式信封，内容包括收信人邮政编码、地址和姓名，寄信人邮政编码、地址和姓名。
在书写时需要注意的是：
（1）收信人和寄信人的地址均要具体详细，以免投递失误。
（2）收信人的姓名要写完整，不能省略，信封上不必加上表示关系的称谓。
（3）寄信人的地址和姓名必须写完整，如因某种原因不能寄达收信人，邮局可据此退回。
（4）字迹应当工整、清楚，以免给投递人员带来不必要的麻烦。

（二）信瓤

信瓤，是指书信的内页。按通行习惯，一般书信的信瓤可分为开头、正文、结尾、署名和日期、附言等部分，每个部分都有一定的格式。

1. 开头

开头写收信人的称谓，置于第一行顶格的位置，称谓后面加冒号，表示有话要说，领起下文。一般书信和专用书信在称谓上有所不同。一般书信的称呼大多与平时的称呼相符，写给长辈，可以按辈分称呼；如果对收信人不是特别熟悉，可以使用先生、女士等词。一般书信可以不写职务头衔，有需要时可以加上，以表尊敬，例如"××教授""××经理"等。姓名称呼之前一般不加修饰语，有时为了表达特别的情义，也可加上，例如"尊敬的××老师""亲爱的妈妈"等。专用书信的对象如果是机关、团体、企事业单位，可以直接写机关、团体、企事业单位的名称；如写给个人，可以加上职务或职称头衔，为表示敬意，可以加上"尊敬的""敬爱的"等修饰语。

2. 正文

正文是书信的主要部分，主要内容因对象、目的而定。一般的书信，可以问候、询问、答复、请托、商讨、求教、释疑解惑、表达情意，凡是学习、生活、工作中涉及的事情，均可通过书信表达，私人书信在表达时比较自由随意。专用书信大多是为了某种具体事务而写，有明确的目的，表达更为严谨。

书信正文在写作时，要另起一行，开头空两格，转行时顶格书写。根据内容和习惯可以适当分段。信首通常会用到应酬语，主要有问候式、思怀式和承前式三种。问候式如"您好""别来无恙"；思怀式如"一别已经半年，最近还好吗？""近来天气变化无常，你身体还好吧？"等；承前式则说明与本信相关的前情，如"来信已经收到""上周曾发一传真件，今仍具函，为××事"等。通常回信时一定要用承前式，先写明来信收到，并对来信中提及的问题或要求办理的事情作出回答。正文主体部分如果涉及的事情较多，可以分段写，一件事情写一段。

3. 结尾

根据写信人与收信人的关系和具体情况，结尾一般会写上表示祝愿、勉励或敬意的祝颂语。如"此致 敬礼""祝你健康""敬颂台安""诚祝生意兴隆"等。祝愿语一般分两行写，以"此致 敬礼"为例，"此致"可以紧接正文之后写，也可以另起一行空两格写，"敬礼"则一定要另起一行顶格写。如果收信对象为机关、团体、企事业单位，祝颂语可以省略。

4. 署名和日期

书信的署名和日期又称为落款，写在正文的右下角位置，先写署名，后写日期，日期可写在名字后面或名字下一行的右下角位置。如是写给亲属、朋友的，可以只写名不写姓，也可以加上表示辈分的称谓，有时可以视情况加上"谨上""谨呈"等，表示尊敬。如写给关系不密切的组织，则应署上全名。时间最好写清年、月、日，便于收信人查考。书信如以单位名义书写，一般需要加盖公章。

5. 附言

不是所有书信都有附言，如果写信时考虑不周，或者写完之后又有话要补充，可以加上附言，附言一般写在信末。补写的话前要加上"还有""另外""再"，或在后面加上"又及"等字样。

在写作要求方面，由于书信是人类借助文字来交流情感、互通信息或联系事务的一种方式，所以在撰写书信时，要注意诚恳表达、思想鲜明、叙述清楚、内容具体、语言得体、书写工整。

五、电子邮件写作的格式要求和注意事项

随着科技发展，现在的年轻人很少再邮寄纸质信件，网络传输的电子邮件代替了纸质书信。电子邮件（electronic mail），简称e-mail，是一种用电子手段提供信息交换的通信方式。

（一）电子邮件写作的格式要求

电子邮件由信头区和信体区两部分组成。

1. 信头区

（1）邮件的收信人地址。地址栏可以是一个地址，也可以是一组地址。电子邮件地址的格式是"用户名@电子邮件服务商的域名"。第一部分"用户名"代表用户信箱的账号，第二部分"@"是分隔符，第三部分"电子邮件服务商的域名"是用户信箱的邮件接收服务器域名，用以标识其所在的位置。

（2）抄送地址。如果我们需要将一封电子邮件同时发送给几个人，可将其他人的电子邮件地址填在此栏，中间用逗号或分号隔开。收件人也可以看到抄送的地址。

（3）主题。即电子邮件的标题，好的标题能吸引收件人的注意，准确无误地传递信息，从而使收件人在一大堆电子邮件中优先阅读该邮件。

2. 信体区

电子邮件的信体区用于编写邮件正文，可参考前述书信的格式。

一般说来，电子邮件没有固定的结构模式，可以根据具体的邮件类型和内容作灵活安排。通常情况下，一封内容完整、篇幅适中的邮件，其结构大体包括开头、主体和结尾三部分。

（1）开头部分，可以表示问候或者提出问题或表明写信缘由。

（2）主体部分则是邮件的主要内容，篇幅长短取决于具体的邮件内容，可以是长篇大论，也可以是三言两语，叙述上可以很正式，也可以比较口语化。

（3）结尾部分，语气要温和，要向对方表示祝愿、感谢或抱歉等。

电子邮件的附件是对正文部分内容的添加。每点击一次"添加附件"图标，就可以添加一个附件，因此电子邮件可以同时添加多个附件。这种形式与公务文书附在正文后的附件很相似。附件的信息内容可以是文本、图像、声音，也可以是多媒体文件如视频文件、音频文件等。

（二）电子邮件写作的注意事项

邮件不是书信，只是传递信息的一种形式，比传统的书信更为快捷、环保。但我们在使用电子邮件的时候也会在邮件中涉及传统书信的功能，因此，在撰写电子邮件时，特别是在公务往来中使用电子邮件时，如果涉及书信的功能，除了格式和表达要符合书信的要求，还需要注意以下问题。

（1）邮件标题要提纲挈领。切忌使用含义不清的标题，例如"嘿！"，应把重要的信

息列入主题栏以防收件人删除或忽略。

（2）邮件行文要简洁明了。收件人会希望你开门见山，电子邮件中的第一句话就要提出你的要求或说明目的。

（3）邮件内容不能太过随意。工作中的电子邮件具有书面文书的严肃性，用词不当或随意性太强的表述都有可能导致误解，尤其是一些敏感性话题，更不宜以文字的方式出现在电子邮件中。

（4）脱机备份并检查。写邮件内容时，最好先脱机撰写并备份，在点击"发送"之前，最后再好好检查一遍。防止由于选择了错误收件人而造成意外事件。

（5）一般情况下，不要越级发邮件。在工作中，除非十万火急，否则不要越级发邮件。电子邮件使用不当，也容易带来麻烦。

六、求职信的结构及写作要求

（一）求职信的结构

求职信的写法与普通书信类似，一般可分为标题、称谓、开头、主体、结尾、署名和日期及附件几个部分。

1. 标题

一般使用的是"文种"式标题，即"求职信"或"求职函"。

2. 称谓

根据收信人的身份、地位，选择恰当的称谓。一般可用"尊敬的××公司领导""尊敬的董事长（经理）"等，要注意用语的礼貌庄重。

3. 开头

与普通书信相似，主要包括问候语和写信目的两部分内容。求职信的问候语不用太复杂，可用"您好"一笔带过。在交待写信目的时要直截了当，一般应简要说明自己从哪里获得了该单位哪方面的用人信息，以及自己准备应聘的职位等。

4. 主体

主体部分是求职信的重点。写作内容通常包括：个人的学历、年龄、专长、经历、业绩；个人的志向、兴趣、性格；应聘的工种、岗位；待遇要求（也可不写）；通讯地址、电话、电子邮箱等。在这一部分里要着重表现自己的成绩和优势，介绍自己的专业特长或取得的成果等。用事实、数据来说明自己具备求职目标所需要的条件。同时，还应表现出自己具有做好该工作的能力和信心。

此外，还可以讲讲自己对用人单位的了解、认识和评价，并给对方以恰如其分的赞扬，让对方知道你很愿意成为该公司的员工。

5. 结尾

也就是结束语，要再次强调自己的求职愿望，以诚恳的态度表达自己希望被择优录用的愿望，例如"希望领导给我一次面试的机会""热切地盼望着贵公司给予答复"等，最后写上表示祝愿或敬意的话。

6. 署名和日期

最后在正文的右下方署上求职人姓名、成文日期、通讯地址或其他联系方式。

7. 附件

求职信一般要求和有效证件一同寄出，以对信中所介绍的内容起证明作用，例如学历证书、专业课程成绩单、获奖证书、职称证书等的复印件。

（二）求职信的写作要求

1. 知己知彼，有的放矢

写作求职信之前，应尽可能做到对用人单位及其用人要求有较多的了解，以便对照自己的情况，有针对性地陈述自己的求职意向和求职优势。

2. 充满自信，态度诚恳

写作求职信，既要表现出足够的自信，但又不能自我欣赏、自吹自擂；既要表现出恳切的心情，又要表现出应有的稳重和自尊。用语要谦敬得体，措辞要讲究分寸。

3. 言简意赅，引人入胜

求职信最直接的功用，是为自己争取一个参加面试的机会。在竞争日趋激烈的今天，每个岗位都会吸引不少的求职者，招聘人员阅读求职信的工作量很大，求职信过长会使其效度降低。因此求职信的篇幅要短，切忌面面俱到，要重点突出自己与用人单位和应聘岗位最有关系的内容。

七、范文示例

范例1 ≫ 一般书信

习近平给北京大学援鄂医疗队全体"90后"党员的回信

北京大学援鄂医疗队全体"90后"党员：

来信收悉。在新冠肺炎疫情防控斗争中，你们青年人同在一线英勇奋战的广大疫情防控人员一道，不畏艰险、冲锋在前、舍生忘死，彰显了青春的蓬勃力量，交出了合格答卷。广大青年用行动证明，新时代的中国青年是好样的，是堪当大任的！我向你们、向奋斗在疫情防控各条战线上的广大青年，致以诚挚的问候！

青年一代有理想、有本领、有担当，国家就有前途，民族就有希望。希望你们努力在为人民服务中茁壮成长、在艰苦奋斗中砥砺意志品质、在实践中增长工作本领，继续在救死扶伤的岗位上拼搏奋战，带动广大青年不惧风雨、勇挑重担，让青春在党和人民最需要的地方绽放绚丽之花。

习近平

2020年3月15日

您成功订阅了一份只传递爱、希望与幸福的简报

发件人：×××儿童基金会（contact.china@×××××.org）
收件人：××××@×××.com
时　　间：2023-2-3 20:28

亲爱的朋友：

您好！

感谢您关注×××儿童基金会，成为儿童之友，和成千上万的朋友们一起，为爱发光，点亮儿童未来！

×××儿童基金会成立于××××年，是促进儿童权利的领导性组织。我们在190多个国家和地区开展工作，帮助世界各地的孩子实现生存、发展、受保护和参与的基本权利。

在中国，我们与政府已持续合作开展了四十多年的援助项目，帮助改善了千千万万儿童的生活。

感谢您订阅简报，了解中国和其他国家的孩子们所面临的困难，以及我们每一个人如何用行动带来改变。

我们相信，一个适合儿童成长的世界，也必将是让所有人感到幸福的家园。感谢您关注儿童权利，和我们一起做这件美好而幸福的事！

×××儿童基金会驻华办事处

求　职　信

尊敬的××公司领导：

您好！很荣幸您能在百忙之中翻阅我的求职信，谢谢！

我是××职业技术学院计算机软件专业学生，将于今年7月毕业。

在大学三年的学习期间，我努力学习各门课程，并取得了良好的成绩（见后附成绩单），专业课成绩也多次在班级中名列前茅，曾获得学院一等奖学金两次，已通过英语六级考试、全国计算机等级三级考试（证明文件均见附件）。本人不仅能熟练掌握学校所教课程的有关知识（精通Visual Basic、SQL Server、ASP、Java、HTML5），能熟练使用Linux、Windows7/10/11等操作系统，能熟练使用Office、WPS办公自动化软件。同时，我还自学了Photoshop CS6、AutoCAD2021等软件，专业能力强，曾获××省计算机软件设计比赛一等奖。

在校期间，我曾担任学院学生会外联部部长、班级副班长等职，现任××学院团总支宣传部部长。多次组织学院的大型迎新晚会、班级春游等活动，受到老师和同学的一致好评。在社会实践方面，我非常注重自己能力的培养，实践动手能力是我的强项。我曾在××公司实习，主要从事网络管理工作，还在老师的指导下，参加了××科学技术研究所的工程项目。

即将大学毕业的我，深知大学毕业并不是终点，而是人生的又一个起点。我热爱贵单位所从事的事业，殷切地期望能够在您的领导下，为这一光荣的事业添砖加瓦！如蒙贵公司录用，给我一个发展的机会，我将以兢兢业业的精神扎根贵公司，并以实际行动来报答贵公司的知遇之恩，不辜负贵公司对我的期望和厚待！随信附上简历、英语及计算机等级证书、获奖证书等。

最后，衷心祝愿贵公司事业发达、蒸蒸日上！

（附件：略）

求职者：×××

2022年×月×日

联系地址：×××市××路××职业技术学院××专业××班

邮编：××××××

电话：××××××××××

第二章　计　　划

一、计划的概念

计划是国家机关、企事业单位、社会团体及个体为了完成某项任务，预先对今后一定时期内的工作、学习、活动进行安排的事务文书。作为事务文书，计划不能单独作为文件发文，需要时只能作为公文的附件行文。

计划可以提高工作的预见性和自觉性，是科学管理的主要环节，能为日后检查工作进度、总结、评价和考核工作的完成情况提供必要的依据。

计划是计划类文书的统称，规划、纲要、设想、打算、要点、方案、意见、安排等都是根据计划目标远近、时间长短、内容详略等差异而确定的不同名称。

（1）规划是计划中最宏大的一种，从时间上来说，一般都长达3~5年；从范围上来说，大都是全局性工作或涉及面较广的重要工作项目；从内容和写法上来说，往往较为概括。

（2）设想是计划中最粗略的一种，是初步的草案性的计划。在内容上，它是初步的，多是不太成熟的想法；在写法上也是概括地、粗线条地勾勒，但时间不一定都是远的，范围也不一定都是宏大的。一般来说，时间长远些的称"设想"，范围较广泛的称为"构想"，时间不太长、范围也不太大的则称为"思路"或"打算"。

（3）安排是对短期内工作进行具体布置的计划。

（4）方案是从目的、要求、工作方式方法到工作步骤——对专项工作作出全面部署与安排的计划。

（5）要点是列出工作主要目标的计划。

二、计划的分类

根据不同的标准，计划可以分为不同的种类。

（1）按内容分，计划可以分为学习计划、工作计划、生产计划、研究计划、教学计划、销售计划等。

（2）按时间分，计划可以分为长期计划（3~5年）、中期计划（1~2年）、短期计划（1年及1年以下）等。

（3）按范围分，计划可以分为国家计划、地区计划、系统计划、部门计划、科室计划、个人计划等。

（4）按性质分，计划可以分为综合性计划、专题性计划等。

（5）按书写形式分，计划可以分为条文式计划、表格式计划、条文加表格式计划等。

三、计划的特点

（一）预见性

预见性，又叫前瞻性。计划是为未来工作目标或实践活动做的一种预想性的部署和安排，具有一定的预见性。这就要求计划制订者在行文前，必须对各种可能出现的情况有清醒的认识、正确的估量。

（二）现实性

计划的制订需要根据党和国家的方针、政策、法律法规，结合本系统、本单位、本部门或个人的实际情况制订，要从实际出发。

（三）可行性

可行性是指计划应该在调查研究的基础上，密切结合实际，各种部署必须切实可行，不可好高骛远。因此，计划的步骤、措施、要求、时限不但要写得具体、细致，还要便于检查督促，对照落实。

（四）约束性

计划一经通过、批准，在它所涉及的范围内，就具有一定的约束性。在这一范围内，不管是集体还是个人都必须按照计划开展工作、学习、活动，计划会对涵盖的任务和执行者产生约束性。

（五）灵活性

在制订计划时，必须留有余地。如果在实施过程中，发现有与实际不相符的地方，或某一环节出现特殊情况，便需要采取相应措施处理，或作出相应的调整，以保证计划的按时完成。

四、计划的结构及写作要求

（一）计划的结构

计划的写法没有固定的格式，既可以使用条文式，也可以使用表格式、条文加表格式。无论采用哪种方式，计划在结构上一般都由标题、正文、落款三部分组成。

1. 标题

标题写在第一行的中间。计划的标题主要有四种写法：

（1）计划制订者+时限+内容+文种，这种属于完全式标题，如《××职业技术学院2022年学生工作计划》。

（2）计划制订者+内容+文种，这种属于省略式标题，如《××公司实行经营责任制计划》。

（3）时限+内容+文种，这种属于省略式标题，如《2022年度军事课教学展示工作计划》。有时也可省略时限，如《数字中国建设整体布局规划》。

（4）计划制订者+事由+文种，这种属于公文式标题，如《××公司关于2021年机构改革工作的计划》。

如果计划尚不成熟，还需要讨论定稿或经上级批准，则应在标题之后或正下方用圆括号加注"初稿""草案""征求意见稿"等，如《××学院2022年招生工作方案（讨论稿）》。

2. 正文

计划的正文通常包含以下五个部分：

（1）前言。前言是正文的开头，主要写明制订计划的依据，包括根据上级的精神指示、当前的形势、本单位的具体情况等。如果是比较普通、简要的计划，该部分可以省略。前言的文字表达要简明扼要，通常以"为此，特制订计划如下"或"为此，需抓好以下几个方面的工作"为过渡语，引出主体部分。

（2）目标和任务。该部分即在某一时段内要完成的工作任务，首先要明确指出总目标和基本任务，随后应根据实际内容进一步详细、具体地写出任务的数量、质量指标。一般是分条列项写，每一条都要写明具体的目的、任务、要求和完成时间等。

（3）措施和步骤。措施是实现计划的保证。这部分应该根据主客观条件，规定达到目标的手段、需动员的力量以及负责的部门、配合的单位等，可梳理为几个方面用小标题或用序数词区别开来，重要的放前面，次要的放后面，尽可能写细写实，便于执行单位操作。步骤是实现目标的程序安排和时间要求。这部分应该按照任务完成的阶段和环节，明确哪些先干，哪些后干，体现出轻重缓急和先后顺序。另外，不便在正文里表述的内容，可另作"附件"。

（4）其他事项。除上述内容外，如还有需要注意的问题，可以在这一部分予以说明。

（5）结尾。该部分常见的内容是指出执行计划时应注意的事项、需要说明的问题，或提出要求、希望和号召。结尾部分可视情况决定其长短，有时可以省略不写。

3. 落款

落款包括署名和日期。

（1）署名一般在正文的右下方，写明制订计划的单位名称（个人计划写明个人姓名）。如果标题中已经出现制订计划的单位名称，署名可以省略。上报或下达的计划，可在落款处加盖公章。

（2）日期一般写在署名的下面，也可写在标题之下、正文之上的居中位置。在标注时，现在多采用阿拉伯数字标注，标全年、月、日。

（二）计划的写作要求

（1）要把预见性和可行性有效地结合起来，符合党和国家的方针政策，适合本地区、本部门、本单位或本人的实际情况，体现本单位领导的意图，确保计划指导思想的正确性。

（2）充分考虑计划的可行性，做到反复论证，从多种计划方案中择优，实事求是地确订计划的目标和任务，并适当留有余地。

（3）要走群众路线，集思广益，把计划变成群体的共同意志，以保证计划的认同度和可行性。

（4）计划的目标、任务、指标、措施、办法、步骤、责任部门和责任人等，都应具体明确，切忌含糊不清、模棱两可。

（5）语言要准确明晰，朴素自然。表达方式要以说明为主，行文时不要夹杂不必要的议论。

五、范文示例

范例

"青春献礼二十大，强国有我新征程"
迎接学习宣传党的二十大主题宣传教育活动工作方案

为进一步进行爱党爱国爱社会主义教育，激励全国高校师生攻坚克难、开拓奋进，教育部决定面向全国高校师生组织开展"青春献礼二十大，强国有我新征程"迎接学习宣传党的二十大主题宣传教育活动。具体工作方案如下。

一、总体思路

紧紧围绕迎接学习宣传党的二十大，深入宣传习近平总书记带领全党全国各族人民在实现中华民族伟大复兴新征程上走过的非凡十年，广泛宣传党和人民创造的新作为新业绩，分两个阶段开展系列宣传教育活动。党的二十大召开前，以"青春献礼"为重点，引导广大师生深刻认识"两个确立"的决定性意义，自觉从党的重大成就和历史经验中增长智慧，增强信心，用青春唱响"强国复兴有我"的时代强音，积极营造喜迎党的二十大的浓厚氛围。党的二十大召开后，以"奋进担当"为重点，深入开展党的二十大精神宣讲巡讲，切实把高校师生的思想统一到党的二十大精神上来，弘扬"奋进新征程，建功新时代"主旋律，切实激发广大师生向第二个百年奋斗目标奋勇前进。

二、主要安排

第一阶段：迎接党的二十大

1. 聚焦北京冬奥会开展专题教育活动

教育部开展高校师生服务保障北京冬奥会全国宣讲，会同北京市教育工委组织优秀志愿者成立宣讲团，分赴全国开展专题宣讲巡讲，讲好冬奥故事，传递志愿精神。会同有关部门开展冬奥冠军进校园活动，邀请冠军代表以访谈、座谈等形式与师生面对面交流，分享奋力拼搏、为国争光的荣耀时刻，激发师生爱国情感。各地各高校要以此次专题教育活动为契机，通过宣讲报告会、交流研讨会、主题党团日活动等方式，认真学习贯彻习近平总书记给中国冰雪健儿的重要回信精神，深入开展形式多样的爱国主义教育活动，大力弘扬爱国主义精神，激发责任担当，切实将北京冬奥会宝贵精神财富转化为师生爱党报国的实际行动。

2. 聚焦"我们这十年"开展优秀网络文化作品征集展示活动（3—9月）

教育部会同中央网信办共同举办第六届"全国大学生网络文化节"和"全国高校网络教育优秀作品推选展示活动"，围绕"我们这十年"突出爱国爱党爱社会主义主题引领，鼓励广大高校师生创作优秀网络文化作品。各地各高校要组织广大师生紧紧围绕党的十八大以来取得的原创性思想、变革性实践、突破性进展和标志性成果，深入走进不同实践领域、不同社会群体，通过"今昔对比""代际对照"等方式，策划创作短视频、H5、九宫格、金句集锦等优秀融媒体作品。各学校也可在以往优秀作品的基础上，充分整合同类主题优质作品，组织师生通过音视频混剪、图文影音转换、主题时空拓展等不同形式，对作品进行再创作再生产。

3. 聚焦重大成就开展实践体验教育活动（5—8月）

各地各高校要以推动党史学习教育常态化长效化为抓手，深入挖掘所在地区和高校各类实践资源尤其是"四史"宣传教育中的爱国主义教育元素，围绕经济社会发展重大成就，领会时代新人培育的现实需求，着眼厚植情怀、锤炼品德、勇于创新、实学实干等方面，就地就近遴选对接一批教育实践体验基地，各高校要结合课程教学，做好实践体验安排，并明确教师职责。7月至8月，教育部将开展"小我融入大我，青春献给祖国"主题社会实践活动，各地各高校要组织师生结合对国家战略的实践服务以及深入基层一线的实习考察，集中开展实践体验教育，引导师生切身感受中国特色社会主义伟大成就，切实增强对中国特色社会主义的政治认同、思想认同、理论认同、情感认同。

4. 聚焦重温习近平总书记重要足迹开展学思践悟寻访分享活动（3—9月）

各地各高校要围绕习近平总书记工作过的重要地方、党的十八大以来习近平总书记国内考察的重要足迹，通过实地探访、历史寻访等方式，引导师生学思践悟习近平总书记在各地的工作历程和重要考察足迹，研学习近平总书记有关重要论述的精神要义，充分体悟习近平总书记的人民情怀、世界胸怀和历史担当。

10月前后，教育部将会同相关部门召开专题推进会，遴选一批优秀网络文化作品、优秀实践案例和寻访感悟优秀成果，会同中央主流媒体结合"青春告白祖国"策划制作专题节目，以空中大课堂形式分享展示。

第二阶段：学习宣传党的二十大

5. 迅速兴起学习宣传党的二十大精神热潮（党的二十大召开后）

党的二十大召开后，教育部将根据中央统一部署提出明确要求，各地各高校要及时组建优秀教师讲师团、大学生骨干宣讲团，依托"一站式"学生社区、思政课教学、主题党团日等渠道，广泛开展全覆盖学习宣讲活动，做到领导干部带头领学、专家学者深入导学、先进人物进校促学、青年学生踊跃互学。

6. 广泛开展"党的二十大和我的人生路"青春使命教育（11—12月）

各地各高校要以党的二十大精神为引领，围绕党的二十大明确的思想内涵、战略部署、行动指南等方面，强化对青年学生的价值引导和人生指导，以"党的二十大和我的人生路"为内容重点开展形式多样的青春使命教育，结合时代新人培育工程有关要求，通过构建党政军企与学校互动共享融通机制，组织学生深入行业企业进行调查，围绕乡村振兴开展实践服务等，深化青年学生对"强国有我，请党放心"的认识与实践，引导师生自觉将"小我"成长融入"大我"奋斗，将人生选择与中华民族伟大复兴中国梦结合起来。

三、组织保障

（一）强化整体统筹。各地各高校要将迎接学习宣传党的二十大的各个阶段贯通起来，将本地区、校内外的教育资源和品牌性标志性创新性工作联动起来，将当前工作和迎接学习宣传党的二十大统筹起来，作出专题部署，提出具体要求。各地各高校要明确牵头部门和责任人，按照谁主管、谁负责的原则，对相关活动、网络发布内容和提交作品进行严格把关，避免出现历史虚无主义、"低级红"等错误，坚决防止形式主义。

（二）突出师生主体。各地各高校要围绕各阶段要求，充分发挥师生主体的积极性和创造性，充分发挥学生社团、学生社区、教师党支部等重要作用，为师生创作优秀作品、开展生动实践、促进共享交流提供条件，加强保障。

（三）强化宣传联动。教育部将强化平台支撑，开展专题宣传和跟踪展示，协调中央媒体进行综合报道和全景呈现。各地要积极协调本地宣传部门和各类媒体资源，制定方案广泛宣传，提升工作吸引力和影响力。各高校要充分运用新技术新应用，创新媒体传播方式，不断增强宣传效果，共同营造强大声势。

第三章 总 结

一、总结的概念

总结是对以往工作进行回顾、检查、分析、研究，从中提炼出经验教训和规律性认识的事务文书。小结、经验、体会、回顾等也属于这一范畴。

总结是与计划相对的，有计划，就必然会有总结。

二、总结的分类

和计划一样，根据不同的分类标准，可将总结分为不同的类型：

（1）按内容分，可分为工作总结、生产总结、学习总结、思想总结、活动总结等。

（2）按时间分，可分为年度总结、季度总结、月份总结、阶段总结等。

（3）按范围分，可分为行业总结、地区总结、部门总结、个人总结等。

（4）按性质分，可分为全面总结、专题总结等。全面总结是对一个单位、一个部门在一定阶段各项工作的整体综合和全面概括的书面材料。它反映的是工作的全貌，内容包括基本情况、过程、成绩、经验、缺点、教训等诸多方面。专题总结是对一个单位、一个部门在一定时间里某一项工作或某一项工作中的某一个问题所作的专门总结。这类总结内容集中单一，重点突出，针对性强，偏重于总结经验，有一定的思想深度，理论性较强。

三、总结的特点

（一）过程性

进行每一项工作，总是有一定的过程，例如：工作是怎样开始的，之后又是怎样发展的，中间遇到了什么问题，这些问题是怎样解决的，解决的效果如何等，进行总结时，要把这个过程反映出来。

（二）客观性

总结在回顾过去时要用事实说话，自身实践的事实，尤其是工作中的典型事例和确凿数据是一篇总结得出正确结论的基础。

（三）理论性

总结工作不是记流水账，不能停留在事实表层，总结是对前一阶段工作中的经验、教训进行分析研究而做出的理论升华。揭示出客观事物带规律性的结论，这才是总结的价值所在。能否找出带有规律性的认识，用以指导今后工作，是衡量一篇总结质量好坏的标准。

总结的理论性并非是长篇大论，而是力求高屋建瓴、提纲挈领。撰写者需要用实际工作中的真实业绩或成果所形成的典型材料去证明结论的正确性。

四、总结的结构及写作要求

（一）总结的结构

总结没有固定的格式，常见的总结包括标题、正文和落款三部分。

1. 标题

总结的标题包括公文式和新闻式两种常见样式：

（1）公文式标题。由"单位名称+时限+内容+文种"构成，如《××市人民政府2022年工作总结》《××学院2022年教学工作总结》。

（2）新闻式标题。这类标题通常概括所要表述的观点或主旨，可以使用单行标题，不出现总结字样，但一看内容就知道是总结，这种标题一般用于专题总结，如《××学院"校企合作"办学的一次成功尝试》。有时也可以采用双标题，正标题概括总结的内容或观点，副标题标明单位名称、内容、时间和文种，如《开拓创新谋发展 锐意进取谱新篇——××公司2022年工作总结》。

2. 正文

总结的正文可采用"三段式""两段式"结构。"三段式"结构包括开头、主体和结尾三个部分，"两段式"结构包括情况和体会两个部分。

"三段式"结构：

（1）开头。概述基本情况，包括介绍工作任务、开展工作的背景、指导思想，以及总结目的、主要内容的提示等。介绍时要有所侧重，或重在单位基本情况，或重在指出成绩。前言以精练的语言，揭示总结的精髓，引起读者的注意，并使读者对全文产生总体印象，领起下文。

（2）主体。这是总结的主要内容，一般可以按基本情况、主要的成绩和做法、经验和教训、今后的打算及对策等几个方面进行把握。

在写成绩时可以通过运用准确的统计数据表现出来，也可以运用对比的方法进行说明。经验的挖掘要做到既有针对性又有普遍性，体现出较强的理论水平和概括水平。这部分是总结的重心，应下功夫分析、研究、概括。在写作时，要以一分为二的观点看问题，写出工作中存在的问题与不足，并分析其主客观原因及由此得出的教训等。

（3）结尾。总结的结尾可以包括两层意思：一是今后努力的方向，在经验教训的基础上，明确工作前进的方向，提出新的目标和任务；二是针对问题和教训，提出改进措施和新的设想。这部分要写得精练、简洁，如这些内容在主体部分已经作了交代，则也可自然结束全文，无需结尾。

"两段式"结构：

（1）情况：包括基本情况、主要的做法、成绩与缺点。

（2）体会：包括经验、教训以及对存在问题的认识等。问题比较集中的总结大多采用这种结构。

3. 落款

总结的落款包括署名和日期。一般在正文右下方署上总结者（单位或个人）的名称，名称下面标明时间。如单位名称已在标题里写明，文末可不再署名，结尾注明日期即可。总结的日期通常以部门或单位领导审阅批准的日期为准，需要标全年、月、日。

（二）总结的写作要求

1. 筛选材料，突出重点

写作时，需要全面掌握各种材料，但是不能把所有材料都写进总结，要注意有所侧重，突出重点，不能把总结写成流水账。

2. 详略得当，突出个性

写作时，要注意详略得当，应当抓住最突出、最能反映客观事物本质规律，最具典型和个性特色的内容来写，切忌面面俱到。

3. 实事求是，突出新意

写作时，要做到实事求是，从客观实际出发，肯定已取得的成绩，正确对待存在的缺点和不足。写总结不能老生常谈，要突出新意，写出新的情况、新的问题和新的经验教训。

4. 层次清晰，语言简洁

写作时，要注意层次清晰，条理清楚，叙述、议论相结合。语言要简洁、朴实、准确、恰当。

五、范文示例

范例

××镇20××年贫困村干部驻村帮扶工作总结

20××年，××镇按照县委、县政府的总体要求，在县委组织部、县扶贫移民局和县直机关工委的具体指导下，以带领贫困村群众脱贫致富为总目标，深入开展干部驻村帮扶工作，通过加强组织领导、明确工作目标、强化监督考核等有效措施，全面推进3个贫困村的扶贫工作，取得了显著成效。现将20××年度我镇贫困村干部驻村帮扶工作总结如下：

一、基本情况

我镇通过省级审定并纳入全国扶贫信息网络系统的建档立卡贫困村有3个，分别为××村、××村和××村，共有贫困户×户，×人。

二、主要做法

（一）加强组织领导

坚决贯彻落实市委市政府、县委县政府对干部驻村帮扶工作的意见和有关文件精神，制定工作计划，组织和动员全体镇村干部献计献策，齐心协力把驻村帮扶工作做好。镇党委成立了以党委书记任组长，党委副书记为副组长，全体党委班子成员为组员的专项工作领导小组，负责统筹规划3个贫困村的干部驻村帮扶工作，同时成立了以包片领导为组长，市县下派驻村帮扶干部和镇派驻村干部为组员的驻村帮扶工作组，负责具体指导3个贫困村的扶贫工作，并为每个贫困村配备了一名驻村农业科技人员指导具体的增产增收工作。

（二）明确工作目标

一是以产业发展为主、精准帮扶为辅，立足贫困村实际，动员群众自力更生，协调有关部门落实资金，争取帮扶项目，帮助农民增产增收。二是细化助农增收工作措施，主要包括：组织动员群众参与技能培训，拓宽就业渠道，开展劳务输出，拓展群众经济收入渠道，帮助培育致富带头人。三是完善辅助措施，重点包括解决好社会治安综合治理、村容村貌改变等工作，使村民的致富能力明显增强，生产生活条件得到改善，形成家庭和睦、民风淳朴、互助合作、稳定和谐的良好社会氛围。

（三）强化监督考核

为切实抓好干部驻村帮扶工作，镇党委专门制发了驻村帮扶干部管理考核办法，与驻村帮扶干部和其联系村签订了责任书，明确要求：联系村必须具备签到册，做好出勤情况记录，每月上报接受检查；驻村帮扶干部必须具备"民情日记本"，记录重点工作，每月汇报一次工作情况，每季度上交一份阶段性工作总结；镇党委成立由党委副书记任组长的监督管理小组，每月必须对驻村帮扶干部的出勤和工作情况进行一次督查或暗访，督查或暗访情况将作为年终考核的重要依据。

三、主要成效

（一）提高了政策宣传力度

积极宣传党和国家各项扶贫工作政策，帮助群众转变观念、增强发展意识，积极组织动员群众加快发展，脱贫致富。在各贫困村内设立宣传栏、阅报栏、政务公告栏及时传达党的声音，帮助群众了解党的相关政策。通过展板、宣传语等方式，强化文化阵地建设，营造浓厚的文化氛围。

（二）制定了产业发展计划

镇党委结合贫困村实际情况，充分利用现有资源，科学制定产业发展计划：一是计划以××农业发展公司为依托，为3个贫困村建立核桃种植专业合作社，并通过发放优质树苗、实施跟踪指导等方式提高产量；二是因地制宜分村制定产业发展规划，在上级联系部门和镇党委的指导下，3个贫困村分别制定了3至5年产业发展规划，特别强调符合实际、科学可行，为3个贫困村长远发展打下了扎实基础。

（三）积极争取上级帮扶支持

针对3个贫困村不同的实际困难，协助了村两委做好项目立项工作，积极争取上级部门支持，主要包括：市军分区免费为建新村发放优质树苗200多株；市粮食局解决了村两名贫困大学生上学困难的问题；县纪委多方争取资金，为贫困村建成水泥路7.8公里，基本实现了村组水泥路全覆盖；县卫计局积极协调救灾扶贫物资，为3个贫困村发放应急生活包50套；县工商局对成规模的养鱼户每户补助了1 000元钱，并联系了相关部门开展技能培训。

四、问题建议

我镇还需加强在探索长效帮扶机制上的力度，真正使帮扶工作由输血型向造血型转变，增强贫困村经济发展后劲。同时希望上级部门加大对我镇贫困村的政策、资金、技术等扶持力度，早日促进贫困群众脱贫致富奔小康。

20××年，镇党委、政府将继续按照县委、县政府扶贫工作的具体要求，坚持抓好干部驻村帮扶工作，利用召开村组党员干部会议，群众座谈讨论、入户走访等形式，及时找准和发现问题，收集民意和掌握干部群众发展意见，找准工作突破口，将扶贫帮扶工作推上新台阶，确保20××年3个贫困村全部脱贫。

20××年×月×日

第四章　启事、声明

一、启事和声明的概念

启事是机关团体、企事业单位或个人就某一具体事项向公众进行陈述说明，并且希望公众关注、协助和参与的事务文书。

声明是国家机关、社会团体、企事业单位或个人就某一重要问题表明立场、态度、主张或维护自己的权益而公开发表的事务文书。

二、启事和声明的类型

（一）启事的类型

从内容和使用的情况进行划分，启事可以分为征招类启事、寻找类启事和告知类启事。

（1）征招类启事，发布者为了完成某一件事，请求别人协助、支持时发布的启事。招生启事、招聘启事、招工启事、招领启事、征稿启事、征婚启事等都属于此类。

（2）寻找类启事，发布者因为丢失物品或者有人走失、下落不明而写的启事，目的在于请求公众给予协助或帮助，寻人启事、寻物启事、求购启事等都属于此类。

（3）告知类启事，发布者需要向社会说明某事，希望能够引起公众的注意或参与而写的启事，更名启事、开业启事、停业启事、讲座启事、竞赛启事都属于此类。

（二）声明的类型

根据内容，可以将声明分为政治类声明、民事类声明。

（1）政治类声明，声明者为了表明政治立场，维护政治权益，明确相互关系以及伸张正义等事项而发布的声明。政府声明、外交声明、联合声明等均属于此类。

（2）民事类声明，单位、组织或个人因为民事事项发表的各种声明。维权声明、委托授权或授权声明、表明自律态度的声明、挂失声明、作废声明等均属于此类。

三、启事和声明的特点

（一）启事的特点

（1）告启性。从字面意义上看，"启"是告知、陈述的意思，"启事"的意思就是告知事项、陈述事情。发布启事时，可以通过张贴或媒体向外发布，对公众而言，启事具有知照性，但不能强制别人观看或参与，不具备约束性。

（2）广泛性。启事的使用范围广泛，国家机关、社会团体、企事业单位、个人都可以使用。启事的内容可以涉及社会生活的方方面面，可以反映不同领域的内容。启事的发表范围也很广泛，可以在公共场所张贴，也可以通过报纸、杂志、电视、网络媒体等传播。

（3）简明性。为了方便读者理解，启事的内容必须简洁明了，篇幅不宜过长。

（二）声明的特点

（1）公开性。声明就是要公开宣布，让公众知道，一般还需要通过媒体进行发布，具有公开性的特点。声明比启事更加郑重、严肃，而且还具有法律效力。

（2）表态性。声明一般是对相关事项或问题进行事实的披露或澄清，并且表明自己的立场和态度，这一特点也是声明的本质特征。

（3）警示性。有些声明具有警告和警示他人，保护当事人合法权益的目的。

四、启事和声明的结构及写作要求

（一）启事的结构及写作要求

1. 启事的结构

启事的结构包括标题、正文、署名和发布时间。

（1）标题。启事的标题可以采用四种形式：

① 发布者+事由+文种。公务方面的启事或比较郑重的启事一般会采用这种标题，如《××学校招生启事》《××杂志征稿启事》。

② 事由+文种。如《寻人启事》《寻物启事》《搬迁启事》等。

③ 仅标注文种"启事"。这种启事的标题要求字体大而醒目。

④ 单独写"事由"。如《寻人》《寻物》《征婚》。

（2）正文。在写作正文时，要注意写清楚具体事项和联系方式。因为启事的类型不同，具体事项在写作的时候侧重点会有区别。征招类启事必备的项目是征招的原因、对象、条件、要求等；寻找类启事必备的项目是名称、特征、数量、丢失的原因、时间、大致方位等；告知类启事必备的项目是时间、地点、需要告知的事项。

（3）署名。写作启事时需要在右下角注明发布单位或个人的姓名，以机关、团体、单位的名义发布的启事一般需要加盖公章。如果标题中已经说明了发布者，也可不再署名。

（4）发布时间。在署名之下，需要标注发布的日期。如不写署名，应在落款位置直接标注时间，假如是在新闻媒体上进行发布，可以不必另写发布时间。

2. 启事的写作要求

（1）内容应当具体明确。启事的内容需要考虑全面，一般需要写得具体明确，如果内容较多，可以分条列项写清楚。但是，有一些启事，例如招领启事，为了防止物品被别人冒领，物件的特征、数量等信息就不必写得具体明确，但应该写清楚联系方式。

（2）语言简洁扼要。启事要做到简洁明了、通俗易懂，方便公众阅读和理解。

微课

（二）声明的结构及写作要求

1. 声明的结构

声明的结构包括标题、正文、署名和发布时间。

（1）标题。声明的标题可以采用四种形式：

① 声明者＋事由＋文种。如《中国同中亚五国领导人关于建交30周年的联合声明》《中华人民共和国和柬埔寨王国关于构建新时代中柬命运共同体的联合声明》。

② 声明者＋文种。如《××公司声明》《外交部声明》。

③ 事由＋文种。如《委托授权声明》《遗失声明》。

④ 直接以文种"声明"作为标题。在标题中可以根据需要加上"郑重""严正"等表态用语，如《郑重声明》《严正声明》。

（2）正文。声明的正文一般包括三个部分：

① 交代发布声明的目的或相关背景，陈述本组织、本单位或个人的基本情况及哪些方面发生了侵权的行为，陈述的具体情况包括时间、侵权的方法、手段等。

② 表明态度，对侵权者发出严正警告，要求对方停止一切侵权行为，否则将使用法律武器进行维权等。

③ 结语部分通常用"特此声明""特此郑重声明"等惯用语结尾，有的声明讲清事由亦可自然收结，省略结尾。

（3）署名。写作声明在正文后需要在右下角署上发布者的名称（单位或个人），以机关、团体、单位名义发布的声明，一般应该加盖公章。

（4）发布时间。声明在署名之下需要标明发布的时间。

2. 声明的写作要求

事实清楚，观点明确。声明的目的是维权、维护信誉，所以必须讲清楚事实，观点明确，态度鲜明，语言简洁，格调庄重严肃。表态时需要注意把握维权的尺度，不能侵犯他人的合法权益。

五、启事和声明的联系与区别

启事和声明都属于事务文书。主要区别在于：启事主要用来陈述、告知事项；声明除了写清楚事项外，还需要态度严明地表达观点、澄清事实，需要当事人作出表态。

六、范文示例

2022年度全国教书育人楷模推选活动启事

为宣传庆祝第三十八个教师节，广泛展示新时代人民教师教书育人事迹风采，激励广大教师以实际行动迎接党的二十大胜利召开，争做党和人民满意的"四有好老师"，在全社会进一步营造尊师重教浓厚氛围，现决定组织开展2022年度全国教书育人楷模推选活动。

一、推选范围

曾获得过省部级（含）以上荣誉称号，并在教书育人方面作出突出贡献的各级各类学校教师。

二、推选名额

采取自下而上、逐级推荐的方式，由各省（自治区、直辖市）及新疆生产建设兵团推荐产生候选人，从中产生10名全国教书育人楷模。

三、推选条件

认真学习贯彻习近平新时代中国特色社会主义思想，忠诚于党和人民的教育事业，忠实履行国家教育职责，坚持践行"四有好老师""四个引路人"和"四个相统一"要求，教书育人成绩显著，贡献突出，事迹感人，享有很高社会声誉，具有重要影响力，人民群众公认。

四、活动流程

1. 推荐候选人

各省（自治区、直辖市）教育厅（教委）及新疆生产建设兵团教育局推荐候选人并征求省级党委宣传部门意见。

2. 确定候选人

活动组委会对各地推荐的候选人进行认真审核，确定64名全国教书育人楷模候选人。

3. 事迹公示

人民日报、光明日报、中国教育报刊登候选人名单及简介，教育部门户网站、人民网、新华网等开辟专题网页刊登候选人名单及详细事迹，面向社会公示，公示时间从×月×日至×月×日。

公示期间，欢迎广大师生、家长及社会各界了解学习楷模候选人事迹，并进行实事求是、客观公正的评议和监督。如对候选人有异议，请向全国教书育人楷模推选委员会办公室反映。

电子邮箱：××××@××.××.××，电话：×××—×××××××××。

4. 确定结果

推选委员会根据公示反馈和实际情况，从64名候选人中推选出10名全国教书育人楷模。

五、宣传表彰

教师节期间，将对10名全国教书育人楷模进行宣传表彰。

全国教书育人楷模推选委员会

2022年8月2日

（内容有删改）

范例2 ≫ 声明

关于警惕假冒普通话水平测试报名网站误导报名的声明

近日，网上出现部分假冒普通话水平测试报名网站以"教育部官网通知"名义，误导广大考生报名，侵害其报名参加普通话水平测试的合法权益。

现郑重声明：普通话水平测试在线报名官方网站为全国普通话培训测试信息资源网，网址为 http://www.××××.org/。

请广大群众提高警惕、仔细甄别，谨防上当受骗。对于假冒网站扰乱普通话水平测试正常秩序的不法行为，我司将依法严厉追究其法律责任。

特此声明。

教育部语言文字应用管理司

2022年4月13日

第五章　新媒体写作

一、新媒体和新媒体写作的概念

"新媒体"指的是随着数字技术、互联网技术和移动通信技术的发展，衍生出的除报纸、杂志、广播、电视这四大传统媒体之外的第五大媒体。新媒体深深地影响着社会生活，改变着人们的生活方式。新媒体的"新"主要体现在有新的技术支撑，以图文声像等融合的形式进行跨时空传播，传播手段上让人们随时随地可以接收到信息，引领商业模式的创新，开放性很强，各种媒介形态融合。

新媒体写作是指人们基于新媒体平台从事的交互式文案创作活动。在新媒体时代，传统写作是新媒体写作的基础，新媒体写作需要熟练地掌握新媒体技术，但传统写作的语言能力和技巧依然非常重要。

二、新媒体的类型

目前新媒体形态的划分标准不一，有人将新媒体划分为个人媒体、社交媒体、手机媒体、网络媒体等类型，也有人将其划分为数字新媒体、网络新媒体、移动新媒体等类型。

数字新媒体是指运用数字技术记录、处理与传播信息的媒体形态，主要包括数字电视、数字期刊、电子书等。

网络新媒体是在计算机技术的支持下，以网络为主要传播载体的媒体形态，主要包括门户网站、搜索引擎、即时通信工具（如腾讯QQ、微信、钉钉等）、微博、网络直播等形态。

移动新媒体是指基于移动通信技术，具有移动便携特性的新媒体形态，主要包括手机媒体（如手机报、手机电视、手机广播、手机游戏等）、平板媒体、移动车载媒体等形态。

三、新媒体和新媒体写作的特征

（一）新媒体的特征

在新媒体时代，原有的传播情况已经发生了改变。人们过去是被动地接收信息，现在已经掌握了一定的主动权，不但可以根据自身需要选择接受信息、发布信息，还可以生产信息。新媒体和传统媒体相比，具有全新的特征。主要包括：

（1）即时性与交互性。人们可以随时随地通过网络分享信息，还能够随时随地收发信息。信息的发布和接收不受时空的约束，可以进行双向沟通和交流。

（2）数字化和虚拟化。新媒体的虚拟性体现在信息本身的数字化虚拟、传播关系的虚拟两方面。

（3）多媒体化。新媒体在传播时能够将文字、图像、视频、音频等各种元素进行融合传播，突破了传统媒体固定表达的方式，在内容上更深、更广、更复杂。

（4）个性化。对于新媒体信息，用户个人可以根据自己的需求去选择、定制，有选择权和控制权。

（5）开放与共享。新媒体可以进行全球信息共享，大众通过各种各样的信息平台真正实现了信息的平等共享。

（二）新媒体写作的特征

（1）新媒体写作实现了文字、图片、视频、音频等多媒体元素的同时呈现，能够带给人们多重的感官体验。

（2）新媒体写作的互动性极强，打破了读者和作者之间的界限，双方可以相互讨论，甚至可以共同创作，文本具有无限开放性。

（3）新媒体写作传播渠道呈现出多样化的特点，传播速度快、范围广，人人都可以成为信息的发布者和传播者。

四、新媒体写作的结构及要求

（一）选题

新媒体写作之前，首先要考虑新媒体定位的问题，新媒体的定位决定了选题的大方向、宽度和深度。新媒体在选题时通常要注意以下几个方面：

（1）符合新媒体的主体身份。不同的平台，有不同的定位，拥有不同的读者群体。读者群体不同，在选题方向上和逻辑上都存在差异。如果是媒体人写作，选题就要落在平台关注的领域；如果是企业新媒体写作，选题往往会围绕企业所在行业以及企业自身的经营和发展；如果是个人进行新媒体写作，选题的范围则更广，自由度更大，但一定要注意在法律法规允许的范围内进行创作。

（2）满足读者多样化阅读的需求。在进行选题时，一定要深度研究读者群体，研究他们的年龄、性别、受教育程度、兴趣点，满足读者的多样化阅读兴趣。

（3）选题时，需要紧扣新媒体平台或账号的定位，可以关注热点事件，做一些发散和延伸，可以进行垂直方向的深度挖掘，可以从同行或爆款文章那里获取灵感，还可以进行创意选题。

（二）标题

一篇文章，首先要有一个好的标题，标题就像文章的眼睛，好的标题可以启发读者，激发读者的阅读兴趣，与读者产生共鸣。新媒体写作时，往往会考虑影响力和流量。具体到一篇文章，流量就是具体的阅读量。新媒体阅读时，标题要能在短时间内吸引读者，可以说，标题是流量的入口。新媒体文章要想吸引读者，就要注意在标题的制作方面下功夫。可以考虑以下方法：

1. 提炼文章内容的核心信息

可以用一句话来概括文章最重要的内容。例如：

（1）《小小圆珠笔里竟然藏着高科技》，该标题的核心信息是圆珠笔里藏着高科技。

（2）《酒精肝只和饮酒有关吗？》，该标题的核心信息是酒精肝不止和饮酒有关。

（3）《预防儿童高空坠楼安全指南》，直接点出了文章的核心信息。

2. 直击读者的兴趣点或痛点

当今社会发展迅速，人们的兴趣点越来越多，痛点也越来越多，那些没有得到满足，但是又非常渴望的需求，或那些难以解决的问题，都很容易受到人们的关注。例如：

（1）《是时候让"超速"的外卖小哥慢点了》，这一标题结合外卖小哥"超速"和"减速"的问题，引起人们对安全和效益问题的探究。

（2）《为什么特别提醒30~50岁的人不要熬夜？》，这一标题针对年轻人"熬夜"的问题给出提醒，让处在该年龄段的人产生兴趣。

（3）《我终于学会了说"不"》，这一标题直击那些不会拒绝的读者的痛点。

3. 满足读者的好奇心

新媒体写作者在制作标题的时候为了吸引读者的关注，经常会将一些寻常的事物通过语言、语气的设计制造悬念，或营造一种夸张的氛围，让读者产生疑问，迫不及待地去阅读全文以寻求答案。例如：

（1）《突然收到女儿转账5 000多元，妈妈却慌了！》，收到钱是好事，妈妈为什么要慌？引起读者去一探究竟。

（2）《什么？曹雪芹还写过风筝制作指南！》，不禁让人产生好奇：曹雪芹和风筝之间究竟有怎样的关联？

4. 给读者利益方面的承诺、建议或帮助

这样的标题往往可以抓住读者趋利避害的心理，经常被用于营销文章标题的制作中。在使用这种标题时也需要考虑：你的承诺、建议或帮助是读者真正需要的吗？你的内容对读者是有用的吗？这类型的标题是否真有帮助，是不是真的能起到作用，因人而异。例如：

（1）《清明寄相思，养生不负春》，说的是有关春季养生的内容。

（2）《年轻，如何更进一步？》，吸引渴望年轻的人打开阅读。

5. 给读者带来新知识、新观点

这种标题可以满足人们通过阅读不断学习的愿望。例如：

（1）《你正确午睡了吗？》，午睡还有正确或不正确的区别，引起人们进一步探索。

（2）《讲5个故事，弄明白区块链是个啥"链"？》，让人了解区块链相关知识。

（3）《电竞≠玩游戏，还要这些年轻人证明多久？》，让人思考电竞和玩游戏的区别。

新媒体写作标题的制作方法多种多样，有的标题可以使用多种方法综合设计。在写作标题的时候，可以考虑使用这样一些表达技巧：

1. 巧用各种修辞手法

（1）比喻，如《雄安新区：京津冀协同发展的"试金石"》。

（2）夸张，如《两大"粮仓"陷入冲突，全球"受伤"》。

（3）排比，如《做给群众看 带着群众干 帮着群众赚》。

（4）对偶，如《民生无小事 枝叶总关情》。

（5）设问，如《冬奥盛会给中国和世界带来了什么？》。

2. 妙用语气

（1）陈述语气，如《芳菲四月，满地金黄，赴一场春日之约》。

（2）祈使语气，如《火星影像图更新了，快来围观》。

（3）感叹语气，如《简约又精彩！北京冬奥组委这些设计用心了》。

（4）疑问语气，如《斯里兰卡怎么了？》《中国人最爱的英国作家，为什么是他？》。

3. 巧用人称

（1）第一人称，如《我为什么会成为红色讲解员》《我的双奥故事》。

（2）第二人称，如《谢谢你，冬奥志愿者！》。

（3）第三人称，如《60年45颗！他是中国航天界的"造星大师"》《她是表彰名单中，唯一标方框的人》。

4. 善用故事和场景

如《高铁发车在即，幼童掉入站台缝隙，这时一只手伸了过来……》。

5. 借力与借势

（1）借专家或名人之力，如《年少不懂钱锺书 读懂〈围城〉已中年》。

（2）借热词之势，如《"双减"之后，鸡娃的博弈才真正开始……》。

6. 用好数字和数据

如《有12.5亿人次阅读的MBTI人格测试，靠谱吗？》《陈警官转账+1，+1，+1，+1，+1，+1，+1，+1，+1，+1》。

7. 为特定读者制作标题

如《家长们请注意，别再被这类"教育资讯"欺骗》《90后，00后："这一棒交给我请放心"》《中年人该怎么睡眠？》。

新媒体写作者在制作标题时需要有正确的态度，不能故弄玄虚、夸大其词、标题与内容不符、哗众取宠、迎合低级趣味。归根结底，内容决定了一篇文章的质量，如果做一个"标题党"，忽视了文章本身的质量，那么也是枉费心机。

（三）结构和文本

结构和文本是写作的主体。

结构是文章材料的组织方式或文章思路的外在构造形式。在写作新媒体文章时，在结构上要注意服从主题的需要，要适应不同体裁的特点，要富于变化。结构的要求包括：文理清晰，顺畅自然；周密严谨，疏密有致；首尾一贯，完整统一。

文本是文章的表现形式，是具有完整、系统含义的一个句子或多个句子的组合。虽然新媒体文章添加了图片、音频、视频等其他要素，但是由文字组成的句子依然是写作的重要部分。

一般情况下，新媒体写作包括导读和摘要、开头、主体、结尾等部分。

1. 导读和摘要

新媒体用户打开标题进入正文后，往往会在标题下看到一小段100字左右或更短的内容，这就是该文章的导读。例如：

《南京，筑牢经济发展"压舱石"！》一文的导读为"今年南京市地区生产总值增长目标是6.5%左右，比全省目标增速高1个百分点"。

《主播说联播丨种子！种子！》一文的导读为"10日下午，习近平总书记在海南三亚考察崖州湾种子实验室时强调，只有用自己的手攥紧中国种子，才能端稳中国饭碗，才能实现粮食安全。守护种子，就是在守护你我内心的那份安全感和归属感"。

对于微信来说，还有一个重要的内容，那就是"摘要"。在编辑微信文章时，可以看到"摘要"框，摘要会在订阅号消息、转发链接等文章外的场景显露，帮助读者快速了解内容，如不填写则默认抓取正文的前54个字。

导读和摘要都不是新媒体文章必写的内容，但是如果加入精当的导读和摘要，对于提升文章的阅读量会有比较大的帮助。在编写导读和摘要的时候，必须抓住文章内容的关键词，用简练的语言概括文章的核心内容，有时候也可以抛出问题设置悬念，吸引读者。

2. 开头

新媒体写作的开头既要平稳地承接标题，又要顺利地过渡到主体，起到承上启下的作用。开头要能吸引住读者，否则读者容易放弃阅读，一般遵循"重要信息优先"的原则，可以采用下面的一些方法：

（1）直接呈现正文所要阐述的核心内容。开门见山，不拖泥带水，读者能第一时间知道接下来的内容是什么，但是也可能会吸引力不足。

例如：《106岁的老人走了，网友刷屏致敬》，开头为："他参加过抗日战争和解放战争，拄着拐杖翻越22座雪山，胜利完成长征。2022年4月8日，老红军肖先东因病医治无效在武汉逝世，享年106岁"。

（2）制造悬念，引发读者的好奇心。在开头部分制造悬念的手段很多，通常会简单交代一下事件，然后抛出与事件相关的还没有澄清或没有公开的问题，引发读者的好奇心。

例如：《为这件事，陈警官转了10次账》，开头为："近日，南京警方接到一市民报警称：怀疑其国外的朋友吴女士遭遇诈骗，但吴女士不接警方电话，也不回信息。陈警官便想到以转账的方式引起其注意……"

（3）提出问题，激发读者的好奇心，帮助其思考。通过提问帮助读者将注意力集中到主体上。

例如：《丝瓜尝着有点苦，还能吃吗？》，开头为："丝瓜嫩滑爽口，吃着很是过瘾。但是不少朋友在吃丝瓜时，都可能遇到一个有点纠结的情况：吃到一块丝瓜肉，好像有点发苦，会不会有问题呢？"

（4）营造氛围，将读者代入进去，让读者想象和感受到相应的情绪，从而紧紧抓住读者，帮助其产生沉浸式的体验。

例如：《守岛人的信念（我们这里的年轻人·奋斗正青春③）》，开头为："这一天，初升的太阳越过海平面，照在位于黄海前哨面积仅有0.013平方公里的开山岛上。岛上的一条从山下通往山顶的小路，不经意间，就被阳光镀亮了。"

3. 主体

主体部分是新媒体文章的核心部分，信息量大，一般包括详细的事实、充足的论据、具体的信息、完整的观点等。写作时要注意：信息充足，支撑主题；层次分明，条理清晰；适量呈现，灵活取舍；篇幅适中，长短适宜。具体而言，有以下几个方面：

（1）观点明确，材料充分，要能够自圆其说，不能随便假借他人的名义发表观点、发表过激言论，以免造成侵权或其他违法行为。

（2）内容要有新鲜感、新闻性。足够新鲜、有趣的信息能够吸引读者的关注。材料的来源要可靠，不要杜撰、编造虚假信息。建议选择官方或权威第三方的数据资料。

（3）信息较多的主体最好能够用摘要介绍核心内容，用核心内容刺激读者。

（4）语言得体，表达准确。要注意不能拖沓冗长、废话连篇、模棱两可，否则很难让读者理解传达的信息。注意考虑到新媒体文章的读者层面，选择恰当的表达方式。

（5）挖掘新意，注意创新。要养成多角度、多维度的思考方式，注意积累和创造。

（6）注意文字、图片、音频、视频的有机组合，排版美观大方，便于通过新媒体平台观看。

（7）相关法律问题。在引用他人文稿、图片、音视频时注意版权问题，不要擅自转发未经授权的内容。

4. 结尾

新媒体文章的结尾一般是对全文的概括，例如对观点的总结、对事件的评价、对未来的展望等，如果是商业方面的推广或宣传，还会出现广告信息。

五、范文示例

送别袁隆平：侠之大者，国之仁士

2021年5月22日13时07分，91岁的袁隆平院士，因多器官功能衰竭在长沙逝世。国人哀痛！世人悲恸！让我们为这位伟大的科学家，致敬、默哀！

袁隆平，是我国研究与发展杂交水稻的开创者，也是世界上第一个成功利用水稻杂种优势的科学家。袁老的毕生追求是"发展杂交水稻，造福世界人民"。为实现这一宏愿，他长期致力于促进杂交水稻技术创新，并将其推广至全世界。毕其一生，专注田畴，播撒智慧，收获富足。为"稻粱谋"，为民生计，袁老无愧侠之大者、国之仁士。

世界上，"吃饭的事情最大"。上世纪五六十年代，亲历过饥馑岁月的袁隆平决心学农。母亲说："傻孩子，学农多苦啊。"袁老却"死活要学"："吃饭可是天下第一桩大事，没有饭吃，人类怎么生存？"那时起，袁老把自己比作种子，不管撒在哪里都会生根发芽。一晃五十多年过去了，大半辈子都与水稻打交道的袁老，一直在为中国人吃饭而奋斗着。

曾经，有美国学者质疑："21世纪，谁来养活中国人？"袁老决心向"饥饿恶魔"挑战。他说，"这么大一个国家，如果粮食安全得不到保障，其他一切都无从谈起"。从选种、试验、失败，到再选种、再播种、再观察……如此反复，经历了一次次"曲折的寻找之旅"，又经过了一个个"穿行在磨难之中"的试验过程，终在这条崎岖的科学道路上取得成功。袁老研发的杂交稻被誉为"东方魔稻"，他被称为"杂交水稻之父"，他的成就被认为"给世界带来了福音"。

"袁隆平是一位真正的耕耘者。"这是中国科技评奖委员会的评价。"他看上去更像一个地道的湖南农民。"这是农民朋友的赞誉。他常说，"我不在家就在试验田，不在试验田，就在试验田的路上"。人们看到的袁老，总是挽着裤腿下稻田的形象，无论播种季还是收获季。新中国成立70周年之际，袁隆平被授予"共和国勋章"。但即便是在获得国家最高荣誉的当天，袁老还下地查看"第三代杂交水稻"制种情况，拿着水稻说："花开得好好"。成就与尊荣的背后，恰是脚踏实地的奋斗、敢为人先的创新、鞠躬尽瘁的坚守。

有人说，科学家是真理的侍者，是事实的追随者。水稻杂种，曾有不少国家科学家研究过，并未成功。根据实践，袁老以科学的胆识和眼光，无惧"这是对遗传学无知"的嘲笑，投身这一研究。充分尊重科学规律，也敢于提出设想、勇于探索，依据事实、发现真理、验证真理伴随袁老一生。1964年开创杂交水稻研究，1997年开展超级杂交稻研究，2000年、2004年、2011年、2014年分别实现了大面积示范每公顷10.5吨、12吨、13.5吨、15吨的目标，2020年实现了周年亩产稻谷3 000斤的攻关目标……"一粒良种，千粒好粮。"一次次重大技术创新，一条条亩产攀升曲线，让杂交水稻技术冲破了经典遗传学观点的束缚，证明这是科学，更是不断发展着的科学。

有梦想，了不起。袁老常说自己有两个梦想，一是禾下乘凉梦，一是杂交水稻覆盖全球梦。如今，水稻高产的梦想变成现实，杂交水稻也在印度、越南、菲律宾、美国、巴西等国家大面积种植。为了实现梦想，袁老和科学家们一直在努力，从未停止探索的步伐。美国一位学者说，袁隆平使"饥饿的威胁在退却，引导我们走向一个营养充足的世界"。这是中国科学家对人类、对世界的贡献，也是对历史、对文明的贡献。

习近平总书记在给袁隆平等25位科技工作者代表回信时指出："创新是引领发展的第一动力，科技是战胜困难的有力武器。"在田间地头、在试验场地，袁老顶着夏天的烈日、走过秋天的泥泞、踏着冬天的风雪，教人们"用最好的技术种出最好的粮食"，带更多人迎来春天的朝阳。袁老说，"我始终觉得，粮食安全问题必须时刻警惕。"今天，继续加强农业与科技融合，加强农业科技创新，把论文写在大地上，才能确保国家粮食安全，把中国人的饭碗牢牢端在自己手中。

位于长沙马坡岭的国家杂交水稻工程技术研究中心，是各国水稻科研工作者心中的"圣地"。这里的创始人袁隆平，把人生视为一盘下不完的棋，并把自己"当做一个过河卒子，拼命前进，永不后退"。接力棒传到了我们这一代人手中，正当追梦不止、前进不止、奋斗不止！

（摘自：人民日报评论微信公众号）

项目三 商 务 文 书

第一章 策 划 书

一、策划书的概念

策划书是指针对各种商务活动、社会活动等，为了达到一定的目的所制定的具有创意性、可行性的行动计划，也称企划书、策划案等。

策划书是谋略和对策，是实现目标的指路灯，是对某个未来的活动或者事件进行具体策划，并展现给特定读者的文本。

二、策划书的特点

（一）目的性

策划书是对各种"点子"进行文字转化、准确表达的文本，即"意在文先"，先有策划目的，才有策划书的写作。例如，营销策划的目的，就是推广某项产品或服务，使之在大范围、短时间内被广泛认知，继而实现策划方所希望的购买行为；活动策划的目的，就是要吸引特定群体共同参与其中，同时接受主办方想要传播的某些理念。而策划书的写作，就是将策划的目的图解化、步骤化。

（二）前瞻性

俗话说"计划赶不上变化"，对于策划行为而言，尤其是重大项目、活动的策划，风险意识必不可少。在策划书的撰写过程中，必须具备一定的前瞻性与风险预测能力，必须做好应对某些突发状况的预案，做到有备无患。

（三）创意性

创意是专题活动的关键，是整个活动策划中的点睛之笔。一个创意丰富的策划，能够吸引和感染公众，使专题活动取得良好的效果，达到预期的目的。

（四）逻辑性

一份合格的策划书，一定要兼顾形式与内容。毕竟，再好的创意，也必须遵循文通句顺、条理清晰等基本的形式要求。同时，在逻辑设计上，也要注重各项措施之间的因果关系，使策划书具有在短时间内让目标受众一目了然，易于接受的"第一印象"。

（五）可行性

策划书作为对某个活动或事件的整体的计划，是由若干相互联系和相互作用的要素所构成的有机系统，它涉及各个执行环节的方方面面。因此，策划书在功能层面上，需要做到，受众可以按照策划书的指点，付诸实践，准确执行相关环节，达到策划书最终想要达到的效果。

三、策划书的分类

根据策划目的，可以分为商业类策划书、非商业类策划书。

从策划内容来看，策划书主要可以分为市场商务策划书、专题活动策划书。

（1）市场商务策划书。包括营销策划书、广告策划书、新品开发策划书等。

（2）专题活动策划书。包括庆典活动策划书、比赛项目策划书、公益活动策划书等。

四、策划书的结构及写作要求

策划书没有固定格式，不同种类的策划书，其策划过程与写作要求差异很大。但策划书由于具备"计划"属性，因此，通常要具备以下基本结构要素即标题、正文、落款三部分。

（一）标题

常见的写法：

1. 活动单位+活动名称+文种名称（事由+文种）

如：《××公司20周年庆典晚会策划书》《文学院捐书活动策划书》。

2. 活动名称+文种名称。

如：《植树造林活动策划书》。

3. 正标题+副标题（双行标题）

正标题点明活动的主题，副标题标识活动单位、活动名称、文种名称等。

正标题务虚，可用带有修辞色彩的、形象化的语言方式来吸引受众注意力，展示策划书的创意；副标题则务实，需要点明策划事由与文种。如：《极简主义的魅力——××大学纸装设计展示及T台走秀活动策划书》。

（二）正文

正文部分包括引言、主体、结尾等部分。

1. 引言

简要写明策划缘由、目的、预期效果，包括该策划的亮点及其意义。

2. 主体

包括目标（"做什么"）、措施（"谁来做""怎么做"）、步骤（"何时做完"）三要素。

3. 结尾

对策划书进行总结，还可根据需要，做相应的风险预测、评估，提出预案与建议。

正文部分主要围绕以下七个方面进行写作：

（1）调查分析。在前期调查的基础上，对该项活动的必要性和可行性做出具体的分析，明确工作的重点和方向。

（2）明确目标。目标是执行策划的动力，可以根据组织活动的具体情况确立目标，如将目标分成总目标和分目标等，还要考虑是否符合客观实际、是否符合活动对象需要等。

（3）主题说明。主题是整个策划的灵魂，是对活动内容的高度概括，统领着整个活动，连接着各个项目及步骤。活动的主题表现是多样的，既可以是一句口号，也可以是陈述式表白。主题设计必须贴近受众心理。

（4）宣传媒介。策划书应当包括所策划的方式方法。一项专题只有让活动对象充分了解活动的内容和意义，才能够使活动取得成功，所以选择有针对性、可行性和有效性的宣传媒介非常重要。

（5）活动计划。活动计划是对具体活动的指导，应当周密具体、便于操作，一般由活动的日期、地点、内容等构成。

活动日期除了专门针对节日的庆典活动，最好避开重大节日，而且要有具体的日程计划表，明确活动的起止日期。活动地点的选择必须考虑公众分布情况、活动性质、活动经费以及可行性等因素。活动内容安排包括具体项目以及要采取的措施、方法、步骤、负责人等。

（6）经费预算。无论举办什么活动，都要考虑成本问题，都要有必须的经费保证，所以要事先估计可能需要的各种支出。经费预算要合理、全面、留有余地。

（7）效果评估。正确评估活动的效果，有助于组织者了解策划的实现程度，衡量活动的实际效果，调动活动成员的积极性。效果评估要依据目标，实事求是。

（三）附录

对正文内容进行必要地补充和说明的文件与资料。例如策划书前期进行的调研报告、可行性分析、对标案例、参考文献等。

（四）落款

标明策划书的制定者与制定日期。内容比较复杂的策划书，一般单独设计封面，包括标题、策划者名称、策划书写作时间等，这样右下角的落款项可以省略。

五、范文示例

范例

大学生职业生涯设计大赛策划书

一、活动背景

《中庸》："凡事预则立，不预则废。"面对日益严峻的就业压力，以及各行各业对人才综合素质越来越高的要求，大学生应尽早科学地规划自己的职业生涯。为进一步提高我校学生的就业竞争力，××创业就业协会决定于××年1月8日至××年1月26日举办全校"首届大学生职业生涯设计大赛"活动。

二、活动目的

通过举办"职业生涯设计大赛"，帮助我校学生尽早树立职业生涯规划意识，引导我校学生以科学的态度和方法规划自己的职业生涯，变"被动就业"为"主动就业"，使我校学生赢在起跑线上，成为职场上抢手的新人。同时，也可有效地推动我校今后大学生就业指导工作的进一步发展。

三、活动主题

"生涯逐梦 职赢未来"

四、参赛对象

全校大二、大三学生

五、活动内容

（一）各分院进行宣传，征集参赛作品，截稿日期：1月23日。

1. 活动规则及说明

（1）参赛作品提交材料包括个人职业规划设计与个人简历设计。个人职业规划设计、个人简历均以Microsoft Word文档格式制作，A4大小。参赛者需同时提交书面文档和电子文档。

（2）参赛作品主题为参赛者结合自己的实际情况、专业背景与社会需求，进行科学合理的职业定位，从专业、就业、职业等方面进行个人职业规划设计、个人简历设计。

（3）大赛严禁抄袭、剽窃行为，一旦发现，将取消参赛者的参赛资格。

2. 稿件形式

A4打印稿及电子版文档。

3. 参赛作品要求

（1）个人职业生涯设计参赛作品必须有封面，封面必须包含参赛者的真实姓名、性别、专业、联系电话及地址、email等信息。

个人职业生涯设计作品参考内容：

① 认识自我，准确定位。参赛同学通过各种途径全面、客观地对与职业有关的自我特征进行分析，比如自身兴趣、个性、价值观等，形成一幅层次分明、内容丰富的"自画像"。从所学专业出发，分析该专业的性质、学好该专业应具有的知识和能力、了解将来有可能的职业方向、专业前景等。对就业机会、职业选择、家庭和社会等外在环境进行全面的认知和客观评价。

② 确立志向，设定目标。参赛同学根据自己的职业志向，拟定长期、中期、近期目标，认真考虑：我喜欢做什么？我能做什么？我可以做什么？我将做什么？我想往哪条路线发展？能往哪条路线发展？可以从哪条路线发展？确定自己的职业目标，并在实践过程中不断优化目标。

③ 设定职业目标，实现规划。在了解自我和分析所学专业的基础上，初步确定自己的职业方向，深入了解自己选择的职业方向所需的专业技能、应具备的经验和素质等，评估职业机会，并制定切实可行的行动计划。比如大学三年的学习计划、每个学期的实践计划、某项能力的提高计划等，还可以拟定相应的保障措施以及应付各种变化的调整措施，等等。为实现职业生涯规划的目标而制订可行性计划。

④ 制订详细的行动计划。例如：如何充分利用人才测评工具科学地认识自我，计划采用什么措施提高学习、工作效率，计划学习哪些知识、掌握哪些知识和技能、提高哪些业务能力、采取什么办法开发自己的潜能，等等。

（2）个人简历的制作要求。个人简历的基本内容包括个人基本情况、应聘职位、学习与培训经历、实践和实习经验、获奖情况、发表的文章、兴趣爱好等。个人简历要求真实、简练、整洁、美观，有针对性，能够体现个性。

4. 报名及参赛作品提交方式

打印稿可由各班班长收齐后交给以下同学：

××级软件1班 聂××187×××××××××

××级电商1班 许××130×××××××××

××级市场营销1班 沈××133×××××××××

××级动画1班 陈××130×××××××××

电子版作品（邮件主题格式：姓名、年级专业、学号、电话），请统一发至邮箱chuangye@××.com 陈××133××××××××

（二）评选

大赛评选预计在1月26日前完成，评选结果将在学校网站公布。

评分细则：

（1）参赛作品要求内容完整、简明扼要、格式清晰，版面大方美观、创意新颖，能充分体现个性不落俗套，能充分展现大学生参赛者朝气蓬勃的精神风貌，充分展现职场新人的职业形象。

（2）本次活动将聘请有关专家对职业规划参赛作品进行专业评选，对个人职业规划设计参赛作品将以思想性、创新性、真实性、实用性为主要评选标准，对个人简历设计的评选将着重从简历的内容策划、个人特色展现、版面创意、设计与美观等多方面进行评选。

（三）奖品设置

一等奖2名　　奖品（500元）及证书
二等奖5名　　奖品（300元）及证书
三等奖8名　　奖品（100元）及证书
优秀奖10名　证书

六、经费预算

奖品购置3 300元，打印证书25张，每张3元，计75元。预计总预算3 375元。

七、宣传方式

由各分院发布关于举办职业生涯设计大赛的通知。

校团委、××创业就业协会
20××年12月20日

第二章　合同、协议书

合　　同

一、合同的概念

根据2021年1月1日实施的《中华人民共和国民法典》第四百六十四条规定：合同是民事主体之间设立、变更、终止民事法律关系的协议。

二、合同的特点

（一）合法性

一是合同的当事人必须具备法人资格。二是合同的内容、形式必须符合国家法律、法规的规定，不得扰乱社会经济秩序，损害社会公共利益。三是合同签订之后，即具有法律效力，受到国家法律的承认和保护。

（二）约束性

合同一经签订，就具备了严格意义上的法律效力。当事人双方必须严格遵守合同的条款规定，任何一方不得擅自变更或解除合同。否则，必须承担由此引起的法律责任。

（三）一致性

合同是在彼此协商一致的前提下签订的，必须贯彻自愿互利、协商一致的原则。合同条款是双方当事人意见的共同表达，任何未经协商的内容，不得写入合同中。同时，任何组织或个人不得以任何形式非法干预。

（四）平等性

订立合同是当事人各方在平等、自愿的基础上产生的民事法律行为。在合同关系中，当事人无论其地位高低，其法律地位是平等的，任何一方都不得把自己的意愿强加于他方，否则，合同无效。同时，平等性还指平等地享受权利、履行义务以及承担违约责任等。

三、合同的种类

按不同的标准，可将合同划分为不同的种类。

（1）按时间可划分为长期合同、中期合同、短期合同。

（2）按形式可划分为条款式合同、表格式合同、条款加表格式合同。

（3）按内容分，按照《中华人民共和国民法典》典型合同有：买卖合同，供用电、水、气、热力合同，赠与合同，借款合同，保证合同，租赁合同，融资租赁合同，保理合同，承揽合同，建设工程合同，运输合同，技术合同，保管合同，仓储合同，委托合同，物业服务合同，行纪合同，中介合同，合伙合同等。

四、合同的结构及写作要求

（一）标题

（1）由"合同性质＋文种"构成，如《购销合同》《租赁合同》《借款合同》《仓储合同》。

（2）由"合同标的＋合同性质＋文种"构成，如《汽车租赁合同》《茶叶买卖合同》。

（3）由"合同的有效期限＋合同性质＋文种"构成，如《2021年2月至2022年2月劳动用工合同》《2022年运输合同》。

（4）由"单位名称＋合同性质＋文种"构成，如《××超市与××货运公司货物运输合同》《××公司仓储合同》。

还有混合式标题，如《××经贸公司、××纺织厂2022年纺织品买卖合同》。

（二）首部

包括合同的编号，订立合同当事人名称或姓名，后面加括号写上简称。其写法有以下

三种形式:

（1）订立合同双方。供方: ××服装厂; 需方: ××百货公司。

（2）××食品公司（简称甲方）; ××肉类联合加工厂（简称乙方）。

（3）发包方: ××职业技术学院; 承包方: ××建筑工程公司。

（三）正文

正文由引言和主体两部分构成。

1. 引言

说明订立合同的目的、依据。一般使用这样的句式:"为了……，根据……，经双方协商一致，特订立本合同，以资共同恪守。"如:"根据《中华人民共和国民法典》有关规定，经双方协商一致，签订本合同，以资共同遵守。"

2. 主体

双方议定的具体条款，包括以下六个主要的、基本的条款。

（1）标的。标的是合同当事人双方权利和义务共同指向的对象。标的是合同成立的必要条件，是一切合同的必备条款。没有标的，合同不能成立，合同关系无法建立。

（2）数量和质量。数量是标的在量的方面的限度，是标的的计量。合同中必须明确地规定标的的数量、计量单位和计量方法。质量是标的在质的方面的规定，是标的的内在素质和外观形态的综合指标。它不仅指标的物的优劣，还包括产品的品种、规格、型号等标准。标的的质量标准要求规定详细、具体、明确。

（3）价款或酬金。价款指的是商品交易中买方付给卖方的价款，包括单价和总金额。酬金指的是接受服务一方付给提供服务一方的报酬。

（4）履行合同的期限、地点和方式。履行合同的期限是合同当事人实现权利、履行义务的时间界限，包括合同有效期限和履行期限，超过期限未能履行合同，就应承担责任;履行合同的地点指合同履行时的具体地点，包括交货、验货或承建工程的具体地点，必须规定具体明确，不得产生异议;履行合同的方式指当事人履约的具体办法，如购销合同的当事人即以转移一定的商品或货币来履约。

（5）违约责任。当事人一方或者双方不履行合同或者不适当履行合同，依照法律的规定或者按照当事人的约定应当承担法律责任。

（6）解决争议的方法。对于合同纠纷，当事人可以通过下列途径解决:和解、调解、仲裁、诉讼。

除了以上六项主要条款，凡是法律规定的或按合同性质必须具备的条款，以及当事人任何一方要求必须规定的条款，也都可以是合同的条款。

（四）尾部

尾部包括合同当事人双方单位名称、公章、法定代表人（或者委托代理人）签名、单位地址、电话、邮编、开户银行和账号、主管部门或鉴证机关署名盖章、合同签订日期。

重要的合同文本往往设计有封面、目录。封面书写:合同编号、合同名称、项目名称和地址、法定代表人或委托代理人、合同日期。文本当中说明

微课

合同的组成部分，如第一部分是合同，第二部分是标准条件（当事人双方的义务和责任），第三部分是专用条件（本合同的法律依据、当事人的工作范围和内容等）。

五、范文示例

范例

××市房屋租赁合同(自行交易版)

使用说明

1. 本合同是××市住房保障和房产局、××市工商行政管理局根据有关法规、规定制定的示范文本，适用于本市行政区域内的市场化房屋租赁行为。

2. 本合同文本签订之前，各方当事人应当出示必须由本人提供的身份资格证明、房屋权属证明及其他有关证明文件。

3. 本合同文本签订之前，各方当事人应当仔细阅读全部条款，对合同条款及用词理解不一致的，应当协商达成一致意见，必要时可在合同中对其进行明确约定。

4. 本合同文本中凡带"□"的选项，应在选择项前的"□"内打"√"，并在未选择项前的"□"内打"×"。

5. 本合同文本中没有约定或约定不明的，各方当事人可根据具体情况在相关条款后的空白行中进行补充约定，也可以另行签订补充协议。

6. 本合同生效之日起30日内，甲乙双方或委托的经纪机构应当到该房屋所在地的区租赁登记备案部门办理房屋租赁合同登记备案。登记备案内容发生变化或者租赁关系终止的，双方应按规定向原受理部门办理备案变更或注销手续。

甲方（出租人）：＿＿＿＿＿＿＿＿【　　】号码：＿＿＿＿＿＿＿＿

乙方（承租人）：＿＿＿＿＿＿＿＿【　　】号码：＿＿＿＿＿＿＿＿

依据《中华人民共和国民法典》《中华人民共和国城市房地产管理法》及有关法律、法规的规定，甲乙双方在平等、自愿的基础上，就房屋租赁的有关事宜达成协议如下：

第一条　房屋权属状况

1.1　房屋坐落在本市＿＿＿＿区＿＿＿＿＿＿＿，房屋用途＿＿＿＿＿＿，建筑面积＿＿＿＿平方米。（内容与权证记载一致）

1.2　房屋所有权人姓名或名称：＿＿＿＿，权证编号：＿＿＿＿＿＿＿，房屋在本合同签订前 □已/□未设立抵押。

1.3　甲方已取得房屋所有权人书面同意或授权，拥有房屋合法出租权利。

1.4　乙方已充分了解上述房屋权属状况和甲方权益。

第二条　租赁用途

2.1　租赁用途为＿＿＿＿＿＿＿＿＿＿＿＿＿＿＿＿，租赁面积为（□全部／□部分）建筑面积＿＿＿＿＿平方米，租赁部位为＿＿＿＿＿＿＿＿＿＿＿＿。

2.2　租赁用途为居住的，约定居住人数为＿＿＿＿＿人，且人均租住面积不得低于本市人民政府的有关规定。

第三条　租赁期限

3.1　房屋租赁期限自＿＿＿＿年＿＿月＿＿日至＿＿＿年＿＿月＿＿日止，共计＿＿＿年＿＿＿个月。

3.2　租赁期内，未经双方协商一致，甲方不得提前收回房屋。

3.3　租赁届满后，乙方需要继续承租的，应当于租期届满前＿＿＿日向甲方提出（□书面／□口头）续租要求，协商一致后，双方重新签订房屋租赁合同。

第四条　租金

4.1　房屋租金为人民币（大写）＿＿＿＿＿＿元／（□月／□季／□半年／□年），租金总计：人民币（大写）＿＿＿＿＿＿＿＿＿＿元整（￥：＿＿＿＿＿＿＿）。

4.2　乙方应按（□月／□季／□半年／□年）向甲方支付房租租金。第一次支付租金时间为＿＿＿年＿＿＿月＿＿＿日；以后乙方应在本次租金到期日的＿＿＿日前向甲方支付下期租金。支付方式为□现金／□转账／□＿＿＿＿＿＿＿＿。

4.3　甲方应于收到租金＿＿＿＿＿日内向乙方出具租金发票。

4.4　租赁期内，未经双方协商一致，甲方不得提高租金标准。

第五条　押金和其他相关费用的约定

5.1　房屋租赁押金为人民币（大写）＿＿＿＿＿＿＿元整（￥：＿＿＿＿＿＿＿），房屋交付时，由乙方向甲方支付。甲方收取押金后应向乙方出具收款凭证。

5.2　租赁期满或合同解除后，房屋租赁押金除可抵扣本合同约定应由乙方承担的费用外，剩余部分甲方应在房屋返还时如数返还给乙方。

5.3　租赁期内的下列费用中，＿＿＿＿＿由甲方承担，＿＿＿＿＿由乙方承担：(1)水费；(2)电费；(3)电话费；(4)电视收视费；(5)燃气费；(6)物业管理费；(7)垃圾费；(8)上网费；(9)车位费；(10)室内设施维修费；(11)＿＿＿＿＿＿＿。

5.4　本合同中未列明的与房屋有关的其他费用均由甲方承担。如乙方垫付了应由甲方支付的费用，甲方应根据乙方出示的相关缴费凭据向乙方返还相应费用。

第六条　房屋交付和返还

6.1　甲方应于＿＿＿＿年＿＿月＿＿日前将房屋交付给乙方，由乙方验收。房屋装修和附属物品、设备设施使用等情况需经双方确认后，在本合同附件中列明。

6.2　租赁期满或合同解除后，甲方有权收回房屋，乙方应在＿＿＿日内返还房屋。甲乙双方应对房屋装修和附属物品、设备设施使用等情况进行交验，结清各自应当承担的费用。

6.3　租赁期间，未经乙方同意，甲方不得擅自进入租赁房屋内。

第七条　房屋维护和维修

7.1　甲方应保证房屋的建筑结构和设备设施符合建筑、消防、治安、卫生等方面的安全条件，不得危及人身安全；乙方保证遵守国家、省和本市有关房屋租赁、使用和物业管理规定以及房屋所在地物业管理区域的管理规约。

7.2　租赁期内，甲乙双方均应保障房屋及其附属物品、设备设施处于适用和安全的状态：

（1）对于房屋及其附属品、设备设施因自然属性或合理使用而导致的损耗，乙方应及时通知甲方修复。甲方应在接到乙方通知后的____日内进行维修。逾期不维修的，乙方可代为维修，费用由甲方承担。不履行维修义务致使乙方财产损失或人身安全伤害的，甲方应承担赔偿责任。

（2）因乙方保管不当或不合理使用，致使房屋及其附属物品、设备设施发生损坏、丢失或故障的，乙方应负责维修或承担赔偿责任。

（3）租赁期内，乙方不得有以下行为：①擅自变更房屋租赁用途；②更改水电气管设施；③占用消防通道；④存放、使用易燃易爆等有害危化物品；□添加大功率电气设备；□使用灌装液化气；□_____。

违反约定致使房屋及其附属品、设备设施发生损坏或人身安全伤害的，乙方应承担赔偿责任。

（4）乙方需要重新装修或变更原有设施的，应征得甲方书面同意，并按规定办理报批手续。租赁期届满，乙方所增加的设施和装修的剩余价值按下列约定处理：

□ 乙方恢复房屋原装；

□ 维持现状，增加的附属设施、装修的剩余价值归甲方所有；

□ _____。

第八条　转租和转借

未经甲方书面同意，乙方不得将房屋部分或全部转租、转借给他人。

第九条　合同解除

9.1　经甲乙双方协商一致，可以解除本合同。

9.2　因房屋征用或不可抗力导致本合同无法继续履行的，本合同自行解除。

9.3　甲方有下列情形之一的，乙方有权单方解除合同：

（1）迟延交付房屋超过____日的。

（2）交付的房屋严重不符合合同约定或存在严重质量缺陷影响乙方正常使用的。

（3）装修材料含有的有害物质超过限量规定严重影响乙方身心健康的。

（4）不承担约定的维修义务，致使乙方无法正常使用房屋的。

（5）_____。

9.4　乙方有下列情形之一的，甲方有权单方解除合同，收回房屋：

（1）不按照约定支付租金超过_____日的。

（2）欠缴其他相关费用累计超过_____元的。

（3）擅自改变房屋用途或拆改房屋主体结构的。

（4）利用房屋从事违法活动、损害公共利益的。

（5）制造治安、消防安全隐患，且拒不改正的。

（6）未经甲方书面同意将房屋转租、转借给第三人的。

（7）违反本合同第二条第2.2款约定，擅自增加居住人数的。

（8）＿＿＿＿＿＿＿＿＿＿＿＿＿＿＿＿＿＿＿＿＿＿＿＿＿＿＿＿＿＿＿＿。

9.5 其他法定的合同解除情形。

第十条 登记备案

10.1 自本合同签订之日起三十日内，由 □甲乙双方共同／□甲方／□乙方通过网上登记备案系统或到房屋所在地的租赁登记备案部门申请办理房屋租赁登记备案。

10.2 租赁期内，房屋租赁登记备案内容发生变更或提前终止合同的，应由甲乙双方在十日内，到原租赁登记备案的部门办理房屋租赁登记备案变更或注销手续。

第十一条 违约责任

11.1 乙方逾期支付租金的，每逾期一日，应按合同（□月／□年）租金的＿＿＿%向甲方支付违约金。

11.2 甲方逾期交付房屋的，每逾期一日，应按合同（□月／□年）租金的＿＿＿%向乙方支付违约金。

11.3 乙方逾期返还房屋的，每逾期一日，应按合同（□月／□年）租金的＿＿＿%向甲方支付违约金。

11.4 一方违反本合同制约定导致解除合同的，违约方应按合同（□月／□年）租金的＿＿＿%向对方支付违约金；造成人身、财产损失的，违约方还应承担赔偿责任。

11.5 租赁期内，非本合同约定情况，甲方需提前解除合同，应与乙方协商一致，退还乙方预付租金，并按合同（□月／□年）租金的＿＿＿%向乙方支付违约金。若违约金不足抵付乙方损失的，甲方还应负责赔偿。

11.6 租赁期内，非本合同约定的情况，乙方需提前退租的，应提前＿＿＿日书面通知甲方，并按合同（□月／□年）租金的＿＿＿%向甲方支付违约金。若违约金不足抵付甲方损失的，乙方还应负责赔偿。

11.7 一方违反本合同其他约定造成他方损失的，由违约方承担赔偿责任。

11.8 ＿＿＿＿＿＿＿＿＿＿＿＿＿＿＿＿＿＿＿＿＿＿＿＿＿＿＿＿＿＿＿＿。

第十二条 合同争议的解决办法

因本合同发生的争议，由双方当事人协商解决或者向人民调解委员会申请调解；协商不成的，可以 □依法向人民法院起诉 □提交××仲裁委员会仲裁。

第十三条 其他约定事项

＿＿＿

＿＿＿

＿＿。

本合同经双方签字盖章后生效。合同（及附件）一式＿＿＿份，其中甲方执＿＿＿份，乙方执＿＿＿份，报房屋租赁登记备案部门备案一份。

本合同生效后，双方对合同内容的变更或补充应采取书面形式，作为本合同的附件。附件与本合同具有同等的法律效力。

甲方（出租人）签章：　　　　　　乙方（承租人）签章：

法定代表人（负责人）：　　　　　　法定代表人（负责人）：

委托代理人：　　　　　　　　　　　委托代理人：

通讯地址：　　　　　　　　　　　　通讯地址：

邮政编码：　　　　　　　　　　　　邮政编码：

联系电话：　　　　　　　　　　　　联系电话：

签约时间：　　　　　　　　　　　　签约时间：

签约地点：　　　　　　　　　　　　签约地点：

附件：

房 屋 交 割 清 单

名称	品牌	单位	数量	新旧、完好程度	名称	品牌	单位	数量	新旧、完好程度

（二）装修情况

地面	
墙面	
窗	
门	
其他	

（三）其他相关费用

项目	单位	单价	起计时间	起计底数	项目	单位	单价	起计时间	起计底数
水费					物业费				
电费					卫生费				
电话费					上网费				
收视费					车位费				
燃气费									

（四）交、退房确认

交房确认	对上述情况，乙方经验收，认为符合房屋交验条件，并且双方已对水、电、燃气等费用结算完结，同意验收。	
	交房日期：　　　　　年　月　日	
	甲方（出租人）签章	乙方（承租人）签章
退房确认	甲乙双方已对房屋和附属物品、设备设施及水电使用等情况进行了验收，并办理了退房手续。有关费用的承担和房屋及其附属物品、设备设施的返还口无纠纷 /口附以下说明：＿＿＿＿＿＿＿＿＿＿＿＿＿。	
	退房日期：　　　　　年　月　日	
	甲方（出租人）签章	乙方（承租人）签章

▷ 图 8-1　房屋交割清单

协 议 书

一、协议书的概念

协议书有广义和狭义之分。广义的协议书是指社会集团或个人处理各种社会关系、事务时常用的"契约"类文书，包括合同、议定书、条约、公约、联合宣言、联合声明、条据等。狭义的协议书指国家、政党、企业、团体或个人就某个问题经过谈判或共同协商，取得一致意见后，订立的一种具有经济或其他关系的契约性文书。

二、协议书的特点

协议书具有灵活性的特点。协议书的使用比较灵活，不宜签订合同的合作形式，只要各方当事人协商同意，均可签订协议书。协议书对合作的内容、条件、要求等一般只做粗线条的约定，详细内容经过充分协商签订正式的合同。协议书内容的安排、条款的详略等完全由各方当事人协商议定。

三、协议书的种类

（一）意向式协议书

这种协议书制作于合同之前，是正式合同的依据与参考，是签订合同的"前奏"。意向式协议书为正式签订合同做准备，起着意向、前导的作用。

（二）补充修订协议书

这种协议书制作于正式合同之后，补充、修订已签订合同的不足，成为合同后续的相关条款，是合同签订后的"尾声"。

（三）合同式协议书

合同式协议书就是合同。凡是在《中华人民共和国民法典》规定的典型合同以外的合作形式，均可以协议书的形式来表现。这种协议书实际上就是合同，具有与合同相同的法律效力。

四、协议书的结构和写作要求

（一）标题

协议书的标题由内容（或性质）与文种两部分组成，如《收养协议书》《拆迁协议书》。

（二）订协议单位名称

在标题下，正文之前，写明订协议单位名称，并在双方单位名称之后注明一方是甲方，另一方是乙方，便于在正文中称呼。

（三）正文

正文是协议书的主要部分，其内容包括：

1. 前言

写明签订协议书的原因和目的，即写明为什么要签订这项协议，协议要达到什么目的。

2. 主体

这一部分用条款写出协议书的具体内容。必须写明：双方协商议定的事项；双方应承担的义务和责任，应享受的权利；应当共同做的事，做到什么程度，互相替对方做什么，达到什么要求，何时完成，所应得到的报酬，不能按时完成的责任，不能付酬的责任等。

总之，这部分要求就协议的有关事宜，做出明确的全面的叙述，特别要写好协议双方的权利和义务。

3. 结尾

这部分要写清楚协议书一式几份，分别由谁保管，注明附件份数以及有效期限。

（四）落款

应写明订协议双方单位的名称，并加盖公章。必要时还得写上鉴证单位和公证单位的名称，并加盖公章。最后写上签订协议的日期。

五、范文示例

范例

合 作 协 议

甲方：　　　　　　　　　　　　　法定代表人：

乙方：　　　　　　　　　　　　　法定代表人：

《根据中华人民共和国民法典》的有关规定，经甲乙双方友好协商，本着长期平等合作，互利互惠的原则，为实现技术研发与市场运营的直接联系，创造良好的经济效益和社会效益，达成以下协议：

一、合作方式及条件

1. 甲方以现有的市场营销网络及社会资源为基础，更进一步地开发市场潜力，逐步形成一个规范化、全国性的营销网络。

2. 甲方根据社会需求，收集和承接企业应用软硬件的开发项目。

3. 乙方利用强大的技术开发力量，开发甲方新承接或者甲乙双方共同确立的项目。

4. 乙方应配合甲方做好技术咨询及在开拓业务进程中提供技术支持。

二、权利义务

1. 属于甲乙双方共同策划、共同开发的项目，其所有权属于甲乙双方共同拥有。

2. 属于乙方单方承接的开发项目，其所有权属于乙方拥有。

3. 在双方合作过程中，甲乙双方无权干涉对方企业内部管理。

4. 双方应以诚信为本，互相交流和切磋业务动作状况，以便互相促进。

三、合作宗旨

促进科学技术产业化的发展，充分利用甲方广泛的市场资源优势和发挥乙方科研平台能力，实现技术研发与市场运营的直接联盟。

四、合作范围

1. 多媒体软件、硬件的开发

2. IT 产品的市场营销

3. 网络工程

4. 网络运营

五、利益分配

1. 属于双方共同开发的系列产品，由双方协商市场价，按税后利益的××%分成，此分成比例可每半年调节一次，根据合作情况协商调整。

2. 属于乙方单方开发的产品，甲方如有兴趣合作，可在双方协商后，另外确定合作方式和分成方式。

六、共同开发项目的成果归属与分享

1. 一方转让其有专利权的，另一方可以优先受让其共有的专利权。

2. 合作各方中，单方声明放弃专利申请权的，可由另一方单独申请。

3. 开发项目被授予专利以后，放弃专利申请权的一方可以免费取得该项专利的普通实施许可，该许可不得撤销。

4. 一方不同意申请专利的，另一方不得单方申请专利。

5. 在特殊情况下，当事人各方还可以在合同中规定对技术成果权的分享份额以及各自享有的专利申请权，将对在技术开发的各主要阶段产生的研究开发成果，约定各自独立享有的权利。

七、保密条款

1. 甲乙双方所提供给对方的一切资料，专项技术和对项目的策划设计要严格保密，并只能在合作双方公司的业务范围内使用。

2. 甲乙双方公司的全部高级职员、研发小组人员将与合作公司签订保密协议，保证其对就业期间和研发期间所接触的保密资料、专项技术予以保密。

3. 凡涉及由甲乙双方提供与项目、资金有关的所有材料，包括但不限于资本运营计划、财资情报、客户名单、经营决策、项目设计、资本融资、技术数据、项目商业计划书等，均属保密内容。

4. 凡未经双方书面同意而直接、间接、口头或者书面的形式向第三方提供涉及保密内容的行为均属泄密。

八、其他

1. 甲乙双方在执行本合同时发生争议，可通过双方友好协商解决。若经双方调解无效，可向有关仲裁机构提请仲裁。

2. 本协议未尽事宜，双方协商订立补充协议，与本协议同样具有法律效应。

3. 本协议一式两份，双方各执一份。

4. 本协议经双方签章生效。

甲方：   乙方：

地址：   地址：

法定代表：   法定代表：

签定时间：   签定时间：

六、协议书与合同的联系与区别

（一）联系

（1）协议书与合同的联系十分密切。协议书可视为合同的"前奏"或"初稿"，二者在性质特征上大体一致，皆具有法律效力。

（2）二者都是严肃的文本，在结构格式上大体相似；在语言层面上要求一致，即措辞准确、表意明白、简洁而无歧义。

（二）区别

（1）协议书内容比较单一，往往是共同协商的原则性意见；合同内容具体、详细，各方面的问题准确、全面而周到。

（2）协议书既有原则性，又有灵活性；合同原则性很强，缺乏灵活性。

（3）协议书的使用范围广泛，可以是共同协商的各方面事务；合同主要是经济关系方面的事项。

第三章 市场调查报告

一、市场调查报告的概念

市场调查报告，是在对市场调查得到的资料进行分析整理、筛选加工的基础上，记述和反映市场调查结果并提出作者看法和意见的书面报告。

二、市场调查报告的特点

市场调查报告是市场调查研究成果的集中体现，也是市场调研过程中最重要的一环。其撰写的好坏将直接影响到整个市场调查研究工作的质量。许多管理者并不一定涉足市场调研过程，但他们将利用调查报告进行业务决策。一份好的调查报告，能对企业市场策划活动提供有效的导向作用。同时，对于各部门管理者了解情况、分析问题、制定决策、编制计划以及控制、协调、监督等各方面都能起到积极的作用。如果调查报告写得拙劣不堪，再好的调查资料也会黯然失色，甚至可能导致市场活动的失败。

市场调查报告除了具有调查报告的一般特点之外，还具有其自身特点：

（一）针对性

市场十分广阔，信息错综复杂，而市场调查只能是有针对性、有选择地进行。一般是针对市场经营中某一方面的问题，抓住产、供、销中的某一环节展开调查，写成调查报告，以期掌握瞬息万变的市场情况，为企业经营和决策服务。

（二）科学性

市场调查报告必须具有科学性，其分析必须能够反映经济活动的客观规律，调查材料要真实可靠，在分析市场现象时，要有敏锐的眼光、独到的见解。进行预测时，要突出预见的规律性，提出市场营销计划或活动方案，为科学决策提供依据。

（三）时效性

市场时刻在变化。市场调查报告只有及时、迅速、准确地发现和反映市场的新情况、新问题，才能让经营决策者及时掌握情况，不失时机地做出相应的决策，调整经营方向，提高企业的应变能力和竞争能力，确保产销对路，避免和减少风险。过时的市场调查报告是没有任何价值的。

（四）实践性

市场调查和预测致力于经济理论在商品流通领域中的实际运用。报告是否具有科学性，是否有针对性地解决了实际问题，需要市场实践的检验。

（五）逻辑性

市场调查报告和市场预测报告离不开确凿的事实，但又不是材料的机械堆砌，而是对核实无误的数据和事实进行严密的逻辑论证，探明事物发展变化的原因，分析、预测事物发展变化的趋势，提示本质性和规律性的东西，得出科学的结论，为企业的决策提供客观依据。所以，市场调查报告和市场预测报告必须具有逻辑性。

三、市场调查报告的种类

按服务对象可分为市场需求者调查报告（消费者调查报告）、市场供求者调查报告（生产者调查报告）。

按服务范围可分为国际性市场调查报告、全国性市场调查报告、区域性市场调查报告。

按调查对象可分为商品性市场调查报告、房地产市场调查报告、金融市场调查报告、投资市场调查报告等。

按调查频率可分为经常性市场调查报告、定期性市场调查报告、临时性市场调查报告。

四、市场调查报告的结构及写法

从严格意义上来说，市场调查报告没有固定不变的格式。不同的市场调查报告写作，主要依据调查的目的、内容、结果以及主要用途来决定。但一般来说，各种市场调查报告在结构上都包括标题、正文两个部分。市场调查报告写作的一般程序是：确定标题，拟定写作提纲，取舍选择调查资料，撰写调查报告初稿，最后修改定稿。

（一）标题

市场调查报告的标题即市场调查的题目。一般来说，市场调查报告的标题没有严格的格式，要求与文章的内容融为一体，是文章内容的高度概括，是用精练的文字去表现文章的中心思想。标题必须准确揭示调查报告的主题思想，要简单明了、高度概括、题文相符。

标题有两种写法。

1. 规范化的标题格式

即发文主题＋文种，如《××关于××的调查报告》《关于××的调查报告》《××调查》等。

2. 自由式标题

包括陈述式、提问式、正副标题结合式。

（1）陈述式，如《××师范大学毕业生就业情况调查》。

（2）提问式，如《为什么大学毕业生择业倾向沿海和京津地区》。

（3）正副标题结合式，正题陈述调查报告的主要结论或提出中心问题，副题标明调查的对象、范围、问题，如《高校发展重在学科建设——××大学学科建设实践思考》。

（二）正文部分

包括导言、主体、结尾三部分。

1. 导言

导言要写明调查的基本情况，如调查的目的、时间、地点、对象、范围以及采用的调查方法等。也可以简要介绍调查报告的主要内容和观点，使读者获得初步印象。导言必须高度概括，简明扼要，起到画龙点睛的作用，要精练概括，直切主题。

导言有几种写法：

（1）写明调查的起因或目的、时间和地点、对象或范围、经过与方法，以及人员组成等调查本身的情况，从中引出中心问题或基本结论。

（2）写明调查对象的历史背景、大致发展经过、现实状况、主要成绩、突出问题等基本情况，进而提出中心问题或主要观点。

（3）开门见山，直接概括出调查的结果，如肯定做法、指出问题、提示影响、说明中心内容等。

2. 主体

主体部分，是市场调查报告最主要的部分，这部分详述调查研究的基本情况、做法、经验，以及分析调查研究所得材料并得出的各种具体认识、观点和基本结论，是市场调查报告中的主要内容。这一部分的写作直接决定调查报告的质量高低和作用大小。

这部分必须准确阐明全部有关论据，包括从问题的提出到结论的引出，论证的全部过程，分析、研究问题的方法，还应当有可供市场活动的决策者进行独立思考的全部调查结果和必要的市场信息，以及对这些情况和内容的分析评论。主体部分要客观、全面阐述市场调查所获得的材料、数据，用它们来说明有关问题，得出有关结论；对有些问题、现象要做深入分析、评论等。总之，主体部分要善于运用材料来表现调查的主题。

（1）情况部分。该部分是对调查结果的描述与解释说明。可以用文字、图表、数字加以说明，对情况的介绍要详尽而准确，为结论和对策提供依据。

（2）结论或预测部分。该部分通过对资料的分析研究，得出针对调查目的的结论，或者预测市场未来的发展、变化趋势。该部分为了条理清楚，往往分为若干条叙述，或列出小标题。

（3）建议和决策部分。通过对调查资料的分析研究，发现了市场的问题和预测了市场未来的变化趋势后，应为准备采取的市场对策提出建议或看法。

3. 结尾

这是全文的结束部分。一般写有前言的市场调查报告，要有结尾，以与前言互相照应，综述全文，重申观点或是加深认识。

结尾的写法也比较多，可以提出解决问题的方法、对策或下一步改进工作的建议；或总结全文的主要观点，进一步深化主题；或提出问题，引发人们的进一步思考；或展望前景，发出鼓舞和号召。

有的市场调查报告还有附录。附录的内容一般是有关调查的统计图表、有关材料出处、参考文献等。附件是指调查报告正文包含不了或没有提及，但与正文有关必须附加说明的部分，它是对正文报告的补充或更详尽说明。包括数据汇总表及原始资料背景材料和必要的工作技术报告，例如为调查选定样本的有关细节资料及调查期间所使用的文件副本等。

综上，调查报告的模板形式可以如下所示。

×××的调查报告（模板）

导言：调查目的、时间、地点、对象、范围，及采用的调查方法等，或简要介绍报告的主要内容和观点。

一、基本情况

调查获得的资料数据、图表，被调查对象的过去及目前的情况。介绍如何分析、归纳资料数据。

二、存在问题

介绍发现的问题，得出的市场状况结论。

三、建议与措施

提出有针对性的对策或措施。

四、结语

概括或概述全文观点、存在问题、主要倾向、预测风险等。

×××× 年 ×× 月 ×× 日

五、范文示例

苏绣市场调查报告

一、调查说明

1.调查时间：10月11日到10月23日。

2.调查目的：了解苏绣历史和目前市场现状，发现苏绣市场问题，主要以年轻人为调查对象，了解年轻消费者的需求与偏好，提出苏绣市场发展的新思路。

3.调查地点：苏州博物馆西馆、苏州民俗博物馆、吴文化博物馆及各馆周边文创商店；十全街牡丹亭、苏州绣球工艺美术馆及沿十全街苏绣商品店。

4.调查方式：实地参观，现场访谈卖家顾客，查阅相关文献资料。

二、调查结果

（一）苏绣历史介绍（略）

（二）当代市场问题

1.苏绣作品原创性无法保证，知识产权制度不够完善。（略）

2.实用功能较弱，且手工时间成本导致卖价较高，抵消了顾客的购物热情。（略）

3.产品质量参差不齐，行业整体知名度与其文化价值不匹配。（略）

4.所绣图案多局限于传统，与当代大众审美契合度不高。（略）

三、解决方案

（一）提高作品的原创属性，可通过鲜明的IP形象有效防止抄袭现象。（略）

（二）提炼苏绣元素，精简绣制图案，提高苏绣作品的实用价值。（略）

（三）兼顾当代审美需求，吸纳现代美学元素，在传承传统的过程中与时俱进。（略）

（四）引入近代品牌观念，认真落实科普工作，让苏绣成为时尚。（略）

四、结语（略）

（本文节选自孟莞祺《苏绣市场调查报告及相关文创设计》一文）

说明：因文章内容较长，故只选取报告中的观点，文中的图示及详细内容皆省略。

第四章　招标书、投标书

招　标　书

一、招标书的概念

标，指用比价的方式承包工程，或买卖货物时各竞争者所标出的价格。

招标书，指招标人通过公开招标的方式，征招承包者或合作者的一种告知性文书。又称为招标说明书、招标通知书、招标广告、招标公告、招标启事等。招标人利用投标者之间的竞争，来达到优选投标人的目的，为了公平、公正地竞争，招标人应对招标的有关事项和要求做出明确的解释和说明。

二、招标书的特点

（一）公开性

招标书是一种告知性文种，它要像广告一样，借助大众传播手段公开告知投标者有关招标的内容，从而利用和吸收全国各地乃至各国的优势于一家，以达到提高经济效益的目的。

（二）竞争性

招标的目的就是利用投标者之间的竞争来达到优选投标人，因此竞争性是招标书最突出的特点。招标书充分利用了竞争机制，以竞标的方式吸引投标者加入。因此，招标书发出之后，很可能有众多的投标者，这在客观上使投标人之间形成了激烈的竞争。招标人通过招标这种形式，优胜劣汰，从而实现优选的目的。

（三）具体性

招标书既是投标人编制投标文件的依据，又是招标人与中标人商定合同的基础，因此，招标人应对招标的有关事项和要求做出具体明确的解释和说明。

（四）规范性

招标书是经济活动中非常重要的一个内容。要使招、投标活动顺利进行，必须有一个规范的操作模式。《中华人民共和国招标投标法》对招标书的格式和内容都做了明确的规定，招标人在撰写招标书时，务必做到条款严密周到，内容明确，合理合法。

三、招标书的种类

按时间可分为长期招标书、短期招标书。

按范围可分为国内招标书、国际招标书。

按内容可分为多种类型，如工程建设招标书、大宗商品交易招标书、选聘企业经营者招标书、企业租赁招标书、劳务招标书、技术引进或转让招标书等，其中前三者是常用的三种招标书。

工程建设招标书，是招标方就工程建设项目择优选定建筑企业承包方的文书；大宗商品交易招标书，是招标方就采购价廉物美的大宗商品（如各种建筑材料、大批量物品、设备安装等）项目择优选定承包方的文书；选聘企业经营者招标书，是招标方就企业经营承包择优选定承包方的文书。

四、招标书的结构及写作要求

招标书的一般结构为：标题+正文+尾部。

（一）标题

（1）招标项目名称+文种。如《××大厦建筑安装工程招标书》。

（2）招标单位名称+文种。如《××物业管理公司招标书》。

（3）招标单位名称+招标项目+文种。如《××市度假村2022年度餐饮后厨托管服务招标书》。

（4）招标单位名称+事由+文种。如《××省科技厅关于发布科技项目公开招标的公告》。

（二）正文

正文一般包括前言、主体、结尾三部分。

1. 前言

（1）招标单位的基本情况。

（2）招标的背景、目的、根据或缘由等。如：为了提高建筑安装工程的建设速度，提高经济效益，经市建委批准，××公司对××大厦建筑安装工程的全部工程进行招标。这种写法就是：目的+根据+事由。

2. 主体

（1）文件编号。

（2）招标项目。包括名称、地址、各项技术指标、总工程量或物资名称、数量、质量、时间要求等。

（3）招标范围。包括投标者应具备的条件，投标者的资格审核，中标者的义务、责任和权利等。

（4）招投标方法。主要有：招投标的手续，标书的售价，投标步骤及要求，开标具体办法等。

（5）招标时限。主要有：招投标的起止时间，发售招标文件的日期，开标时间等。

（6）招标地点。主要有：发售招标文件的地点，开标地点等。

3. 结尾

包括招标单位的名称、地址、联系人、电话号码、传真等。如果主体部分已有招标联系方式，也可以免写结尾，此处以秃尾形式结束。

（三）尾部

（1）附件名称。

（2）落款。如果结尾部分已有招标方名称，此处就不必重复。

（3）成文时间。写明招标书的发布日期。

（4）附件原文。

综上，招标书的模板形式可以如下所示。

××公司××××项目招标书（模板）

××公司就本公司××××项目进行公开招标，欢迎××××××参加投标（基本情况、行文目的）。具体招标内容如下：

一、招标项目介绍

××××××

二、招标条件和要求

（一）××××××

（二）××××××

三、验收要求

××××××

四、付酬方式

××××××

五、投标截止时间

××××年××月××日16:00

六、开标地点和日期

××××年××月××日在本公司行政楼第三会议室开标。

七、其他说明

××公司法人：陈××总经理

联系人：张××，李××

地点：××公司办公楼5楼信息中心

联系电话：×××-××××××××

Email：×××@×××.com

××公司（印章）

××××年×月×日

五、范文示例

范例

南京××发展有限公司×××地块项目
空调机组及部分机电设备采购招标书

一、招标条件

江苏省××股份有限公司受南京××发展有限公司的委托，就其南京××发展有限公司×××地块项目所需空调机组及部分机电设备采购进行国内公开招标，现就有关事宜公告如下：

二、项目概述与招标范围

项目批准单位：　　　　南京市×××开发建设管理委员会

项目批准文件编号：宁×投字〔××〕×号

项目名称：　　　　　　南京××发展有限公司×××地块项目

项目地点：　　　　　　南京市×××地块，地块编号为×××

　　　　　　　　　　　（略）

标段名称：　　　　　　空调机组及部分机电设备采购

招标内容及规格：　　　包括冷水机组（磁悬浮式、离心式、螺杆式），新风机组（包括热管热回收式），组合式空调机组、空调箱、空气处理机、风机盘管，风冷热泵机组，冷却塔（开式、闭式），板式换热器，半容积式换热器，空调循环泵、冷却泵、冷冻泵、消防泵（室内外消火栓泵、自动喷淋泵、微型自动扫描灭火水泵）、潜污泵、给水泵（商业与酒店生活给水增压设备）、热水泵（酒店热水增压设备与回水泵、太阳能系统循环泵）、蓄冷泵、释冰泵等各式水泵，污水提升设备，隔油提升设备，净化风机（恶臭气体 UV 光解净化设备），风机，屋面除油烟机，抗震支架等。具体内容详见招标文件。

招标数量：　　　　　　一批

交货时间：　　　　　　具体以买方书面通知为准，书面通知发出后，交付使用期100 日历天。

资金来源：　　　　　　混合

合同估算价：　　　　　×××（万元）

三、投标人资格要求

（一）投标人要求

1.资质要求：

（1）（略）

（2）其他条件：（略）

2.财务要求：

（略）

3.业绩要求：

业绩证明材料，应符合下列条件：

（1）（略）

（2）（略）

4.信誉要求：

投标人须提供以下承诺：

（1）投标文件中的重要内容没有失实或者弄虚作假。

（2）投标人未处于被责令停业、投标资格被取消或者财产被接管、冻结和破产状态。

（3）投标人没有因骗取中标或者严重违约以及发生重大工程质量、安全生产事故等问题，被有关部门暂停投标资格并在暂停期内的。

5. 项目负责人资格要求：

（略）

6. 信用要求：

（略）

7. 其他要求：

（1）（略）

（2）其他条件：（略）

（二）是否接受联合体投标

不接受

四、资格预审文件的获取

（略）

五、资格预审申请文件的递交

（略）

六、发布公告的媒介

（略）

七、其他事项

（一）有下列行为之一的投标人，招标人不接受其参加投标。

1.（略）

2.（略）

3.（略）

（二）参加本项目投标的投标人，均须先办理国信CA锁，再登录"南京市公共资源交易平台"—"交易系统登录"—"工程货物"参与投标流程。国信CA锁办理请参阅南京市公共资源交易平台"用户注册登记"。

八、联系方式

招标人： 南京××发展有限公司	代理机构：江苏省××股份有限公司
地址： （略）	地址： （略）
邮编： （略）	邮编： （略）
联系人： 薛××	联系人： 高××
电话： （略）	电话： （略）
传真： （略）	传真： （略）
电子邮件：（略）	电子邮件：（略）

×××× 年 ×× 月 ×× 日

投　标　书

一、投标书的概念

投标书，是投标人为了中标而按照招标人的要求，具体地向招标人提出订立合同的建议的方案型文书，也叫标函、投标申请书、投标说明书等。投标，是比实力、比技术、比信誉、比策略、比价格的市场竞争行为。对投标者来说，投标书就是提供给招标方的备选方案。

招、投标的流程大致如下：

（1）招标方发布招标书。

（2）投标者领取招标文件，并按照招标方规定填写，密封后送达招标方指定地点。

（3）招标方在指定投标结束日之后收集投标文件，组织有关专家在公证部门的监督之下当众开标、评标，选出质量最好、价格最低的投标者。

（4）招标、投标方签订合同。

（5）招标方发布中标书。

二、投标书的特点

（一）针对性

拟制投标书的目的，就是争取与招标单位订立合同。因此，投标内容是针对招标项目、条件和要求而写的，具有很强的针对性。

（二）求实性

投标是具有很强的竞争性的市场行为，因此，要想在竞标中获胜，除了必须具有强大的实力、合理的价格外，还要有极高的信誉度。在投标书中，投标人的信誉度主要体现在内容的求实性。求实性是投标书最基本的特点，也是中标的生命线。投标书应对投标项目进行客观分析，实事求是说明己方优势和特点以及己方的投标方案，以利合作。

（三）合约性

投标书是招、投标双方签订合同的基础，其中的条款虽然只是内容的框架，但是合同内容必须依据双方认可的投标书来拟写。因此，投标书一旦得到招标方的认可，就成了双方合作的"框架性协议"。

三、投标书的种类

按时间可分为长期投标书、短期投标书。

按范围可分为国内投标书、国际投标书。

按投标方人员组成情况可分为个人投标书、合伙投标书、集体投标书、全员投标书、企业投标书。

按内容可分为工程建设投标书、大宗商品交易投标书、企业租赁投标书、企业经营承包投标书、劳务投标书、技术引进或转让投标书、科研项目投标书等。

四、投标书的结构及写作要求

投标书只是投标系列文件中的一个文件，但这个文件占据了重中之重的位置。投标书的一般结构为标题+正文+尾部。

（一）标题

主要有四种形式：

（1）投标人名称+投标项目名称+文种。如《××建筑工程公司承包冰箱厂移地改造工程投标书》。

（2）投标人名称+文种。如《××建筑工程公司投标书》。

（3）投标项目名称+文种。如《××小区监控维修工程投标书》。

（4）文种。如《投标书》。

（二）正文

一般结构为：送达单位+前言（引言）+主体+结尾。

1. 送达单位

即招标单位，居左顶格书写。

2. 前言（引言）

说明投标的依据、目的、指导思想、投标方名称、投标意愿等。如"在研究了××大厦建筑安装工程的招标条件和勘察、设计、施工图纸，以及参观了建筑安装工地以后，经我们认真研究核算，愿意承担上述全部工程的施工任务。"

3. 主体

根据招标书提出的目标、要求，介绍投标企业的现状，明确投标期限及投标形式。主要包括：

（1）写明投标的具体指标。具体指标应明确质量承诺和应标经营措施，拟定标的，提出标价（常用表格表示），完成招标项目的时间，填写标单等。

（2）说明投标书的有效期限。

（3）说明投标方的保证。即保证按照招标书的要求提交银行担保书与履约保证金。

主体部分应充分展示投标者的实力，以引起招标方的重视。

4. 结尾

（1）对主体进行补充说明，如再次表明态度或请求评标组织审核评议等。

（2）投标方联系方式，主要包括投标单位全称、地址、邮编、联系人、联系电话、传真、法定代表人等。

（三）尾部

主要包括附件名称、落款、成文日期、附件原文等内容。

综上，投标书的模板形式可以如下所示。

××××投标书（模板）

根据××××招标书的要求，我公司完全具备××的能力与条件，决定对此项目投标（说明投标依据、指导思想、投标意愿）。具体投标说明如下：

一、投标方案简述

如工程名称、面积、结构类型、跨度、高度、层数等。

二、标价及主要材料耗用指标

××××××

三、工程计划进度表

××××××

四、质量标准承诺

××××××

五、应标经营措施（施工方法、安全措施）

××××××

六、对招标单位的要求

××××××

七、其他

××××××

投标单位：××建筑工程公司（公章）

投标单位法人：陈××（盖章）

电话：××××

附件：××建筑工程公司基本情况介绍（说明具备的投标条件）

××建筑工程公司（印章）

××××年××月××日

五、范文示例

范例

实训楼工程施工投标书

根据××大学实训楼工程施工招标书和设计图的要求，作为建筑行业的×级企业，我公司完全具备承包施工任务的能力与条件，决定对此项工程投标。具体说明如下：

一、综合说明

工程情况（工程名称、面积、结构类型、跨度、高度、层数、设备）：实训楼一幢，建筑面积×××平方米，主体5层，局部2层。框架结构：楼全长××米，宽××米，主楼高××米，二层部分高××米。基础系打桩水泥浇注，现浇梁柱板。外粉全部玻璃马赛克贴面，内粉混合沙浆彩面涂料，个别房间贴壁纸。全部地面贴地砖，教室呈阶梯形，个别房间设空调。

二、标价（略）

三、主要材料耗用指标（略）

四、总标价

总标价：×××××××元，每平方米造价×××元。

五、工期

开工日期：××××年××月××日；

竣工日期：××××年××月××日；

施工日历天数：×××天。

六、工程计划进度（略）

七、质量保证

全面加强质量管理，严格操作规程；加强各分项工程的检查验收，上道工序不验收，下道工序不上马；加强现场领导，认真保管各种设计、施工、试验资料，确保工程质量达到全优。

八、主要施工方法和安全措施

安装塔吊一台、机吊一台，解决垂直和水平运输；采取平面流水和立体交叉施工；关键工序采取连班作业，坚持文明施工，保障施工安全。

九、对招标单位的要求

招标单位提供临时设施占地，我们将合理使用。

十、坚持勤俭节约原则，尽可能杜绝浪费现象

投标单位：××建筑工程总公司（公章）

负责人：陈××（盖章）

电话：×××-×××××××

××××年××月××日

附件：本公司基本情况介绍

第五章　可行性分析报告

一、可行性分析报告的概念

可行性分析报告又称可行性研究报告，其应用范围很广，但主要用于经济领域。在市场竞争日趋激烈的背景下，无论是投资科学研究项目、新产品开发项目，还是市政工程规

划、参与基础设施的招投标，可行性分析已经成为不可或缺的环节。

可行性分析报告是有关企业、部门或专家组对拟出台的决策、拟建或拟改造项目，进行周密的调查、分析、论证，写出的实施该决策或项目的可行性、有效性的书面报告。

二、可行性分析报告的类型

按内容可分为政策可行性报告、建设项目可行性报告。

按范围可分为一般可行性报告、大中型项目可行性报告。

按性质可分为肯定性可行性报告、否定性可行性报告。肯定性可行性报告即肯定项目具备实施的必要性和可行性的报告；否定性可行性报告即否定项目具备实施的必要性和可行性的报告。

三、可行性分析报告的写作结构

可行性分析报告的基本内容一般根据项目性质、规模大小、复杂程度来决定。研究对象不同，写法也不同。通常为单独成册上报，成册上报时的内容包括封面、摘要、目录、图表目录、术语表、前言、正文、结论和建议、参考文献、附件。总体来说，可行性分析报告由标题、正文、落款、附件四部分构成。

（一）标题

有两种形式：

（1）公文式标题。由"项目主办单位+项目名称+文种"构成，如《××市轨道交通×号线工程可行性研究报告》。

（2）文章式标题。只需标明项目的名称和主要内容即可，如《建立炼油厂的可行性》。

（二）正文

由总论、主体、结论与建议三部分构成。

1. 总论

总论写明项目提出的背景、投资的必要性和经济意义、承担者及报告人的简况、研究工作的依据和范围及实施单位等情况。

2. 主体

主体使用系统分析的方法，以经济效益为核心，围绕影响项目的各种因素，用大量数据资料全面论证拟建项目是否可行。

一般从以下九个方面展开：

（1）需要预测和拟建的规模。包括国内外需求情况的预测，国内现有同行生产能力估计，销售预测、价格分析、产品竞争能力、进入国际市场的前景，拟建项目的规模、产品方案和发展方向的技术经济比较与分析。

（2）资源、原材料、燃料及公用设施情况。

（3）建设条件和选址方案。

（4）设计方案。包括项目的构成、技术来源和生产方法、主要技术工艺设备选型方案的比较，引进技术、设备来源，或与外商合作生产的设想，土建工程量估计，公用辅助设施、交通运输方式的比较和初步选择。

（5）环境保护、劳动保护和安全防护。

（6）企业组织、劳动定员和人员培训。

（7）实施进度建议。

（8）投资估算和资金筹措。

（9）经济效益与社会效益。

不同项目的可行性分析报告，对以上内容将有所侧重或增减。

3. 结论与建议

经过全面、科学的分析后，可行性分析报告提出综合性的评价或结论，指出其优点与缺点，提出可行或不可行的建议。

（三）落款

写明项目主办单位、负责人、主要技术负责人、经济负责人以及年、月、日。

（四）附件

为了说明结论，加大可行性报告的说明力度，常需要提供试验数据、论证材料、计算图表、附图等附件。

四、范文示例

范例

××竹制品加工项目可行性研究报告

一、引言

竹子是环保低碳的象征，在实木产品兴起多年之后，砍伐树木已对生态带来巨大危害，而竹子以竹制品的新样貌重新进入了大众的视线。

×××镇位于××山腹地，××县西南部，×××水库上游，全镇总面积230.9平方公里，辖13个行政村，1个居委会，206个村民组，2.6万人，山场面积27.4万亩，是典型的山区乡镇。其地形复杂，一般坡度在30度以上，年平均气温14~15℃，年降水量1 300毫米，土壤为普通黄棕壤，山土黄棕壤，土层以砂砾质为主，质地疏松，海拔一般在200~750米，境内峰峦起伏，沟壑纵横，风景秀丽，海拔落差大，雨水充足，四季分明，气候宜人。×××镇优越的地理和气候条件，非常适宜毛竹的生长。全镇毛竹面积5万亩，是全县毛竹面积最大的乡镇之一，素有"金山药岭名茶地、竹海粟园水电乡"的美誉。且生长的毛竹具有竹厚空小的特点，因而所加工的产品深受消费者的喜爱。

二、项目建设的可行性

（一）原材料供应的可行性

×××镇地处山区，全镇毛竹蓄积量大，年采伐量达200多万根。该项目的实施，年需求量为150万根，占年采伐量的65%，同时项目所需的毛竹无论大小均可利用，因此仅本镇年采伐量就可保证项目所需，只要认真组织收购即可。

（二）产品生产技术的可行性

该项目采用先进的工艺技术和设备，需要熟练工人的认真操作即可。

（三）产品销售市场的可行性

近年来，随着人们生活水平的不断提高，以及对绿色产品的需求不断扩大，竹制品被广泛运用于工农业生产的各领域，同时城镇居民对竹制品的需求量也在逐年增加，因而投资开发竹制品加工，具有广阔的市场前景。

（四）水、电、路条件的可行性

×××镇拥有丰富的水、电资源，小水电装机容量1万多千瓦，同时××源头辉阳河纵贯全镇，因而可完全达到项目所需的水、电条件。

×××境内公路里程已达200多千米，村组道路已基本贯通，鹿俞路、迎白路、大青公路、龙太路、白千路纵横交错，交通十分便利，六潜高速也从镇边界而过，因而为项目的实施提供了便捷的交通条件。

三、项目的环境评价

×××竹制品加工项目以毛竹为原料进行加工，同时对毛竹的梢头、枝桠进行综合利用。由于毛竹属再生资源，通过有计划的采伐，对环境无任何影响。

四、项目的投资规模及预算

按年生产竹胶板13 500立方米设计，项目总投资1 820万元，其中设备及固定资产投资520万元，定额流动资金投资根据测算的产品成本，考虑到三项资金占用因素，测算为1 300万元，项目正式投入机械生产后，年创产值5 494.5万元，实现利税1 140.7万元。

五、生产工艺流程（略）

六、效益分析

（一）经济效益分析

以年产竹胶板13 500立方米计算，具体分析如下：

1. 每立方米竹胶板可获利润

（1）每立方米竹胶板直接成本

原材料采购1 938元，锯材费50元，干燥费50元，人工工资300元，电费150元，辅助材料250元，税金250元，小计2 988元。

（2）每立方米竹胶板间接费用

销售费用280元，管理费用104元，财务费用103元，小计487元。

生产每立方米竹胶板成本费用总计为3 475元。

（3）每立方米竹胶板可获利润

按每立方米市场销售价格4 070元计算获利润为595元。

2. 年生产 13 500 立方米可获利润

总计 8 032 500 元，实现税金 3 375 000 元，共计实现利税 11 407 500 元。

（二）社会效益

该项目的实施可使当地丰富的毛竹资源就地加工升值，全年实现利税 1 140.75 万元，且可安排 50 人就业，全年支付工资 50 万元。同时该项目符合国家的产业政策和当地经济发展规划，是对资源的合理开发和利用，是优先扶持的项目。

七、结论意见

经过全方位的可行性分析，本项目具备开发的条件，且运营后能带来较大利润。因此该项目可行。

×××

××××年××月××日

项目四　科技文书

第一章　毕业设计

一、毕业设计的概念

毕业设计是应届毕业生针对某个具体课题综合运用所学专业知识、理论知识、基本技能表述专业设计情况的一种应用文。是记录设计过程和结果的重要文献资料，是学生在指导教师的指导下所取得成果的科学表述，也是学生毕业资格认定的重要依据。

二、毕业设计的特点

（一）科学性

毕业设计本质上属于科技论文。虽然应届毕业生是在试验或考查中对专业项目进行设计，带有一定的主观性、预测性，但其设计也应具有一定的科学性，这样才能体现学生对知识的掌握及运用能力。

（二）严谨性

毕业设计应力求详尽，以策划为主，力求设计方案周密严谨。策划文案设计应包括活动环境分析、总目标、内容和措施、方案与实施、费用预算、日程安排等，如缺少项目，则无法付诸实施。

（三）考查性

由于应届毕业生缺少实际操作的经验，加上时间仓促，一般与实际设计要求会有一定的距离。毕业设计重在强调使学生熟悉设计的过程，考查其运用原理的能力、查阅资料的能力、绘制图纸的能力、数据分析能力以及文案写作能力等，力求使学生得到全面综合的能力训练。

（四）解释说明性

毕业设计成果的原理、应用范围、技术参数、工作流程等，只有通过文字和必要的图纸进行解释、说明，才容易被人了解，乃至认同。对设计成果的解释和说明，是毕业设计的有机组成部分。

三、毕业设计的结构和写作要求

（一）毕业设计的结构

毕业设计就是用文字和图示把设计成果表达出来，这是毕业设计过程的最后一个重要环节。一份完整的毕业设计应包括标题、目录、摘要、关键词、正文、致谢、参考文献、附录等部分。

1. 标题

毕业设计的标题是毕业设计报告中最重要内容的概括，应该简短、明确，做到文、题贴切，通常由设计项目加"设计"或"毕业设计说明书"构成。

2. 目录

目录独立成页，包括毕业设计报告中全部章、节的序号、标题及页码。

3. 摘要

摘要又称提要，放在正文的前面。摘要是毕业设计报告不加注释和评论的简短陈述，应说明毕业设计的目的、方法、结果和结论。摘要应采用第三人称的方式表述毕业设计的性质与主题，书写要符合逻辑关系，尽量与正文的文体保持一致，避免将摘要写成目录式内容介绍。

4. 关键词

关键词是指用来表达毕业设计主题内容信息的词语或术语，其目的是为文献检索提供方便。数量一般为 3～5 个。

5. 正文

正文是毕业设计的核心内容，包括前言、主体、结论三大部分。

（1）前言。前言主要涉及四个方面的内容：一是本设计项目的性质，一般需写明毕业设计作用和意义，如是将所学专业理论和技能应用于实际项目设计的实践，是对自己专业能力的一项实际考核；二是本设计项目的目的、效益，即简述本毕业设计解决什么实际问题，具有什么作用；三是本设计项目的原理，简述本设计项目运用了什么设计原理；四是设计过程，简述本设计项目经历的时间，以及遇到什么重大困难等。也有的毕业设计在前言中涉及设计缘由。

总之，前言要紧扣主题，简洁明确，不要与摘要雷同。

（2）主体。主体是毕业设计的主要部分，应该文字简练通顺，内容实事求是，客观真实、准确完备、合乎逻辑、层次分明，语言流畅、结构严谨、重点突出、书写工整、符合学科与专业的有关要求。主体的内容主要有：

设计目标：明确用户需求，确定设计目标。阐述本课题的设计应为用户提供的主要功能，相应需解决的主要问题，及最终要实现的目标。

方案论证：表述利用什么原理进行工程或产品设计，或者所设计的工程或产品遵循什么样的工作原理。同时，具体的设计方案是怎样的，是否可行。具体表述时，常利用图示和文字解释相结合的方式。

技术手段：根据设计方案，选取技术手段。包括选择、确定设计的软硬件环境、开发工具、核心技术和主要算法，采用的新技术、新方法、新工艺、新材料及其他创新的内容。

设计过程：通过对设计步骤与过程的详细描述，对设计方案与原理、实现方法与手段、技术性能与流程详尽准确的说明，借以表明自己对本课题了解、研究的程度，所掌握基础理论知识深度和专业实践技能高低，以及综合分析、解决实际问题的能力，同时反映自己在本课题的设计过程中付出的劳动。

结果分析：总结设计结果，分析技术性能。在总结、归纳设计过程的基础上，说明设计的最终结果是否达到预期的设计目标，并对设计过程中所获得的主要数据、现象进行定性或定量分析，同时对设计成果所达到的技术指标与技术性能进行必要的阐述、分析，从而得出相应的结论或推论。

（3）结论。结论是对整个毕业设计主要成果的归纳和评价，要突出设计的创新点，做到首尾对应；结论部分一般还应对设计过程中尚存在的问题，以及需要进一步探讨的问题，作必要的阐述，并提出相应的见解、建议和设想，为更深入的研究打下基础。

6. 致谢

即对指导和帮助过自己的老师和有关单位及个人表示感谢。

7. 参考文献

参考文献是毕业设计和撰写设计报告过程中研读的一些文章或资料。要按照一定的顺序，另起一页编号罗列。

8. 附录

凡对毕业设计内容有用，但不便写入正文的一些数据，要用表格形式列出，连同一些附图以及有关资料等附在正文之后。

（二）毕业设计的写作要求

1. 内容齐全，表述清楚

毕业设计主要是说明某项工程正常投入生产所采用的技术措施和方法，而正常的生产必须严格按照科学的工艺流程进行，所以说明这个过程也必须按照一定的顺序和条理，逐项阐述清楚，不能前后颠倒和重复。

2. 数据准确，依据科学

设计采用的各种数据应是通过严密的科学实验和计算得出的，切不可粗心大意，弄虚作假。

3. 书写规范，语言简洁

毕业设计的撰写要抓住重点，在技术性强的部分或设计的关键部分下功夫，切忌平均用力。文字要简明扼要，力求准确通俗，格式规范。

四、范文示例

范例

基于网络隐蔽通信的访问控制模型设计

摘要：网络访问控制模型是网络安全防范和保护的重要手段。现有的网络访问控制模型大多是通过加密方式实现的，在隐蔽性和可控性上存在缺陷，容易被发现和攻击。本文针对该缺陷，提出了一种新的访问控制模型——基于网络隐蔽通信的访问控制（NCC-AC）模型，利用隐写的方式来实施访问控制。

关键词：隐蔽通信；访问控制；网络协议；隐写标签；NCC-AC

本文将网络信息隐藏技术引入网络访问控制模型设计，结合网络信息隐藏技术和网络访问控制技术各自的特点，设计并构建基于网络隐蔽通信的新型多级访问控制模型，通过对网络通信协议隐写访问控制信息，实施访问控制规则，以达到对网络访问的有效控制和安全防护，提高网络系统的安全性。

1. 相关理论技术

（略）

2. 模型总体设计

2.1 NCC-AC模型总体设计

（略）

2.2 安全标签与隐写标签

（略）

2.3 隐写标签嵌入与检测

（略）

2.4 NCC-AC模型访问控制规则

（略）

3. 模型单元设计

3.1 隐写标签设计

（略）

3.2 隐写标签嵌入单元设计

（略）

3.3 隐写标签检测单元设计

（略）

3.4 模型安全性分析

（略）

4. 模型的测试与应用

4.1 测试环境

（略）

4.2 隐写标签测试

（略）

4.3 模型功能测试

（略）

4.4 模型性能设计

（略）

4.5 模型应用

（略）

5. 结论

（略）

参考文献

（略）

致谢

（略）

第二章　毕　业　论　文

一、毕业论文的概念

毕业论文是高等院校学生毕业之际在教师的指导下，运用所掌握的基础理论、专门知识和基础技能解决本学科领域的某一具体问题，取得了创造性的结果或者有了新见解，并以此为内容撰写而成的学术论文。

二、毕业论文的特点

（一）科学性

毕业论文所体现的专门的、系统的学问，是建立在深厚的学理和实践的基础上的理论。毕业论文的科学性包括：论题必须正确，论据必须可靠，应用的材料必须准确无误，论述必须具有逻辑严密性。

（二）创新性

毕业论文在写作中虽然不要求具备像学术论文那样高的创新性，但也要求在本专业范围内，对选题有自己的独到见解，力求创新，强调选题、表达的新颖性、实践性，而不是简单地重复、模仿或抄袭别人的东西。

三、毕业论文的写作步骤

毕业论文的写作，一般包括选题、编制论文提纲和撰写三个步骤。

（一）选题

毕业论文价值的大小与作者选择什么样的研究课题有关，选题是毕业论文撰写过程的第一步，也是非常关键的一步。

毕业论文的选题来源主要有：

（1）从业务强项和兴趣出发进行选题。选择自己感兴趣的方向，产生强烈的研究愿望，就易于钻研取得成果。所以，写毕业论文首先确定一个自己有强项、又感兴趣的专业作为论文选题方向，然后在掌握初步资料的基础上，逐步确立论文的具体题目和论文研究阐述的角度。

（2）从实践中发现问题进行选题。关注社会实践中出现的新现象、新业务、新问题，或是注意了解理论界的新观点和新问题，这样才能保证毕业论文具有一定的创新性和现实意义，使研究具有使用价值和科学价值。

（3）从前人研究中发现需要进行补充或纠正的选题。学术问题总在不断修正中，或扩大应用领域，或在与其他知识结合中发展。因此，选题时，可以采用这种补充或纠正前说的思路进行研究，同样具有学术价值。

（二）编制论文提纲

编制写作提纲是论文起草前不可缺少的一项重要工作。通过编写提纲，可以初步确定论文的标题；确定论文的中心思想，写出主题句；确定论文的总体框架，安排有关论点的次序；确定大的层次段落，确定每个段落的段旨句；确定每段选用的材料，标示材料名称、页码、顺序。

一般来说，编制论文提纲的步骤如下：

（1）先拟标题。力求做到简单、具体、醒目，揭示论点或论题。

（2）用主题句列出全文的基本论点，以明确论文中心，统领全文。

（3）合理安排论文各部分的逻辑顺序，用标题或主题句的形式列出，设计出论文的结构和框架。

（4）将论文中的各部分逐层展开，扩展深化，设置项目，并结合搜集到的材料，进一步构思层次，形成近似论文概要的详细提纲。

（5）将每个层次分成若干段落，写出每个段落的论点句，并依次整理出需要参考的资料，如卡片、笔记等，标上序号，排列备用。

（6）检查整个论文提纲，进行必要的修改，如增加、删除、调整等。

四、毕业论文的结构和写作要点

（一）毕业论文的结构

（1）标题。标题是对选题研究过程和成果的直接阐述，要以最恰当、最简明概括的词语反映论文的内容。

（2）目录。一般来说，毕业论文篇幅较长，为方便阅读，可列出目录。

（3）摘要。摘要是对论文内容的不加注释和评论的简短陈述。摘要中一般应说明研究工作的目的、研究方法、研究结果和最终结论等，其中重点是结果和结论部分。摘要的字数不宜超过300字。

（4）关键词。关键词是提示论文主题和内容的词汇或术语，一般一篇论文选取 3～5 个关键词。

（5）主体部分。该部分是毕业论文写作的核心和重点。一般由引言、正文、结论等项目构成。

第一，引言。引言是毕业论文的开头部分，它要求简洁说明论题主旨、撰写本论文的目的及意义、研究范围、研究方法、相关领域的前人作品和存在的知识空白、研究假设及采用方法的预期结果或研究工作的意义。

第二，正文。正文是毕业论文的核心部分，占主要篇幅，是展开论述、表达作者研究成果的部分。可以包括：调查对象、研究方法；调查研究结果或仪器设备、材料原料、实验和观测结果或者计算方法和编程原理；数据资料、可经过加工整理的图表；形成的论点、可导出的结论等。

第三，结论。这是毕业论文阐述的必然结果，是论文要点的归纳，是课题研究的答案，应该是理论分析和实验结果的逻辑发展，而不是正文中各段小结的简单重复，也不是实验或观测结果的再次重复。结论的写作应做到完整、准确、精练。

（6）致谢。通常应对在毕业论文写作中给予帮助、指导，提供便利条件的单位或个人表示感谢。

（7）参考文献。参考文献的作用是表示对他人研究成果的尊敬，反映作者对选题的了解程度，使读者相信论文水平，增加资料的可信度。

（二）毕业论文的写作要点

正确处理借鉴和创新的关系。创新对不同的研究者有不同的要求，毕业论文只要求学生能就某一问题、某一方面有所突破、有所发现即可。可以在借鉴他人成果的基础上进行研究，归纳出一定道理，不一定必须有重大创新。所以，毕业论文的写作更多的是借鉴和继承。

正确处理好研究和撰写的关系。研究是写作的前提和基础，没有认真的研究就很难形成科学的成果，没有成果就没有论文。而仅有成果不会表达，也不能形成论文。所以，既要重视研究工作，还得掌握论文的结构、语言等，以便把研究成果科学地表述出来。

五、范文示例

对当前大学生学习倦怠及其影响因素的研究

摘要：近年来，我国高等教育事业发展的重点，已从规模扩张转移到了质量提升上。探讨影响大学生学习的消极心理，对于改善大学生学习状况，提高大学生的学习效率具有重要的现实意义，这也是当前我国深化高校教学改革的目标之一。学习倦怠是大学生消极的学习心理的一个重要体现，本研究将着重探讨：（1）当前大学生学习倦怠的现状，以帮助大学生加强对自我的认识和剖析。（2）找出影响大学生学习倦怠的因素，对高校深化教学改革，提高教学质量具有重要的现实意义。

关键词：大学生　学习倦怠　影响因素

一、引言

随着社会的飞速发展，社会竞争越来越激烈。而人才则是社会竞争的核心，高校作为人才输送的重要阵地，培养出具有高素质的全面发展的大学生对于推动社会进程具有重要的意义。随着当前高校教育改革从规模扩张转为质量提升上，探讨影响大学生学习的积极和消极的心理，对于促使大学生加强自我的认识和剖析，促进大学生素质的全面发展有重要的现实意义。

近年来，作为学生学习的消极心理——"学习倦怠"越来越受到国内外教育界、心理界的关注，对于学习倦怠的理论探讨和实证研究也有了新的进展。然而，根据文献资料检索，总体上，学习倦怠的研究尚处于起步阶段，出现理论与实证研究不协调的局面。有的仅是理论的思辨而缺乏实证的探索；有的则是实证的探讨而缺乏理论的构架。并且，以往的理论探讨中，对学习倦怠影响因素的研究仅停留在预先设定的几个有限的影响因素上，或仅关注环境因素，或侧重于个体特征因素，缺少综合性。在实证研究中，结合中国实情编制大学生学习倦怠问卷的，目前仅有福建师范大学××教授编撰的《大学生学习倦怠量表》，文献资料检索出尚未有学者编制《大学生学习倦怠影响因素量表》。所以，根据目前国内外对"学习倦怠"的研究现状，本研究将从理论探讨和实证研究相结合的角度出发，调查当前大学生学习倦怠的现状，并找出引起大学生学习倦怠的影响因素。

二、理论综述

（一）学习倦怠概述

（略）

（二）学习倦怠成因的研究

（略）

三、大学生学习倦怠问卷和大学生学习倦怠影响因素问卷编制

（略）

四、当前大学生学习倦怠及其影响因素的现状调查

（一）当前大学生学习倦怠现状的调查

1. 问题提出

（略）

2. 被试

（略）

3. 研究工具

（略）

4. 统计处理方法

（略）

5. 结果

（略）

6. 分析与讨论

（略）

（二）当前大学生学习倦怠影响因素的现状的调查

（略）

五、研究结论

（略）

附录：本研究采用的量表

（略）

参考文献

（略）

致谢

（略）

附　录

附录1 / **江苏省普通话水平测试评分细则（试行）**

根据教育部 2003 年 10 月 10 日颁布的《普通话水平测试大纲》，结合江苏省普通话培训测试的实际情况，制定本细则。

江苏省普通话水平测试共设置 4 个测试项：读单音节字词、读多音节词语、朗读短文、命题说话。满分为 100 分。

一、读单音节字词

本测试项要求应试人朗读总计 100 个音节的单音节字词，限时 3.5 分钟，共 10 分。

1. 语音错误（含漏读音节），每个音节扣 0.1 分。

语音错误指：将某个音节的声母、韵母、声调中的任何一个或几个要素，读成其他声母、韵母、声调。

常见语音错误详见《江苏省普通话水平测试中常见语音错误》。

2. 语音缺陷，每个音节扣 0.05 分。

语音缺陷指：虽然没有将某个音节的声母、韵母、声调读成其他声母、韵母、声调，但其中一个或几个要素没有达到标准的程度。

常见语音缺陷详见《江苏省普通话水平测试中常见语音缺陷》。

3. 超时 1 分钟以内扣 0.5 分，超时 1 分钟以上（含 1 分钟）扣 1 分。

4. 一个字词允许应试人即时改读一次，以改读后的读音为准。隔词语改读无效。

二、读多音节词语

本测试项要求应试人朗读总计 100 个音节的多音节词语，限时 2.5 分钟，共 20 分。

1. 语音错误（含漏读音节），每个音节扣 0.2 分。

语音错误指：（1）同第一测试项"读单音节字词"的解释；（2）轻声、儿化、变调的读音错误。

轻声词以《普通话水平测试用必读轻声词语表》为准。该表中有，而未读作轻声的，判为错误；该表与《现代汉语词典》均未标注为轻声的，如读作轻声，判为错误。（该表中没有，而《现代汉语词典》中标注为轻声的，读不读轻声均不算错误。）

儿化词以《普通话水平测试用儿化词语表》为准。该表中有，而未读作儿化的，判为错误；该表与《现代汉语词典》均未标注为儿化的，如读作儿化，判为错误（该表中没有，但《现代汉语词典》中标注为儿化的，读不读儿化均不算错误）；未按普通话儿化韵音变规则发音的，判为错误。

变调：应该变调而未变调的，或者未按变调规律变调的，该音节判为错误；一个词语内因一个音节声调错误而导致其他音节声调错误的，有关音节均判为错误。

2. 语音缺陷，每个音节扣0.1分。

语音缺陷指：（1）同第一测试项"读单音节字词"的解释；（2）轻声、儿化、变调读音不完全规范。

多音节词语若按音节分开读，该词语整体算一个语音缺陷；如后一个音节因语音错误或语音缺陷已扣分，则不再加扣该词语语音缺陷分。

3. 超时1分钟以内扣0.5分，超时1分钟以上（含1分钟）扣1分。

4. 一个词语允许应试人即时改读一次，以改读后的读音为准。隔词语改读无效。

三、朗读短文

本测试项要求应试人朗读一段总计为400个音节的文章，限时4分钟，共30分。

1. 语音错误，每个音节扣0.1分。

语音错误指：（1）同第二测试项"读多音节词语"的解释；

（2）增读、漏读、颠倒；

（3）语气词"啊"未根据具体语境变读。

2. 声母或韵母的系统性语音缺陷，视程度扣0.5分、1分。

声母或韵母的系统性语音缺陷指：有3个及3个以上音节具有相同的声母或韵母缺陷。（声调的缺陷不在此列。）

只出现1类声母或韵母的系统性语音缺陷的，扣0.5分。

出现2类及2类以上声母或韵母的系统性语音缺陷的，扣1分。

3. 语调偏误，视程度扣0.5分、1分、2分。

这里的语调主要指朗读诸要素中的重音、句调、速度，不包括停顿。

语调偏误指：重音不当，词的轻重音格式不对，声调有系统性缺陷，句调不自然，语速不当等。评分时应综合考虑各因素。

语调偏误有所表现，扣0.5分；语调偏误明显，扣1分；语调偏误严重，扣2分。

4. 停连不当，视程度扣0.5分、1分、2分。

停连不当指：由不恰当的停顿或连读造成的对词语的肢解或对语义的误解。因换气需要或个人理解造成的短暂停顿（并未曲解原文意思），不视为停连不当。

停连不当1次，扣0.5分；2次，扣1分；3次及3次以上，扣2分。

5. 朗读不流畅，视程度扣0.5分、1分、2分。

朗读不流畅指：回读，停顿过多，按音节崩读等。评分时应综合考虑诸因素。

朗读不流畅有所表现，扣0.5分；朗读不流畅明显，扣1分；朗读不流畅严重，扣2分。

6. 超时扣1分。

四、命题说话

本测试项要求应试人在没有文字凭借的情况下，根据抽定的话题说一段话，限时3分钟，共40分。应试人必须按照选定的题目连续说话，3分钟内所说的所有音节均为评分依据。

1. 语音标准程度，共25分。分六档：

一档：没有语音错误，扣0分；错误1次、2次，扣1分；错误3次、4次，扣2分。

二档：语音错误在5～7次之间，有方音但不明显，扣3分；语音错误8次、9次，有方音但不明显，扣4分。

三档：语音错误在5～7次之间，但方音明显，扣5分；语音错误8次、9次，但方音明显，扣6分。语音错误在10～15次之间，有方音但不明显，扣5分、6分。

四档：语音错误在10～15次之间，方音比较明显，扣7分、8分。

五档：语音错误在16～30次之间，方音明显，扣9分、10分、11分。

六档：语音错误超过30次，方音重，扣12分、13分、14分。

语音错误（包括同一音节反复出错），按出现次数累计。

2. 词汇、语法规范，共10分。

词汇、语法不规范指：使用了典型的方言词、典型的方言语法以及明显的病句。

词汇、语法不规范，每出现1次，扣0.5分。最多扣4分。

3. 自然流畅程度，共5分。分三档：

一档：语言自然流畅，扣0分。

二档：语言基本流畅，口语化较差，类似背稿子。有所表现，扣0.5分；明显，扣1分。

三档：语言不连贯，语调生硬。程度一般的，扣2分；严重的，扣3分。

4. 说话时间，视程度扣1～6分。

缺时15秒以下，不扣分；

缺时16～30秒，扣1分；

缺时31～45秒，扣2分；

缺时46秒～1分钟，扣3分；

缺时1分01秒～1分30秒，扣4分；

缺时1分31秒～2分钟，扣5分；

缺时2分01秒～2分29秒，扣6分。

说话时间不足30秒（含30秒），本测试项成绩记为0分。

5. 离题、内容雷同，视程度扣4分、5分、6分。

"离题"是指应试人所说内容完全不符合或基本不符合规定的话题。完全离题，扣6分；基本离题，视程度扣4分、5分。

直接或变相使用《普通话水平测试大纲》中的60篇朗读短文，扣6分；其他内容雷同情况，视程度扣4分、5分。

本测试项可以重复扣分，但最多扣6分。

6. 无效话语，酌情扣1～6分。

"无效话语"是指测试员无法据此作出评分的内容。包括：① 重复相同或大体相同的内容；② 经常重复相同语句；③ 口头禅频密；④ 简单重复。

无效话语在三分之一以内，视程度扣1、2、3分；无效话语在三分之一以上，视程度扣4、5、6分。

有效话语不足30秒（含30秒），本测试项成绩记为0分。

附录2 / 普通话水平测试等级标准（试行）

一级

甲等　　朗读和自由交谈时，语音标准，词语、语法正确无误，语调自然，表达流畅。测试总失分率在3%以内。

乙等　　朗读和自由交谈时，语音标准，词语、语法正确无误，语调自然，表达流畅。偶然有字音、字调失误。测试总失分率在8%以内。

二级

甲等　　朗读和自由交谈时，声韵调发音基本标准，语调自然，表达流畅。少数难点音（平翘舌音、前后鼻尾音、边鼻音等）有时出现失误。词汇、语法极少有误。测试总失分率在13%以内。

乙等　　朗读和自由交谈时，个别调值不准，声韵母发音有不到位现象。难点音（平翘舌音、前后鼻尾音、边鼻音、fu–hu、z–zh–j、送气不送气、i–u不分、保留浊塞音和浊塞擦音、丢介音、复韵母单音化等）失误较多。方言语调不明显。有使用方言词、方言语法的情况。测试总失分率在20%以内。

三级

甲等　　朗读和自由交谈时，声韵母发音失误较多，难点音超出常见范围，声调调值多不准。方言语调较明显。词汇、语法有失误。测试失分率在30%以内。

乙等　　朗读和自由交谈时，声韵调发音失误多，方音特征突出。方言语调明显。词汇、语法失误较多。外地人听其谈话有听不懂的情况。测试总失分率在40%以内。

附录 3 / 党政机关公文处理工作条例

第一章 总 则

第一条 为了适应中国共产党机关和国家行政机关（以下简称党政机关）工作需要，推进党政机关公文处理工作科学化、制度化、规范化，制定本条例。

第二条 本条例适用于各级党政机关公文处理工作。

第三条 党政机关公文是党政机关实施领导、履行职能、处理公务的具有特定效力和规范体式的文书，是传达贯彻党和国家的方针政策，公布法规和规章，指导、布置和商洽工作，请示和答复问题，报告、通报和交流情况等的重要工具。

第四条 公文处理工作是指公文拟制、办理、管理等一系列相互关联、衔接有序的工作。

第五条 公文处理工作应当坚持实事求是、准确规范、精简高效、安全保密的原则。

第六条 各级党政机关应当高度重视公文处理工作，加强组织领导，强化队伍建设，设立文秘部门或者由专人负责公文处理工作。

第七条 各级党政机关办公厅（室）主管本机关的公文处理工作，并对下级机关的公文处理工作进行业务指导和督促检查。

第二章 公 文 种 类

第八条 公文种类主要有：

（一）决议。适用于会议讨论通过的重大决策事项。

（二）决定。适用于对重要事项作出决策和部署、奖惩有关单位和人员、变更或者撤销下级机关不适当的决定事项。

（三）命令（令）。适用于公布行政法规和规章、宣布施行重大强制性措施、批准授予和晋升衔级、嘉奖有关单位和人员。

（四）公报。适用于公布重要决定或者重大事项。

（五）公告。适用于向国内外宣布重要事项或者法定事项。

（六）通告。适用于在一定范围内公布应当遵守或者周知的事项。

（七）意见。适用于对重要问题提出见解和处理办法。

（八）通知。适用于发布、传达要求下级机关执行和有关单位周知或者执行的事项，批转、转发公文。

（九）通报。适用于表彰先进、批评错误、传达重要精神和告知重要情况。

（十）报告。适用于向上级机关汇报工作、反映情况，回复上级机关的询问。

（十一）请示。适用于向上级机关请求指示、批准。

（十二）批复。适用于答复下级机关请示事项。

（十三）议案。适用于各级人民政府按照法律程序向同级人民代表大会或者人民代表大会常务委员会提请审议事项。

（十四）函。适用于不相隶属机关之间商洽工作、询问和答复问题、请求批准和答复审批事项。

（十五）纪要。适用于记载会议主要情况和议定事项。

第三章 公 文 格 式

第九条 公文一般由份号、密级和保密期限、紧急程度、发文机关标志、发文字号、签发人、标题、主送机关、正文、附件说明、发文机关署名、成文日期、印章、附注、附件、抄送机关、印发机关和印发日期、页码等组成。

（一）份号。公文印制份数的顺序号。涉密公文应当标注份号。

（二）密级和保密期限。公文的秘密等级和保密的期限。涉密公文应当根据涉密程度分别标注"绝密""机密""秘密"和保密期限。

（三）紧急程度。公文送达和办理的时限要求。根据紧急程度，紧急公文应当分别标注"特急""加急"，电报应当分别标注"特提""特急""加急""平急"。

（四）发文机关标志。由发文机关全称或者规范化简称加"文件"二字组成，也可以使用发文机关全称或者规范化简称。联合行文时，发文机关标志可以并用联合发文机关名称，也可以单独用主办机关名称。

（五）发文字号。由发文机关代字、年份、发文顺序号组成。联合行文时，使用主办机关的发文字号。

（六）签发人。上行文应当标注签发人姓名。

（七）标题。由发文机关名称、事由和文种组成。

（八）主送机关。公文的主要受理机关，应当使用机关全称、规范化简称或者同类型机关统称。

（九）正文。公文的主体，用来表述公文的内容。

（十）附件说明。公文附件的顺序号和名称。

（十一）发文机关署名。署发文机关全称或者规范化简称。

（十二）成文日期。署会议通过或者发文机关负责人签发的日期。联合行文时，署最后签发机关负责人签发的日期。

（十三）印章。公文中有发文机关署名的，应当加盖发文机关印章，并与署名机关相符。有特定发文机关标志的普发性公文和电报可以不加盖印章。

（十四）附注。公文印发传达范围等需要说明的事项。

（十五）附件。公文正文的说明、补充或者参考资料。

（十六）抄送机关。除主送机关外需要执行或者知晓公文内容的其他机关，应当使用机关全称、规范化简称或者同类型机关统称。

（十七）印发机关和印发日期。公文的送印机关和送印日期。

（十八）页码。公文页数顺序号。

第十条 公文的版式按照《党政机关公文格式》国家标准执行。

第十一条　公文使用的汉字、数字、外文字符、计量单位和标点符号等，按照有关国家标准和规定执行。民族自治地方的公文，可以并用汉字和当地通用的少数民族文字。

第十二条　公文用纸幅面采用国际标准A4型。特殊形式的公文用纸幅面，根据实际需要确定。

第四章　行 文 规 则

第十三条　行文应当确有必要，讲求实效，注重针对性和可操作性。

第十四条　行文关系根据隶属关系和职权范围确定。一般不得越级行文，特殊情况需要越级行文的，应当同时抄送被越过的机关。

第十五条　向上级机关行文，应当遵循以下规则：

（一）原则上主送一个上级机关，根据需要同时抄送相关上级机关和同级机关，不抄送下级机关。

（二）党委、政府的部门向上级主管部门请示、报告重大事项，应当经本级党委、政府同意或者授权；属于部门职权范围内的事项应当直接报送上级主管部门。

（三）下级机关的请示事项，如需以本机关名义向上级机关请示，应当提出倾向性意见后上报，不得原文转报上级机关。

（四）请示应当一文一事。不得在报告等非请示性公文中夹带请示事项。

（五）除上级机关负责人直接交办事项外，不得以本机关名义向上级机关负责人报送公文，不得以本机关负责人名义向上级机关报送公文。

（六）受双重领导的机关向一个上级机关行文，必要时抄送另一个上级机关。

第十六条　向下级机关行文，应当遵循以下规则：

（一）主送受理机关，根据需要抄送相关机关。重要行文应当同时抄送发文机关的直接上级机关。

（二）党委、政府的办公厅（室）根据本级党委、政府授权，可以向下级党委、政府行文，其他部门和单位不得向下级党委、政府发布指令性公文或者在公文中向下级党委、政府提出指令性要求。需经政府审批的具体事项，经政府同意后可以由政府职能部门行文，文中须注明已经政府同意。

（三）党委、政府的部门在各自职权范围内可以向下级党委、政府的相关部门行文。

（四）涉及多个部门职权范围内的事务，部门之间未协商一致的，不得向下行文；擅自行文的，上级机关应当责令其纠正或者撤销。

（五）上级机关向受双重领导的下级机关行文，必要时抄送该下级机关的另一个上级机关。

第十七条　同级党政机关、党政机关与其他同级机关必要时可以联合行文。属于党委、政府各自职权范围内的工作，不得联合行文。

党委、政府的部门依据职权可以相互行文。

部门内设机构除办公厅（室）外不得对外正式行文。

第五章　公 文 拟 制

第十八条　公文拟制包括公文的起草、审核、签发等程序。

第十九条　公文起草应当做到：

（一）符合党的理论路线方针政策和国家法律法规，完整准确体现发文机关意图，并同现行有关公文相衔接。

（二）一切从实际出发，分析问题实事求是，所提政策措施和办法切实可行。

（三）内容简洁，主题突出，观点鲜明，结构严谨，表述准确，文字精练。

（四）文种正确，格式规范。

（五）深入调查研究，充分进行论证，广泛听取意见。

（六）公文涉及其他地区或者部门职权范围内的事项，起草单位必须征求相关地区或者部门意见，力求达成一致。

（七）机关负责人应当主持、指导重要公文起草工作。

第二十条　公文文稿签发前，应当由发文机关办公厅（室）进行审核。审核的重点是：

（一）行文理由是否充分，行文依据是否准确。

（二）内容是否符合党的理论路线方针政策和国家法律法规；是否完整准确体现发文机关意图；是否同现行有关公文相衔接；所提政策措施和办法是否切实可行。

（三）涉及有关地区或者部门职权范围内的事项是否经过充分协商并达成一致意见。

（四）文种是否正确，格式是否规范；人名、地名、时间、数字、段落顺序、引文等是否准确；文字、数字、计量单位和标点符号等用法是否规范。

（五）其他内容是否符合公文起草的有关要求。

需要发文机关审议的重要公文文稿，审议前由发文机关办公厅（室）进行初核。

第二十一条　经审核不宜发文的公文文稿，应当退回起草单位并说明理由；符合发文条件但内容需作进一步研究和修改的，由起草单位修改后重新报送。

第二十二条　公文应当经本机关负责人审批签发。重要公文和上行文由机关主要负责人签发。党委、政府的办公厅（室）根据党委、政府授权制发的公文，由受权机关主要负责人签发或者按照有关规定签发。签发人签发公文，应当签署意见、姓名和完整日期；圈阅或者签名的，视为同意。联合发文由所有联署机关的负责人会签。

第六章　公 文 办 理

第二十三条　公文办理包括收文办理、发文办理和整理归档。

第二十四条　收文办理主要程序是：

（一）签收。对收到的公文应当逐件清点，核对无误后签字或者盖章，并注明签收时间。

（二）登记。对公文的主要信息和办理情况应当详细记载。

（三）初审。对收到的公文应当进行初审。初审的重点是：是否应当由本机关办理，是否符合行文规则，文种、格式是否符合要求，涉及其他地区或者部门职权范围内的事项是否已经协商、会签，是否符合公文起草的其他要求。经初审不符合规定的公文，应当及时退回来文单位并说明理由。

（四）承办。阅知性公文应当根据公文内容、要求和工作需要确定范围后分送。批办性公文应当提出拟办意见报本机关负责人批示或者转有关部门办理；需要两个以上部门办理的，应当明确主办部门。紧急公文应当明确办理时限。承办部门对交办的公文应当及时办理，有明确办理时限要求的应当在规定时限内办理完毕。

（五）传阅。根据领导批示和工作需要将公文及时送传阅对象阅知或者批示。办理公文传阅应当随时掌握公文去向，不得漏传、误传、延误。

（六）催办。及时了解掌握公文的办理进展情况，督促承办部门按期办结。紧急公文或者重要公文应当由专人负责催办。

（七）答复。公文的办理结果应当及时答复来文单位，并根据需要告知相关单位。

第二十五条　发文办理主要程序是：

（一）复核。已经发文机关负责人签批的公文，印发前应当对公文的审批手续、内容、文种、格式等进行复核；需作实质性修改的，应当报原签批人复审。

（二）登记。对复核后的公文，应当确定发文字号、分送范围和印制份数并详细记载。

（三）印制。公文印制必须确保质量和时效。涉密公文应当在符合保密要求的场所印制。

（四）核发。公文印制完毕，应当对公文的文字、格式和印刷质量进行检查后分发。

第二十六条　涉密公文应当通过机要交通、邮政机要通信、城市机要文件交换站或者收发件机关机要收发人员进行传递，通过密码电报或者符合国家保密规定的计算机信息系统进行传输。

第二十七条　需要归档的公文及有关材料，应当根据有关档案法律法规以及机关档案管理规定，及时收集齐全、整理归档。两个以上机关联合办理的公文，原件由主办机关归档，相关机关保存复制件。机关负责人兼任其他机关职务的，在履行所兼职务过程中形成的公文，由其兼职机关归档。

第七章　公文管理

第二十八条　各级党政机关应当建立健全本机关公文管理制度，确保管理严格规范，充分发挥公文效用。

第二十九条　党政机关公文由文秘部门或者专人统一管理。设立党委（党组）的县级以上单位应当建立机要保密室和机要阅文室，并按照有关保密规定配备工作人员和必要的安全保密设施设备。

第三十条　公文确定密级前，应当按照拟定的密级先行采取保密措施。确定密级后，应当按照所定密级严格管理。绝密级公文应当由专人管理。

公文的密级需要变更或者解除的，由原确定密级的机关或其上级机关决定。

第三十一条　公文的印发传达范围应当按照发文机关的要求执行；需要变更的，应当经发文机关批准。

涉密公文公开发布前应当履行解密程序。公开发布的时间、形式和渠道，由发文机关确定。

经批准公开发布的公文，同发文机关正式印发的公文具有同等效力。

第三十二条　复制、汇编机密级、秘密级公文，应当符合有关规定并经本机关负责人批准。绝密级公文一般不得复制、汇编，确有工作需要的，应当经发文机关或者其上级机关批准。复制、汇编的公文视同原件管理。

复制件应当加盖复制机关戳记。翻印件应当注明翻印的机关名称、日期。汇编本的密级按照编入公文的最高密级标注。

第三十三条　公文的撤销和废止，由发文机关、上级机关或者权力机关根据职权范围和有关法律法规决定。公文被撤销的，视为自始无效；公文被废止的，视为自废止之日起失效。

第三十四条　涉密公文应当按照发文机关的要求和有关规定进行清退或者销毁。

第三十五条　不具备归档和保存价值的公文，经批准后可以销毁。销毁涉密公文必须严格按照有关规定履行审批登记手续，确保不丢失、不漏销。个人不得私自销毁、留存涉密公文。

第三十六条　机关合并时，全部公文应当随之合并管理；机关撤销时，需要归档的公文经整理后按照有关规定移交档案管理部门。

工作人员离岗离职时，所在机关应当督促其将暂存、借用的公文按照有关规定移交、清退。

第三十七条　新设立的机关应当向本级党委、政府的办公厅（室）提出发文立户申请。经审查符合条件的，列为发文单位，机关合并或者撤销时，相应进行调整。

第八章　附　　则

第三十八条　党政机关公文含电子公文。电子公文处理工作的具体办法另行制定。

第三十九条　法规、规章方面的公文，依照有关规定处理。外事方面的公文，依照外事主管部门的有关规定处理。

第四十条　其他机关和单位的公文处理工作，可以参照本条例执行。

第四十一条　本条例由中共中央办公厅、国务院办公厅负责解释。

第四十二条　本条例自2012年7月1日起施行。1996年5月3日中共中央办公厅发布的《中国共产党机关公文处理条例》和2000年8月24日国务院发布的《国家行政机关公文处理办法》停止执行。

附录4 / 党政机关公文格式（节选）

1 范围

本标准规定了党政机关公文通用的纸张要求、排版和印制装订要求、公文格式各要素的编排规则，并给出了公文的式样。

本标准适用于各级党政机关制发的公文。其他机关和单位的公文可以参照执行。

使用少数民族文字印制的公文，其用纸、幅面尺寸及版面、印制等要求按照本标准执行，其余可以参照本标准并按照有关规定执行。

2 规范性引用文件

下列文件对于本标准的应用是必不可少的。凡是注日期的引用文件，仅所注日期的版本适用于本标准。凡是不注日期的引用文件，其最新版本（包括所有的修改单）适用于本标准。

GB/T 148　印刷、书写和绘图纸幅面尺寸

GB 3100　国际单位制及其应用

GB 3101　有关量、单位和符号的一般原则

GB 3102　（所有部分）量和单位

GB/T 15834　标点符号用法

GB/T 15835　出版物上数字用法

3 术语和定义

下列术语和定义适用于本标准。

3.1 字 word

标示公文中横向距离的长度单位。在本标准中，一字指一个汉字宽度的距离。

3.2 行 line

标示公文中纵向距离的长度单位。在本标准中，一行指一个汉字的高度加3号汉字高度的7/8的距离。

4 公文用纸主要技术指标

公文用纸一般使用纸张定量为 $60 \ g/m^2 \sim 80 \ g/m^2$ 的胶版印刷纸或复印纸。纸张白度 $80\% \sim 90\%$，横向耐折度 $\geqslant 15$ 次，不透明度 $\geqslant 85\%$，pH值为 $7.5 \sim 9.5$。

5 公文用纸幅面尺寸及版面要求

5.1 幅面尺寸

公文用纸采用GB/T 148中规定的A4型纸，其成品幅面尺寸为：210 mm×297 mm。

5.2 版面

5.2.1 页边与版心尺寸

公文用纸天头（上白边）为37 mm±1 mm，公文用纸订口（左白边）为28 mm±1 mm，版心尺寸为156 mm×225 mm。

5.2.2 字体和字号

如无特殊说明，公文格式各要素一般用3号仿宋体字。特定情况可以作适当调整。

5.2.3 行数和字数

一般每面排22行，每行排28个字，并撑满版心。特定情况可以作适当调整。

5.2.4 文字的颜色

如无特殊说明，公文中文字的颜色均为黑色。

6 印制装订要求

6.1 制版要求

版面干净无底灰，字迹清楚无断划，尺寸标准，版心不斜，误差不超过1 mm。

6.2 印刷要求

双面印刷；页码套正，两面误差不超过2 mm。黑色油墨应当达到色谱所标BL100%，红色油墨应当达到色谱所标Y80%、M80%。印品着墨实、均匀；字面不花、不白、无断划。

6.3 装订要求

公文应当左侧装订，不掉页，两页页码之间误差不超过4 mm，裁切后的成品尺寸允许误差±2 mm，四角成90°，无毛茬或缺损。

骑马订或平订的公文应当：

a）订位为两钉外订眼距版面上下边缘各70 mm处，允许误差±4 mm；

b）无坏钉、漏钉、重钉，钉脚平伏牢固；

c）骑马订钉锯均订在折缝线上，平订钉锯与书脊间的距离为3 mm～5 mm。

包本装订公文的封皮（封面、书脊、封底）与书芯应吻合、包紧、包平、不脱落。

7 公文格式各要素编排规则

7.1 公文格式各要素的划分

本标准将版心内的公文格式各要素划分为版头、主体、版记三部分。公文首页红色分隔线以上的部分称为版头；公文首页红色分隔线（不含）以下、公文末页首条分隔线（不含）以上的部分称为主体；公文末页首条分隔线以下、末条分隔线以上的部分称为版记。

页码位于版心外。

7.2 版头

7.2.1 份号

如需标注份号，一般用6位3号阿拉伯数字，顶格编排在版心左上角第一行。

7.2.2 密级和保密期限

如需标注密级和保密期限，一般用3号黑体字，顶格编排在版心左上角第二行；保密期限中的数字用阿拉伯数字标注。

7.2.3 紧急程度

如需标注紧急程度，一般用3号黑体字，顶格编排在版心左上角；如需同时标注份号、密级和保密期限、紧急程度，按照份号、密级和保密期限、紧急程度的顺序自上而下分行排列。

7.2.4 发文机关标志

由发文机关全称或者规范化简称加"文件"二字组成，也可以使用发文机关全称或者规范化简称。

发文机关标志居中排布，上边缘至版心上边缘为35 mm，推荐使用小标宋体字，颜色为红色，以醒目、美观、庄重为原则。

联合行文时，如需同时标注联署发文机关名称，一般应当将主办机关名称排列在前；如有"文件"二字，应当置于发文机关名称右侧，以联署发文机关名称为准上下居中排布。

7.2.5 发文字号

编排在发文机关标志下空二行位置，居中排布。年份、发文顺序号用阿拉伯数字标注；年份应标全称，用六角括号"〔〕"括入；发文顺序号不加"第"字，不编虚位（即1不编为01），在阿拉伯数字后加"号"字。

上行文的发文字号居左空一字编排，与最后一个签发人姓名处在同一行。

7.2.6 签发人

由"签发人"三字加全角冒号和签发人姓名组成，居右空一字，编排在发文机关标志下空二行位置。"签发人"三字用3号仿宋体字，签发人姓名用3号楷体字。

如有多个签发人，签发人姓名按照发文机关的排列顺序从左到右、自上而下依次均匀编排，一般每行排两个姓名，回行时与上一行第一个签发人姓名对齐。

7.2.7 版头中的分隔线

发文字号之下4 mm处居中印一条与版心等宽的红色分隔线。

7.3 主体

7.3.1 标题

一般用2号小标宋体字，编排于红色分隔线下空二行位置，分一行或多行居中排布；

回行时，要做到词意完整，排列对称，长短适宜，间距恰当，标题排列应当使用梯形或菱形。

7.3.2 主送机关

编排于标题下空一行位置，居左顶格，回行时仍顶格，最后一个机关名称后标全角冒号。如主送机关名称过多导致公文首页不能显示正文时，应当将主送机关名称移至版记，标注方法见7.4.2。

7.3.3 正文

公文首页必须显示正文。一般用3号仿宋体字，编排于主送机关名称下一行，每个自然段左空二字，回行顶格。文中结构层次序数依次可以用"一、""（一）""1.""（1）"标注；一般第一层用黑体字、第二层用楷体字、第三层和第四层用仿宋体字标注。

7.3.4 附件说明

如有附件，在正文下空一行左空二字编排"附件"二字，后标全角冒号和附件名称。如有多个附件，使用阿拉伯数字标注附件顺序号（如"附件：1. XXXXX"）；附件名称后不加标点符号。附件名称较长需回行时，应当与上一行附件名称的首字对齐。

7.3.5 发文机关署名、成文日期和印章

7.3.5.1 加盖印章的公文

成文日期一般右空四字编排，印章用红色，不得出现空白印章。

单一机关行文时，一般在成文日期之上、以成文日期为准居中编排发文机关署名，印章端正、居中下压发文机关署名和成文日期，使发文机关署名和成文日期居印章中心偏下位置，印章顶端应当上距正文（或附件说明）一行之内。

联合行文时，一般将各发文机关署名按照发文机关顺序整齐排列在相应位置，并将印章一一对应、端正、居中下压发文机关署名，最后一个印章端正、居中下压发文机关署名和成文日期，印章之间排列整齐、互不相交或相切，每排印章两端不得超出版心，首排印章顶端应当上距正文（或附件说明）一行之内。

7.3.5.2 不加盖印章的公文

单一机关行文时，在正文（或附件说明）下空一行右空二字编排发文机关署名，在发文机关署名下一行编排成文日期，首字比发文机关署名首字右移二字，如成文日期长于发文机关署名，应当使成文日期右空二字编排，并相应增加发文机关署名右空字数。

联合行文时，应当先编排主办机关署名，其余发文机关署名依次向下编排。

7.3.5.3 加盖签发人签名章的公文

单一机关制发的公文加盖签发人签名章时，在正文（或附件说明）下空二行右空四字加盖签发人签名章，签名章左空二字标注签发人职务，以签名章为准上下居中排布。在签发人签名章下空一行右空四字编排成文日期。

联合行文时，应当先编排主办机关签发人职务、签名章，其余机关签发人职务、签名章依次向下编排，与主办机关签发人职务、签名章上下对齐；每行只编排一个机关的签发人职务、签名章；签发人职务应当标注全称。

签名章一般用红色。

7.3.5.4 成文日期中的数字

用阿拉伯数字将年、月、日标全，年份应标全称，月、日不编虚位（即1不编为01）。

7.3.5.5　特殊情况说明

当公文排版后所剩空白处不能容下印章或签发人签名章、成文日期时，可以采取调整行距、字距的措施解决。

7.3.6　附注

如有附注，居左空二字加圆括号编排在成文日期下一行。

7.3.7　附件

附件应当另面编排，并在版记之前，与公文正文一起装订。"附件"二字及附件顺序号用3号黑体字顶格编排在版心左上角第一行。附件标题居中编排在版心第三行。附件顺序号和附件标题应当与附件说明的表述一致。附件格式要求同正文。

如附件与正文不能一起装订，应当在附件左上角第一行顶格编排公文的发文字号并在其后标注"附件"二字及附件顺序号。

7.4　版记

7.4.1　版记中的分隔线

版记中的分隔线与版心等宽，首条分隔线和末条分隔线用粗线（推荐高度为0.35 mm），中间的分隔线用细线（推荐高度为0.25 mm）。首条分隔线位于版记中第一个要素之上，末条分隔线与公文最后一面的版心下边缘重合。

7.4.2　抄送机关

如有抄送机关，一般用4号仿宋体字，在印发机关和印发日期之上一行、左右各空一字编排。"抄送"二字后加全角冒号和抄送机关名称，回行时与冒号后的首字对齐，最后一个抄送机关名称后标句号。

如需把主送机关移至版记，除将"抄送"二字改为"主送"外，编排方法同抄送机关。既有主送机关又有抄送机关时，应当将主送机关置于抄送机关之上一行，之间不加分隔线。

7.4.3　印发机关和印发日期

印发机关和印发日期一般用4号仿宋体字，编排在末条分隔线之上，印发机关左空一字，印发日期右空一字，用阿拉伯数字将年、月、日标全，年份应标全称，月、日不编虚位（即1不编为01），后加"印发"二字。

版记中如有其他要素，应当将其与印发机关和印发日期用一条细分隔线隔开。

7.5　页码

一般用4号半角宋体阿拉伯数字，编排在公文版心下边缘之下，数字左右各放一条一字线；一字线上距版心下边缘7 mm。单页码居右空一字，双页码居左空一字。公文的版记页前有空白页的，空白页和版记页均不编排页码。公文的附件与正文一起装订时，页码应当连续编排。

8　公文中的横排表格

A4纸型的表格横排时，页码位置与公文其他页码保持一致，单页码表头在订口一边，双页码表头在切口一边。

9 公文中计量单位、标点符号和数字的用法

公文中计量单位的用法应当符合 GB 3100、GB 3101 和 GB 3102（所有部分），标点符号的用法应当符合 GB/T 15834，数字用法应当符合 GB/T 15835。

10 公文的特定格式

10.1 信函格式

发文机关标志使用发文机关全称或者规范化简称，居中排布，上边缘至上页边为 30 mm，推荐使用红色小标宋体字。联合行文时，使用主办机关标志。

发文机关标志下 4 mm 处印一条红色双线（上粗下细），距下页边 20 mm 处印一条红色双线（上细下粗），线长均为 170 mm，居中排布。

如需标注份号、密级和保密期限、紧急程度，应当顶格居版心左边缘编排在第一条红色双线下，按照份号、密级和保密期限、紧急程度的顺序自上而下分行排列，第一个要素与该线的距离为 3 号汉字高度的 7/8。

发文字号顶格居版心右边缘编排在第一条红色双线下，与该线的距离为 3 号汉字高度的 7/8。

标题居中编排，与其上最后一个要素相距二行。

第二条红色双线上一行如有文字，与该线的距离为 3 号汉字高度的 7/8。

首页不显示页码。

版记不加印发机关和印发日期、分隔线，位于公文最后一面版心内最下方。

10.2 命令（令）格式

发文机关标志由发文机关全称加"命令"或"令"字组成，居中排布，上边缘至版心上边缘为 20 mm，推荐使用红色小标宋体字。

发文机关标志下空二行居中编排令号，令号下空二行编排正文。

签发人职务、签名章和成文日期的编排见 7.3.5.3。

10.3 纪要格式

纪要标志由"XXXXX纪要"组成，居中排布，上边缘至版心上边缘为 35 mm，推荐使用红色小标宋体字。

标注出席人员名单，一般用 3 号黑体字，在正文或附件说明下空一行左空二字编排"出席"二字，后标全角冒号，冒号后用 3 号仿宋体字标注出席人单位、姓名，回行时与冒号后的首字对齐。

标注请假和列席人员名单，除依次另起一行并将"出席"二字改为"请假"或"列席"外，编排方法同出席人员名单。

纪要格式可以根据实际制定。

11　式样

（略）

参考文献

[1] 周振甫. 诗经译注[M]. 北京：中华书局，2002.

[2] 人民文学出版社编辑部. 诗经鉴赏集[M]. 北京：人民文学出版社，1986.

[3] 南怀瑾著述. 论语别裁[M]. 上海：复旦大学出版社，2013.

[4] 杨伯峻译注. 孟子译注[M]. 北京：中华书局，1960.

[5] 杨天宇撰. 礼记译注[M]. 上海：上海古籍出版社，2004.

[6] 陈鼓应注译. 老子今注今译[M]. 北京：商务印书馆，2003.

[7] 南怀瑾著述. 老子他说[M]. 上海：复旦大学出版社，2013.

[8] 陈鼓应，白奚著. 老子评传[M]. 南京：南京大学出版社，2001.

[9] 郭化若译注. 孙子译注[M]. 上海：上海古籍出版社，1984.

[10] 葛晓音. 唐诗宋词十五讲[M]. 北京：北京大学出版社，2003.

[11] 人民文学出版社编辑部. 唐宋词鉴赏集[M]. 北京：人民文学出版社，1983.

[12] 叶嘉莹. 叶嘉莹说初盛唐诗[M]. 北京：中华书局，2008.

[13] 叶嘉莹. 叶嘉莹说中晚唐诗[M]. 北京：中华书局，2008.

[14] 俞平伯，萧涤非，周汝昌等. 唐诗鉴赏辞典[M]. 上海：上海辞书出版社，2013.

[15] 冯亦同. 南京历代经典诗词[M]. 南京：南京出版社，2016.

[16] 孔尚任著. 谢雍君、朱方遒评注. 桃花扇[M]. 北京：中华书局，2016.

[17] 汤显祖著. 蔺文锐评注. 牡丹亭[M]. 北京：中华书局，2016.

[18] 曹雪芹，高鹗著. 张俊等校注. 红楼梦[M]. 北京：中华书局，2014.

[19] 罗贯中著. 毛纶，毛宗岗点评. 三国演义[M]. 北京：中华书局，2009.

[20] 鲁迅. 鲁迅小说全集：丁聪插图本[M]. 北京：人民文学出版社，2013.

[21] 邢福义. 邢福义文集：第11卷[M]. 武汉：华中师范大学出版社，2019.

[22] 董金凤，岳海翔，王丽芳. 新编高职应用写作实训教程[M]. 2版. 北京：高等教育出版社，2019.

[23] 薛桂英. 写作与沟通[M]. 北京：中国铁道出版社，2017.

[24] 杨文丰. 高职应用写作[M]. 5版. 北京：高等教育出版社，2022.

[25] 吴婕. 有效沟通与实用写作教程[M]. 3版. 北京：中国人民大学出版社，2017.

[26] 雷默，海马. 新媒体写作[M]. 南京：南京大学出版社，2018.

[27] 谈青. 实用文书写作进阶[M]. 2版. 北京：高等教育出版社，2018.

[28] 中华人民共和国民法典[M]. 北京：中国法制出版社，2020.

[29] 岳海翔，舒雪冬. 公文写作范例大全：格式、要点、规范与技巧[M]. 2版. 北京：清华大学出版社，2018.

郑重声明

高等教育出版社依法对本书享有专有出版权。任何未经许可的复制、销售行为均违反《中华人民共和国著作权法》，其行为人将承担相应的民事责任和行政责任；构成犯罪的，将被依法追究刑事责任。为了维护市场秩序，保护读者的合法权益，避免读者误用盗版书造成不良后果，我社将配合行政执法部门和司法机关对违法犯罪的单位和个人进行严厉打击。社会各界人士如发现上述侵权行为，希望及时举报，我社将奖励举报有功人员。

反盗版举报电话 （010）58581999 58582371

反盗版举报邮箱 dd@hep.com.cn

通信地址 北京市西城区德外大街4号 高等教育出版社法律事务部

邮政编码 100120

读者意见反馈

为收集对教材的意见建议，进一步完善教材编写并做好服务工作，读者可将对本教材的意见建议通过如下渠道反馈至我社。

咨询电话 400-810-0598

反馈邮箱 gjdzfwb@pub.hep.cn

通信地址 北京市朝阳区惠新东街4号富盛大厦1座 高等教育出版社总编辑办公室

邮政编码 100029

资源服务提示

授课教师如需获得本书配套教学资源，请登录"高等教育出版社产品信息检索系统"（http://xuanshu.hep.com.cn/）搜索本书并下载资源，首次使用本系统的用户，请先注册并进行教师资格认证。

联系我们

高教社高职语文教育研讨QQ群：638427589